문샷

문샷
Moonshot

불가능을 가능으로 만든
화이자의 대담한 전략

앨버트 불라 화이자 CEO

이진원 옮김

INFLUENTIAL
인 플 루 엔 셜

서문

희망이 부족한 세상에 희망의 불씨를

지미 카터 전 미국 대통령

비영리단체인 카터센터에서 동료들과 함께 기니벌레 퇴치를 위한 문샷moonshot, 즉 혁신적 프로젝트를 시작한 지 어언 35년이 흘렀다. 기니벌레는 인체나 동물의 몸에 기생하며 통증을 일으키는 기생충으로, 아프리카의 빈곤한 지역에 거주하는 사람들을 중심으로 한때 350만 명이 넘게 감염됐다. 하지만 오늘날 기니벌레 감염 사례는 전 세계적으로 30건이 채 되지 않는다.

카터센터는 기니벌레 퇴치를 계기로 수십 년 동안 의료 자원이 부족한 지역사회에서 예방 가능한 여섯 종의 열대성 질환을 퇴치하며 세계의 보건 상태를 개선하려는 노력을 펼쳐왔다. 현재 지구상 거의 모든 사람에게 영향을 미치고 있는 코로나19COVID-19와 달리 이러한 질병은 대부분 잊힌 상태라 선진국에서는 간과된다.

감염병과 싸워온 지난 경험을 바탕으로 얻은 큰 교훈은 부문 간 협력과 협업이 세계 공중보건을 이끌어나간다는 것이며, 무엇보다 포기하지 않는 자세가 중요하다는 것이다.

혁신적인 제약산업이 없었다면 우리 연구는 불가능했을 것이다. 의약품은 많은 질병을 근절하는 핵심이다. 그중에서도 내가 가장 자랑스럽게 생각하는 프로그램은 20여 년 동안 화이자를 비롯한 여러 기업과 손잡고 실명에 이르게 하는 감염질환인 트라코마trachoma를 뿌리 뽑는 작업이다.

이 프로젝트가 실질적인 성과를 거두면서, 세계보건기구World Health Organization(이하 WHO)는 2021년 11개국을 트라코마 퇴치 국가로 인증했다. 나는 2030년 이전에 전 세계에서 이 질병을 퇴치하게 되기를 바란다. 화이자와의 협업은 트라코마 퇴치에서 결정적이었다. 그런 면에서 내가 화이자의 코로나19 백신 개발담을 소개할 수 있게 되어 기쁘다. 백신은 세계가 필요로 하는 문샷이자 앨버트 불라 박사와 화이자가 가진 "과학은 승리할 것"이라는 확고한 믿음을 보여주는 증거다.

화이자는 전 세계 제약회사 중 최초로 미국 식품의약국Food and Drug Administration(이하 FDA)으로부터 코로나19 백신에 대한 긴급사용 승인을 받았다. 불라 박사가 보여준 '목적 지향 리더십purpose-driven leadership'은 화이자의 모든 직원에게 불가능한 것을 가능하게 만들 수 있다는 영감을 주었다. 코로나19에 맞서 싸운 그들의 결연한 의지는 충분히 우리의 감사를 받을 만하다. 운이 좋게도 나는 화이자를 방문해 그들이 자기 일에 갖고 있는 자부심을 두 눈으로 직접 확인할 수 있었다. 희망이 부족한 세상에 희망의 불씨를 지피고, 세상이 의심할 때 과학의 힘을 믿고, 포기하지 말자고 스스로 격려하며 백신 개발에 나선 그들의 모습을 보면서 놀라움보다는 고마움을 느꼈다.

불가능을 가능으로 바꾼 화이자가 이뤄낸 문샷의 복잡한 과정, 즉 최초의 코로나19 백신을 개발하고 연구하며, 출시하는 동안 거쳐야 했던 과정을 본다면 누구도 놀라지 않을 수 없을 것이다.

기회는
준비된 자에게
찾아온다

"탁월함은 결코 우연이 아니다.
그것은 많은 대안 중 현명한 선택이 가져온 결과다.
우연이 아닌 선택이 운명을 결정한다."

고대 그리스 철학자 아리스토텔레스

2019년 12월 31일 화요일, 중국 당국은 WHO에 우한시의 소규모 환자 집단에서 폐렴과 유사한 증상을 일으키는 불가사의한 바이러스가 검출됐다고 보고했다. 이후 얼마 지나지 않아 이 신종 바이러스는 SARS-CoV-2로 확인되었다. 그리고 1년이 채 되지 않은 2020년 12월 8일 화요일, 90세 여성 마거릿 키넌Margaret Keenan이 영국 코번트리 대학병원에서 화이자Pfizer와 바이오엔테크BioNTech가 공동 개발한 코로나19 백신을 접종받았다. 지난 100년에 걸쳐 나타났던 것 중 가장 치명적인 감염병을 막기 위해 세계 최초로 mRNA 백신을 접종한 것이다. 화려한 크리스마스 스웨터를 입고 나타난 그녀는 휠체어를 탄 채 복도를 따라 이동하는 동안 간호사와 병원 직원 들로부터 기립 박수를 받았다. 영국 전역에서도 축하가 이어졌다. 새로운 백신 출시보다 전쟁이 끝났다는 사실을 축하하고 있는 것 같았다.

이런 영광스러운 날을 만든 9개월간의 '문샷'에 대한 이야기는 불안감이 팽배하던 2020년에 일어났다. 하지만 이 이야기는 적어도 2년 반 전에 이미 시작되었다. 2018년 1월 1일 나는 화이자의 최고운영책임자Chief Operating Officer(이하 COO)로 임명되었다. 1년 동안 COO로 일하면서 궁극적으로 가장 높은 자리에 오를 준비를 할 수 있었다. 나는 성장에 집중했고, "우연한 성장은 없다. 성장은 만들어진다."를 모토로 삼았다. 제약업계에서 성장을 주도하는 유일한 방법은 환자의 삶에 의미 있는 긍정적인 영향을 주는 것이다. 이를 위해 화이자를 과학과 혁신에 초점을 맞춘 환자 중심의 조직으로 변화시켜야 했다.

나는 낙관주의자다. 아마도 어머니가 홀로코스트 기간 나치의 총살대 앞에서 벽에 기대 줄을 선 지 몇 분 만에 용감하고 아슬아슬하게 죽음에서 벗어났기 때문에 불가능은 없다고 믿게 됐는지도 모른다. 그러나 내가 이끌게 될 새로운 화이자에 대한 낙관론은 그보다 강력한 토대 위에 깔려 있었다. 내 전임자로서 지난 9년 동안 많은 가르침을 준 강한 신념의 소유자 이언 리드Ian Read는 화이자의 연구개발(이하 R&D) 동력을 평범한 생산성을 가진 조직에서 업계를 선두하는 조직으로 탈바꿈시켰다. 그 덕분에 나는 화이자를 변화시키고 내 계획을 '조속히' 실행하기 위해 무엇을 해야 할지 '거시적 차원에서' 생각해볼 수 있었다.

CEO가 되기 전까지 12개월 동안 전략을 개발하고, 조직을 설계하고, 내가 이끄는 혁신적 여정에 동참할 경영진을 꾸렸다. CEO로 임명되던 날, 나는 내가 무엇을 하고 싶은지 정확히 알고 있었다. 그날 화이자 이사회는 캘리포니아의 한 호텔 회의실에서 나를 CEO로 임명했다. 나는 감사를 표한 후 미소를 지으며 "미국에서만 가능한 일이죠!"라고 큰 소리로 외쳤다. 나처럼 강한 억양을 가진 그리스 이민자가 세계 최대 기업의 CEO가 될 수 있는 나라는 미국뿐일 것이다.

경영권을 받은 직후 나는 화이자 역사상 가장 극적인 변화에 착수했다. 그로부터 몇 달 동안 사업의 포트폴리오를 재정비했다. 그리고 화이자 컨슈머헬스케어Consumer Healthcare와 특허 만료 의약품 사업부문인 업존Upjohn을 본사 외 지역으로 이전했다. 두 사업의 규모는 상당해서 2018년에 올린 매출의 경우 회사 전체 매출의 25퍼센트 이상을 차지했다. 하지만 컨슈머헬스케어 사업의 시장 점유율은 낮았고, 업존의 매출은 감소 추세였다. 새로운 건물로 이전하는 것이 화이자 본사에 남아 있는 것보다 두 곳 모두에 더 나은 사업 전망을 제시해주었다. 컨슈머헬스케어 사업은 글락소스미스클라인GlaxoSmithKline의 컨슈머헬스케어 사업과 합병하면서 세계 최대이자 최고의 비상장기업으로 재탄생했다. 업존은 제네릭generic 및 특수 의약품 제약회사 마일란Mylan과 합병해 전문 복제약 회사인 비아트리스Viatris가 되었다.

두 사업을 떼어놓기는 쉽지 않았다. 몇몇 경영진은 대규모 매출원을 잃게 될까봐 걱정했다. "세계 최대 제약회사 자리를 내놓게 될 것"이라며 걱정하는 누군가를 향해 "우리는 최대가 아닌 최고가 되는 걸 목표로 해야 한다."고 응수했다. 나는 한 언론과의 인터뷰에서 "훌륭한 정원사는 봄이 시작되면 가지치기를 해야 한다. 지금 화이자는 고성장의 봄을 만끽하고 있다."고 말했다. 당시 화이자는 예측 가능하지만 더디게 성장하는 사업을 정리하고, 혁신적인 핵심 사업에만 전념함으로써 2년 뒤 세계 최대의 제약회사로 발돋움하고 팬데믹에 대응하는 백신을 출시하게 될 것이라고는 전혀 예상하지 못했다.

'회사 규모'에 대한 걱정 외에 감정적인 우려도 많이 제기되었다. 두 사업에서 화이자를 유명하게 만든 상징적인 브랜드가 여럿 출시되었기 때문이다. 진통제 애드빌Advil, 영양제 센트룸Centrum, 고지혈증 치료제 리피토Lipitor, 혈압약 노바스크Norvasc, 발기부전 치료제 비아그라Viagra 등 말이다. 마치 가장 크게 성공한 브랜드들과 이별하는 것 같았다. 하지만 좋은 회사를 위대한 회사로 만들기 위해서는 그동안 이룬 성공을 최대한 활용하여 새로운 명성을 얻기 위해 힘든 일을 이겨내고 새롭게 시작할 수 있는 능력이 필요했다.

회사의 규모를 축소하는 동시에 과학적 역량과 파이프라인, 즉 생산공정상의 자산을 강화하기 위해 수십억 달러를 투자했고, 몇 달 만에 네 곳의 생명공학 회사를 인수했다. 그중에는 '신약 개발이 어려운' 암 등의 표적 약물 개발로 유명하며 콜로라도에 본사를 둔 생명공학 기업인 어레이Array도 있었다. 이 회사들은 비용이 매출을 상회했지만 화이자가 과학적으로 강력한 입지를 구축하는 데 도움이 될 것이다.

이 외에도 새로운 역량을 쌓아나갔다. CEO로 취임한 첫날, 리디아 폰세카Lidia Fonseca를 화이자의 첫 최고디지털책임자Chief Digital Officer(이하 CDO)로 임명하고 내게 직접 보고하게 했다. 리디아는 멕시코에서 태어난 이민자로 네덜란드에서 석사학위를 받았으며 디지털 솔루션을 활용한 효과적인 치료법에 관심이 많았다. 미국 최대 진단의학 정보업체인 퀘스트 다이아그노스틱스Quest Diagnostics 출신으로 풍부한 경험을 가진 변화의 주도자였다. 그녀가 가장 먼저 담당한 일은 R&D 부문을 디지털화해서 협업, 투명성, 속도를 높이는 것이었다.

이 일을 모두 해내려면 막대한 자금이 필요했다. 우리는 새로운 방향을 지원하기 위해서 철저한 자본 재분배에 착수했다. R&D와 디지털 분야 예산을 대폭 늘린 반면, 마케팅과 관리 비용을 대폭 삭감했다. 내가 CEO로 임명된 지 6개월 만에 화이자는 여러 사업부를 거느린 대기업에서 과학 혁신 기업으로 탈바꿈했다.

하지만 사업 포트폴리오나 자본 분배 방식만 바꿔서는 사업을 변화시킬 수 없었다. 변화에 성공하기 위해서는 문화부터 바꿔야 했다. 회사가 추구하는 목적과 환자와 한 약속에 부응하려면 위험을 감수하고 과감한 조치를 취하기 위해 노력해야 했다.

전 세계적으로 고령화와 도시화 현상이 심화되고 있는 가운데 새롭고 획기적인 의료 솔루션에 대한 수요는 계속해서 늘어갈 게 틀림없었다. 우리에게는 '크고 창의적인' 생각으로 혁신을 촉진할 수 있는 문화가 필요했다. 의료 비용이 증가하는 상황에서 의료 격차는 훨씬 더 큰 문제가 될 수 있다. 사회의 요구에 민감하게 대응하는 문화와 더 고차원적인 목적에 몰입하는 태도가 필요했다.

하지만 새로운 문화는 아무것도 없는 상태에서 창조되지 않는다. 당신 회사에 대해 문외한인 경영 컨설턴트에게 가장 적합한 최고의 경영 문화를 제안해달라고 요청할 수는 없는 법이다. 승리하는 조직 문화를 구축하는 데는 기업의 유산, 실패 또는 성공한 경영에 대한 기억, 향후 10년간의 도전과 기회, 환경을 비롯해서 여러 요인이 중요한 역할을 한다. 따라서 이런 온갖 퍼즐 조각을 평가하고 자신만의 이기는 문화를 설계할 필요가 있다.

CEO로 부임한 지 불과 2주 만에 나는 전 세계 1000여 명의 화이자 경영진을 플로리다로 소집해 화이자가 새롭게 나아갈 방향을 논의하고 결정했다. 플로리다를 떠날 때 우리의 목적을 의심한 사람은 아무도 없었다. 화이자는 '환자들의 삶을 변화시키는 혁신 Breakthroughs that Change Patients' Lives'을 제공하기 위해 존재하는 기업이다. 우리는 이 목적에 약이나 백신이라는 단어를 사용해야 할지 많은 논쟁을 벌였지만, 최종적으로 '혁신'이라는 단어를 사용하기로 결정했다. 그것이 더 광범위하고 강력한 효과를 거둘 수 있다고 판단했기 때문이다. 기술 간의 경계가 모호해지면서 약이나 백신에 대해서만 말한다는 게 매우 제한적으로 보였고, 새로운 10년을 바라보는 과학 연구의 현실성도 반영하지 못하는 것처럼 느껴졌다.

몇 달 뒤 우리는 직원들과 전 세계에 화이자의 새로운 문화를 다음과 같이 간단한 네 단어로 소개하는 캠페인에 착수했다.

- **용기**courage: 혁신은 특히 불확실성이나 역경에 직면했을 때 관습에 도전하는 것에서 시작된다. 그러려면 크게 생각하고, 목소리를 높이고, 결단력을 가져야 한다.

- **탁월함**excellence: 우리는 함께 최선을 다해야만 환자의 삶을 변화시킬 수 있다. 이를 위해 중요한 일에 집중하고, 자신의 역할에 대해 논의하고, 성과를 측정해야 한다.

- **형평성**equity: 누구나 주목받고, 목소리를 내고, 보살핌을 받을

자격이 있다. 그러려면 포용력과 진정성을 갖고, 의료 서비스의 불균형을 줄여나가야 한다.

- **기쁨**joy: 맡은 일에 최선을 다할 때 그에 상응하는 보상이 따른다. 자부심을 갖고 서로를 인정하며 즐기면서 일할 때 기쁨을 찾을 수 있다.

2019년 1월 '환자들의 삶을 변화시키는 혁신'에 대해 언급했을 당시만 해도 화이자의 변화가 불과 2년 만에 그렇게 많은 사람의 삶을 바꿔놓을 것이라고는 아무도 상상할 수 없었다. 우리는 팬데믹에 맞서 세계 최초로 안전하고 효과적인 백신을 개발해 많은 나라에서 승인받았다. 그저 운이 좋아서가 아니라 준비되어 있었기 때문에 성공할 수 있었다.

지난 몇 년간 화이자의 임직원은 크게 사고하며, 반직관적인 결정을 내릴 용기, 그리고 오히려 그것이 기대되는 분위기를 경험했다. 탁월한 실행력은 환자들에게 도움이 된다. 형평성과 의료 격차 해소는 타인의 관심사가 아니라 우리가 추구하는 목적에서 중요한 부분이며, 우리가 세상을 위해 하는 '선한' 일은 목적을 달성해가는 데 기쁨과 자부심을 주었고, 열정적인 헌신을 위한 도화선이 되었다. 용기, 탁월함, 형평성, 기쁨. 이 강력한 네 단어는 우리 삶의 일부가 되어 앞으로 닥칠 도전에 대비할 수 있게 해주었다.

오늘날 '문샷'의 개념이 다시 주목받고 있다. 본래 '달 탐사선 발사'를 뜻하는 이 단어는 1949년 미국인들이 우주 탐사를 계획했을 때 처음 쓰인 것으로 알려졌는데, 지금은 더 나아가 이 책의 제목처럼 '불가능해 보이는 것들에 도전하는 혁신적인 프로젝트'라는 의미로 쓰인다. 공교롭게도 1949년 무렵은 DTP diphtheria, tetanus, pertussis(디프테리아, 파상풍, 백일해) 백신 개발에 중대한 진전이 있었던 시기이기도 하다. 몇 년 뒤인 1955년에는 소아마비 백신도 개발되었다.

'문샷'은 케네디 대통령이 인간의 달 탐사 및 안전 귀환을 약속했던 1960년대가 되어서야 사전에 등재되었다. 케네디 대통령은 가기 쉬워서가 아니라 어려워서 달을 목적지로 선택했다고 말하며 이렇게 덧붙였다. "달 탐사 목표는 우리가 가진 최고의 에너지와 기술을 체계화하고 평가하는 데 도움이 될 것이다. 이러한 도전은 우리가 기꺼이 받아들이고, 미루지 않으며, 승리하기 위한 도전이다."

더 최근에는 마리아나 마주카토Mariana Mazzucato 유니버시티 칼리지 런던의 혁신·공공가치 경제학 교수가 《미션 이코노미: 변화하는 자본주의에 대한 문샷 가이드Mission Economy: A Moonshot Guide to Changing Capitalism》에서 케네디 대통령의 문샷이 지구상 생명체에 많은 영향을 미치는 '파급 효과'를 목격했다고 썼다. 그가 말한 '파급 효과'

란 처음에는 전혀 예측할 수 없었던 기술과 조직의 혁신이다. 마주 카토에 따르면 케네디 대통령의 문샷은 "문제 해결을 위한 대규모 프로젝트"다. 내가 이 책 제목을《문샷》이라고 짓는 게 적절하다고 판단한 건 이런 이유들 때문이다. 케네디 대통령의 문샷처럼 코로나19를 막기 위한 새로운 백신 개발은 문제 해결을 위한 대규모 프로젝트였다. 그것은 화이자가 지난 10년간 축적해온 과학적 지식을 단 9개월 만에 통합하고, 다른 많은 과학 분야에서 '파급 효과'를 내면서 지구상의 생명체에 예상보다 더 많은 영향을 미쳤다.

여러분이 이 책에서 만나게 될 9개월은 개인적으로나 리더로서 가장 힘들면서도 보람된 시간이었다. 우리의 성공담은 과학의 힘, 역동적인 민간 부문이 사회에 주는 의미, 그리고 인간의 창의성이 가진 엄청난 잠재력이라는 서로 부딪치는 세 가지 속성에 관한 이야기이기도 하다.

오늘날 우리는 기후변화부터 사회적 분열과 불평등 및 사회에 존재하는 수많은 문제에 이르기까지 엄청난 도전에 직면해 있다. 이 책에서는 우리가 마주한 도전과 새롭게 배운 교훈, 그리고 그것을 실현하게 해준 핵심 가치 등 우리의 문샷에 관한 이야기를 나눌 것이다. 이 이야기가 여러분이 추구하는 모든 문샷에 영감이 되고 유용한 정보를 줄 수 있기를 바란다.

1장

평소와는
다른 비즈니스

"당신에게 무슨 일이 일어나느냐가 아니라
당신이 그 일에 어떻게 반응하느냐가 중요하다."

그리스 철학자 에픽테토스

"우리가 아니면 누가 개발하겠는가"

2020년 3월, CEO가 된 지 15개월이 지났을 때였다. 중국 우한에서 걱정스럽게 퍼지기 시작한 신종 코로나바이러스는 빠른 속도로 무시무시한 팬데믹이 되어가고 있었다. 화이자 중국 지사는 이미 재택근무에 돌입해 있었다. 시애틀 부근에서 미국 내 첫 사망자가 나오자 갑자기 여러 도시와 스포츠 리그, 주식 시장이 혼란에 빠졌다.

도널드 트럼프 대통령은 내게 3월 2일 백악관 국무회의에 다른 주요 제약 및 공중보건 과학자들과 함께 참석해줄 것을 긴급 요청했다. 나는 델파이 경제포럼Delphi Economic Forum에서 기조연설을 하기 위해 유럽에 머물고 있었기 때문에 화이자의 R&D 책임자인 미카엘 돌스텐Mikael Dolsten에게 대리 참석을 부탁했다. 의사이자 과학자인 미카엘은 스웨덴에서 수련했고, 30개가 넘는 신약 개발에 참여해 왔다. 그는 2009년 최고과학책임자Chief Scientific Officer(이하 CSO)이자 R&D 책임자로 화이자에 입사했다. 우리는 몇 년째 긴밀하게 협력해오고 있었다. 그는 코로나19로 인해 개인적인 어려움을 겪었음에도 우리의 문샷에서 중요한 역할을 맡아주었다.

국무회의는 월요일에 열릴 예정이었는데, 일요일 정오쯤 한 통의 전화를 받았다. 미카엘은 하루 일찍 워싱턴 DC에 도착해서 트럼프 행정부에 전달할 메시지로 씨름하고 있었다. 그때까지 우리는 주로 환자를 살리는 데 도움이 되는 치료제를 개발하는 데만 집중하고 있었다. 그러다 아예 감염을 막아줄 백신을 개발해보면 어떨까 하는 생각이 들었다. 다시 말해 우리가 가진 자원을 치료나 예방에 집중하는 방안 말이다.

코로나19 상황에서 치료제 개발만으로 팬데믹을 종식시킬 수 없겠지만 백신은 그럴 수 있었다. 백신 전문가 단체인 백신유럽 Vaccines Europe은 2018년 6월 발표한 논문에서 백신 접종은 "비용 면에서 지금까지 시행된 공중보건정책 가운데 가장 효율적"이라면서 "아동의 백신 접종은 20세기에 실현된 위대한 의학적 성공 사례 중 하나"라고 평가했다. WHO에 따르면 백신은 매년 전 세계적으로 200만에서 300만 명의 사망을 예방한다. 하지만 다른 한편으로는 매년 전 세계적으로 약 150만 명이 백신으로 예방 가능한 질병으로 사망하는데, 미국에서만 4만 2000명에 달한다. 전 세계적으로 보면 5세 미만 어린이 다섯 명 중 한 명이 필수 예방접종을 받지 못하고 있다. 깨끗한 물과 위생을 제외하고 백신은 공중보건에 가장 큰 영향을 끼쳐왔다. CEO가 되고 나서 백신 연구에 대한 투자를 크게 늘린 이유도 이 때문이었다.

미카엘과의 동화에서 우리는 신종 코로나바이러스가 기존의 바이러스와는 다르다는 것에 동의했고, 먼저 백신을 개발해야 한다고 판단했다. 화이자의 백신 제조 능력이 특별한 점은, 초기 연구부터 후기 개발 단계의 시험과 임상까지 고도로 집약된 개발 시스템을 가지고 있다는 데 있다. 우리에겐 강인하고 대범한 과학자 카트린 얀센Kathrin Jansen이 이끄는 세계 최고의 백신팀이란 비장의 무기도 있었다.

와이어스Wyeth, 머크Merck, 글락소스미스클라인을 두루 거친 카트린은 동독 출신으로 베를린장벽이 세워지기 직전에 탈출했다. 독일에서 미생물학을 전공한 뒤 코넬 대학교에서 박사후 과정을 밟았으며, 지금은 뉴욕의 작은 마을인 펄리버 화이자 연구소에서 세계적으로 인정받는 연구팀을 이끌고 있다. 필라델피아 어린이병원 Children's Hospital of Philadelphia 백신교육센터Vaccine Education Center 폴 오핏Paul Offit 소장은 미국 의학 전문지인 《스탯Stat》과의 인터뷰에서 카트린을 이렇게 평가했다. "그녀야말로 당신에게 필요한 사람이다. 그녀는 자신이 중요하다고 생각하는 백신을 만들기 위해 싸운다. 제약 회사가 사악하다고 생각하는 사람은 카트린 얀센 같은 사람과 일 해보지 못했을 것이다."

당시 나는 미카엘과 통화하면서 "화이자가 아니면 누가 백신 을 개발하겠는가? 백악관에 가서 우리가 백신 개발에 전력을 다하 겠다고 전해달라."고 이야기했던 것으로 기억한다. 그의 목소리에서 흥분이 느껴졌다.

다음 날 백악관 국무회의실Cabinet Room에서 트럼프 대통령은 마 이크 펜스 부통령과 알렉스 아자르Alex Azar 보건복지부 장관, 앤서니 파우치Anthony Fauci 미국 국립 알레르기·감염병연구소(이하 NIAID) 소장, 질병통제예방센터(이하 CDC) 고위 간부들, 그리고 제약업계 관계자들과 같이 코로나19 치료법에 대한 열띤 논쟁을 벌였다. 미 카엘은 자신이 발언할 차례가 되자 트럼프 대통령에게 "한 가지 방 법이 아니라 치료법과 백신 등 다각도에서 접근해야 한다."고 제 언했다. 그는 화이자가 임상 연구를 설계하고 치료제와 백신을 개 발하기 위해 전사적 차원에서 3만 명의 직원 모두가 나서고 있으 며, 이미 치료제 개발에 착수해서 필요한 모든 자원을 쏟아부으면 서 동시에 백신 개발을 연구할 것이라고 말했다. 그는 이어 화이자 가 이를 위해 전 세계 각지의 전문가로 백신 연구팀을 꾸리고 있다 는 것과 우리가 알아낸 사실을 회의에 참석한 모든 사람과 공유했다. 우리는 상황의 시급성을 고려해서 앞으로 한 팀으로써 신속하게 움직일 것이라고 말했다. 트럼프 대통령은 "정말 환상적이다. 진심으로 감사하다. 정말, 매우 기대된다."고 답했다.

미카엘은 그날 늦게 내게 연락해 회의 결과를 보고했다. 그는 예방이 아니라 치료에 관해 주로 토론을 벌였다면서 "우리가 백신도 개발하겠냐고 하자 파우치 소장이 흥분하는 것 같았다."고 말해주었다.

한편 바이러스가 퍼지면서 세상이 변해갔다. 연사로 초청받았던 델파이 경제포럼이 갑자기 연기되면서 나는 조기 귀국을 결정했다. 귀국하는 비행기 안에서 코로나바이러스와 관련된 새로운 상황과 그에 따른 우선순위 실행 계획을 계속해서 고민했다.

코로나바이러스를 전자현미경으로 살펴보면 바이러스 입자 표면에 곤봉 모양의 돌출부가 있는 특징적인 형태가 관찰된다. 이것이 왕관을 연상시켜서 라틴어로 왕관을 뜻하는 '코로나corona'를 붙여 코로나바이러스로 명명했다. 우리가 코로나바이러스에 대해 걱정해야 했던 것은 이번이 처음은 아니다. 2003년 사스SARS로 불리는 중증급성호흡기증후군Severe Acute Respiratory Syndrome이 각국에 빠르게 퍼지면서 수천 명이 감염되고, 치사율이 10퍼센트에 이르자 전 세계는 두려움에 떨었다. 홍콩과 독일 연구소 들과 미국의 CDC는 사스의 근원이 신종 코로나바이러스임을 확인했다. 사스는 몇 달 내로 통제되었다. 그로부터 몇 년 후인 2012년, 감염된 단봉낙타로부터 인간에게 감염되었을지 모르는 또 다른 신종 코로나바이러스가 새로운 호흡기증후군인 중동호흡기증후군Middle East Respiratory Syndrom, MERS-CoV을 일으켰다.

그러나 코로나19의 상황은 이들과 달라 보였다. 가령 중국에서 우리는 코로나19로부터 직원들의 안전을 지키기 위해 시설을 폐쇄해야 했다. 사스나 메르스 때는 없었던 일이다. 전 세계에 있는 다른 시설에도 똑같은 조치를 취해야 할지 고민이 되었다. 중국에서는 코로나19가 발발하고 몇 주 만에 감염 지역의 병원이 환자를 감당할 수 없는 지경에 이르렀다. 전 세계 다른 지역에서도 같은 일이 일어날까? 만약 그렇게 된다면 병원들은 중환자실로 몰려드는 환자들을 치료하기에 충분한 의약품을 확보해두었을까? 제약회사에서 일하는 우리는 이 질문을 "우리가 병원에 필요한 약품을 충분히 공급할 수 있을까?"라는 질문으로 이해해야 했다. 나는 전 세계적으로 병원 의약품에 대한 수요가 급증하고 있으나 코로나19로 인해 의약품 생산 공장이 문을 닫아 치료제 공급이 중단되는 비관적 시나리오를 상상했다.

그러던 끝에 두 가지 질문을 잇달아 던져봤다. 현재 처방하는 약이 중국에서처럼 신종 코로나바이러스에 충분히 효과적이지 않다면 어떻게 될까? 화이자는 이 문제를 해결하기 위해 어떤 역할을 할 수 있을까? 2012년에 화이자는 항바이러스 효과를 보인 몇몇 분자를 메르스 치료제로 실험해본 적이 있었다. 어쩌면 이 바이러스에 대해서도 효과가 있는지 실험해볼 수 있을 것이다.

비행기에서 내린 세 가지 결정

귀국하기 위해서는 장시간 비행을 해야 했다. 가방에서 노트를 꺼내 몇 시간 동안 곰곰이 생각해본 내용을 적어나갔다. 착륙하기 전에 몇몇 주요 항목을 통합하고 현재 중요도가 떨어지는 항목을 삭제하는 식으로 노트를 정리했다. 그리고 새로운 페이지에 화이자의 최우선 과제 세 가지를 적어보았다.

다음 날 나는 뉴욕시 유엔 본부 근처에 있는 화이자 본사 내 임원 회의실 문을 열었다. 우리는 이 방을 '퍼포스 서클Purpose Circle'이라고 불렀다. 부임 후 나는 회의실 테이블을 치우고 각자 동등한 위치에서 서클, 즉 원 모양으로 배치된 편안한 의자에 둘러앉도록 했다. 모두가 이런 식의 배치를 선호한 건 아니었다. 예전 방식을 더 좋아한 사람도 있었다. 그런 사람들에게조차 이 변화를 받아들이게 만든 요소는 우리의 새로운 목적인 '환자들의 삶을 변화시키는 혁신'을 보여주는 벽이었다.

BOARD OF DIRECTORS

1. Safety & Wellbeing of employees
2. Supply of critical medicines
   Hospitals !!!
3. Medical solutions for Covid
   a. Vaccine !!!
   b. Treatments

─────── 2020년 3월, 코로나19 팬데믹 초기 앨버트 불라 CEO가 그리스에서 귀국하는 비행기에서 화이자가 추진해야 할 최우선 과제를 고민하며 적어놓은 메모

1. 직원들의 안전과 안녕
2. 핵심 의약품의 병원 공급!!!
3. 코로나19의 의학적 해결책
   a. 백신!!!
   b. 치료제

회의실 한쪽 벽에는 우리가 내리는 결정의 중요성을 잊지 않도록 각자에게 가장 중요한 환자들의 사진을 걸어놓았다. 경영진은 벽을 보며 환자를 최우선으로 생각해야 한다는 사실을 떠올렸다. 부모님 사진을 건 사람도 있었고, 친구의 사진을 건 사람도 있었다. 어떤 임원은 아픈 옆집 아이의 사진을 걸어놓았다. 나는 내 딸 셀리스Selise의 사진을 걸어두었다.

셀리스는 내가 화이자 폴란드에서 일할 때 쌍둥이 오빠 모이스Mois와 함께 조산아로 태어났다. 오빠와는 달리 태어났을 때 몇 분 동안 혈중 산소 농도가 비정상적으로 저하되는 저산소증으로 고생했는데, 그로 인해 뇌척수액이 들어 있는 뇌실腦室 근처 뇌세포가 일부 파괴되면서 운동과 자세에 장애가 나타나는 뇌성마비에 걸렸다. 아내 미리암Myriam은 셀리스가 질병에 얽매이지 않고 잘 자라 자립할 수 있도록 한평생을 바쳤다. 여러 의사에게 데려가 치료를 맡겼고, 물리치료에서 근막치료까지 시도하지 않은 방법이 없을 만큼 모든 시간을 투자했다.

아내는 '운명'에 순응하지 않고 언젠가 셀리스가 댄서가 되거나 마라톤을 뛸 수 있을 것이라고 계속 이야기했다. 대담한 목표를 세우는 것은 우리 집안의 내력이다. 미리암은 개발에 성공하면 저산소증에 의해 파괴된 뇌세포 일부를 재생할 수 있는 치료제 같은 신약을 찾느라 매일 몇 시간씩 인터넷을 뒤졌다. 그녀의 희생 덕분에 셸리스는 현재 세계에서 손꼽히는 여자 대학인 바너드 대학에 입학해 도시학을 공부하며 기숙사에서 독립적이고 완전한 삶을 살고 있다. 도시학을 전공한 이유는 더 평등한 도시를 건설하는 데 관심이 많기 때문이다. 사람들이 더 행복하고 건강해지는 방법을 찾아 돕는 게 그녀의 목표다.

불행하게도 신약이 제때 개발돼 셸리스의 세포를 재생시키고, 춤을 추거나 뛰거나 심지어 지팡이 없이 걷는 것을 도와주지는 못했다. 하지만 화이자에 있는 우리가 언젠가 그런 약들을 개발해 다른 아이들의 치료를 도와줄 수 있을 것이다. 그런 날이 곧 올지도 모른다. 임원 회의실 벽에 걸려 있는 셸리스의 사진 덕분에 나는 언제나 환자를 최우선으로 생각하게 되었다. 귀국한 다음 날 그 방에서는 내가 비행기 안에서 적었던 세 가지 우선순위와 관련된 많은 중대한 결정을 내려야 했다.

원래 코로나19는 그날의 회의 주제가 아니었다. 우리는 대대적인 조직 개편을 논의 중이었다. 2019년에 R&D 및 디지털 역량에 대한 투자를 늘리고 마케팅 및 관리 비용을 절감하기로 한 결정은 경영진의 불안감을 높이고 긴장감을 조성했다. 코로나19는 아직 중점적인 논의 주제가 되지는 못했다. 경영진은 여전히 자신이 2020년 3월 초에 있을 화이자의 조직 개편에 영향을 받을지 궁금해하며 신경을 곤두세우고 있었다.

CEO라면 경영진 내부의 긴장감을 날카롭게 감지하고 있어야 한다. 나는 긴장을 풀어주기 위해 뉴욕 9번가에 있는 브레이크바 Break Bar에서 저녁식사를 계획했다. "브레이크바에는 큰 반전(이나 깨부수기)과 함께 다른 바에서 기대할 수 있는 모든 것이 있습니다. 독주나 맥주, 와인을 비우고 유리잔을 부숴버리세요."라고 광고하는 곳이었다. 가령 다양한 강도에 따라서 '분노 문제'나 '광란'으로 이름 붙인 레이지룸rage room(일정 비용을 내고 도자기 제품을 던지거나 가전제품을 때려 부수며 스트레스나 분노를 해소하는 곳—옮긴이)을 예약할 수 있는 식이다. 나는 이 행사를 통해 경영진의 스트레스를 이해하고 있음을 보여주고 싶었다.

하지만 만찬은 열리지 못했다. 코로나19로 인한 봉쇄 조치로 모든 계획은 물거품이 되었다. 브레이크바에 가기로 한 3월 중순에 열린 주간 임원 회의에서는 본 의제를 제치고 코로나19가 주요 의제로 부상했다. 나는 지금이 위기에 잘 대처해야 할 때임을 강조하며 귀국하는 비행기에서 정한 우선순위에 대해 논의했다. 직원들의 안전과 안녕, 중요 의약품의 안정적 공급 유지, 코로나19에 맞선 새로운 의학적 해결책 개발 등이 우선순위에 포함됐다. 우리는 결정을 내리기 시작했다.

처음으로 경험해본 가장 어려웠던 일은 전 세계의 모든 사무 시설을 폐쇄하고 원격으로 일하는 것이었다. 뉴욕주와 시가 봉쇄

명령을 내리기 전 이 문제를 두고 사내에서 토론했다. 직접 사무실을 돌아다니며 직원들에게 물어보니 각자 생각이 달랐다. 의견을 모두 듣고 난 뒤 결정을 내려야 했다. 결국 모든 사무실을 폐쇄하고 원격근무를 지시했다. CDO인 리디아에게 이렇게 말했다. "당신이 이 일을 해내야 합니다. 여기에는 많은 것이 걸려 있습니다."

개인적으로도 이 결정은 쉽지 않았다. 나는 외향적인 사람으로 타인과 교류하면서 에너지를 얻는다. 누군가의 눈을 응시하고, 보디랭귀지를 읽고, 까다로운 대화를 나눈 뒤 함께 복도를 걸어가는 것을 중요하게 생각한다. 이런 내가 어떻게 집에서 일할 수 있단 말인가? 그런데 일단 원격근무를 시작하자 내가 얼마나 쉽게 변할 수 있는지를 깨닫고 깜짝 놀랐다. 우리 집에선 부엌을 지나면 왼쪽에 세탁실이 있고 거기서 오른쪽으로 돌면 재택근무할 방이 나온다. 네 명 정도 들어가는 작은 방이다. 하지만 크기는 전혀 중요하지 않았다. 이후 18개월 동안 모니터로 수십 명을 동시에 만났지만, 여전히 그들의 눈을 응시하고, 적어도 화면에서 보이는 부분으로 보디랭귀지를 읽을 수 있었다.

원격근무 결정이 내려지자 누군가가 "우리와 같이 일하지만 화이자 직원이 아닌 사람들은 어떻게 되는 건가요?"라고 물었다. 다른 대규모 조직과 마찬가지로 우편물 관리, 보안, 카페테리아 서비스와 청소 업무를 담당하는 사람 다수는 우리와 서비스 제공 계약을 맺고 있는 용역 회사 직원이었다. 우리는 매일 이 하청업체 노동자들과 함께 일하기에 그들 모두 가족 같았다. 사실 나도 루이스는 어떻게 되는 건지가 가장 먼저 궁금했다.

루이스는 회사 카페의 유쾌한 바리스타로 화이자에서 약간 전설적인 인물이었다. 그의 미소는 방 안을 환하게 비추고, 커피를 마시는 사람을 기분 좋게 한다. 우리가 출근해서 가장 먼저 만나는 사람이기도 했다. 안타깝게도 몇 년 전에 10대였던 아들을 암으로 잃는 등 늘 순탄한 삶을 살아온 건 아니지만 루이스는 항상 미소를 머금으며 사람들에게 친절하게 말을 건넨다. 진정 보석 같은 사람이기에 우리는 그가 뉴욕 양키스의 라이벌인 보스턴 레드삭스를 영원히 사랑한다고 해도 용서할 수 있다!

우리가 걱정하는 것은 사무실을 닫고 루이스가 제공해주는 것 같은 훌륭한 서비스를 장기간 중단하면 용역 회사 직원 대다수가 일자리를 잃게 될지 모른다는 것이었다. 나는 "그들이 우리에게 서비스를 제공하지 않더라도 업체에 그들을 정규직으로 유지하는 조건으로 계속해서 비용을 지불하자."고 말했다. 내 말을 들은 모두가 동의했다.

조달팀이 이 일을 맡아 가능한 한 업체들과 계약을 유지하기 위해 회사 내 각 사업부와 협력했다. 이러한 초기 결정들은 귀국하는 비행기에서 결정한 '직원들의 안전과 안녕'이라는 첫 번째 우선순위를 이루는 것이었다. 다른 CEO들과 마찬가지로 전 세계 9만 화이자 직원의 건강과 복지에 대해 막중한 책임감을 느꼈기 때문에 행복한 결정이었다.

하지만 우리는 보건 위기의 와중에 제약회사로서 더 큰 책임을 져야 했다. 우리 회사 직원들은 암이나 심장병, 관절염으로 고생하는 전 세계 수억 명의 환자, 즉 매일 우리에게 의지하는 환자를 위해 약을 찾고 개발하며 생산하고 있다. 전 세계에 있는 연구센터와 생산 공장 들은 계속 가동되어야 할 것이다. 내가 곧바로 느낀 두려움은 우리를 위해 정한 두 번째 우선순위로 표현되었다. '핵심 의약품의 공급' 말이다. 코로나19 사태의 발발 여부와 상관없이 사람들은 약을 처방받아야 한다. 나는 필수 의약품 재고가 부족해지는 사태가 생길까봐 걱정되었다. 특히 병원이 문제였다. 병원은 감당하기 힘들 만큼 많은 환자가 몰려들 것으로 예상되었다. 화이자는 병원에서 사용하는 주사제의 세계 최대 공급사 중 한 곳이다.

나는 이런 걱정과 관련해 프랭크 디아멜리오Frank D'Amelio 최고재무책임자Chief Financial Officer(이하 CFO)와 논의했다. 프랭크는 오랫동안 많은 사람에게 존경을 받아온 인물로, 문제가 생기면 직접 소매를 걷어붙이고 해결한다. 생산 감독 책임도 담당하고 있는 그는 재고 부족 사태가 불가피할 것이라고 경고했다. 주사제 수요가 10배에서 50배까지 폭증할 수 있는 반면에 코로나19 봉쇄 조치로 인해서 증산은 어려울 수 있기 때문이란 설명이었다. 나는 경영진을 소집해 보건 위기가 다가왔지만 의약품 공급에 차질이 생기지 않게 해달라고 부탁했다. 실패는 고려 대상이 아니었다. 모두가 힘든 도전임을 알면서도 즉시 전시 체제에 돌입했다. 화이자는 이미 수년 전에 이와 같은 상황을 염두에 두고 위기관리 계획을 수립해놓고 있었던 터였다. 생산 분야 임원들은 즉시 계획대로 행동에 나섰고, 생산 현장은 일정한 제한과 특별 안전 조치가 가동되는 '대응 2단계'로 운영되고 있었다. 우리는 모든 현장의 대응을 3단계로 격상시키기로 했다. 3단계에서는 필수 운영 인력만 공장에 들어갈 수 있고, 훨씬 더 엄격한 안전 지침이 시행된다.

그 후 몇 주 동안 나는 생산직 노동자들의 헌신적인 노력에 놀라지 않을 수 없었다. 결원율은 3퍼센트 미만이었다. 나는 나머지 사람들이 집에서 안전하게 일하는 동안 매일 감염 위험을 무릅쓰고 생산 현장에 나와 일해야 했던 직원들에게 의무감을 느꼈다. 그들에게 감사 인사와 격려를 전하기 위해 생산 현장 중 한 곳의 방문을 요청했다. 현장 책임자는 이 요청을 받아들이지 않았다. 비서실장이자 내가 오랫동안 신뢰해온 '조언 파트너'인 뎁 망고네Deb Mangone가 내게 전화를 걸어 다음과 같은 소식을 전해주었다.

"앨버트, 공장에서 오지 말랍니다."

"무슨 이유 때문이죠?" 내가 물었다.

그녀는 웃으면서 이렇게 답해줬다. "당신이 필수 인력이 아니기 때문이죠."

이 말을 듣는 순간 나는 이 사람들이 얼마나 유능한지 깨달았고, 우리가 정도正道를 걷고 있다고 확신했다.

문샷, 도전의 시작

다시 '퍼포스 서클'로 돌아가서, 이 회의에 할당한 시간이 거의 끝나가고 있었지만 여전히 우리에게 가장 영향력이 큰 우선순위를 논의해야 했다. 바로 코로나19에 맞서는 새로운 의학적 해결책이었다. 바이러스 염기서열이 공개되자마자 화이자의 분자 도서관에서 그와 일치하는 항바이러스 화합물을 찾기 시작했고, 우리는 일치할 가능성이 크지만 추가 테스트가 필요한 몇 가지 화합물을 찾아냈다. 불과 며칠 전 미카엘과 나는 트럼프 대통령에게 코로나19 백신 개발을 약속해놓은 상태였다. 따라서 코로나19에 효과가 있을 수 있는 항바이러스 치료제와 새로운 백신 개발 가능성을 모두 논의했다. 하지만 이 프로그램들을 실행하기 위해서는 예산에 책정되어 있지 않은 막대한 비용이 필요했다. 프랭크는 이러한 사실을 재차 강조하면서 미카엘에게 추정 예산을 물었다. 미카엘이 대략적인 예상치를 제시했을 때 떠오른 프랭크의 표정을 아직도 기억한다.

"미카엘, 뭐라고요?" 프랭크는 미카엘이 말한 액수를 노트에 적으면서 되물었다.

설상가상으로 화이자 바이오 제약그룹의 앤절라 황Angela Hwang 사장은 봉쇄 조치가 백신 개발 사업의 예상 수익원에 상당히 부정적인 영향을 미칠 것이라고 우려를 표했다. 앤절라는 우리의 모든 영리활동을 이끄는 리더로서 현실 감각이 매우 뛰어났다. 그래서 우리가 상장 기업으로서 두 가지 최악의 상황에 직면해 있다는 그녀의 우려를 심각하게 받아들였다. 즉, 편성해놓은 예산보다 훨씬 더 많은 돈을 초과 지출하고, 예상보다 적은 수익을 올리게 되는 것이었다. 모두 현실적인 숫자와 씨름하는 동안 나는 이 문제에 대해 회의에 참석한 경영진의 의견을 구했다. 그들은 모두 같은 생각이었다. 우리가 이 일을 해야 한다고. 수없이 많은 생명이 걸린 지금처럼 위험한 상황에서 돈은 우선 고려 대상이 되어서는 안 된다는 것이었다. 자랑스러웠다.

나는 우리가 사랑하는 환자들의 사진이 걸려 있는 벽을 가리키며 말했다. "단언컨대, 앞으로는 평소와 다른 방식으로 사업을 할 것입니다. 우리가 1년간 적자를 낸다고 해도 그다음 해에는 누구도 기억하지 못할 것입니다. 그렇지만 지금 세상을 위해 중요한 무언가를 할 수 있는 기회를 놓쳐버린다면 우리 모두는 그 사실을 영원히 기억할 것입니다."

　회의를 마무리할 무렵 나는 회의실에 모인 한 사람 한 사람에게 우리가 합의한 결론과 관련된 구체적인 업무를 할당했다. 모두의 결기가 느껴졌고 그들 역시 나의 투지를 감지했다. 2020년 '퍼포스 서클'에서의 마지막 회의는 앞으로 전개될 전투에 대비할 수 있는 토대를 마련해주었다. 이날 우리의 '문샷'이 시작됐다.

2장

**분명한 것이
항상 옳은 것은
아니다**

"용기가 없다면 이 세상에서 어떤 일도 할 수 없다.
용기는 명예 다음으로 가장 훌륭한 정신적 자질이다."

고대 그리스 철학자 아리스토텔레스

mRNA라는 새로운 희망

끔찍했던 2020년도의 9개월 동안 우리는 수백 가지의 어려운 결정을 내려야 했다. 그중 다수는 내 몫이었다. 그로 인한 심적 부담은 상상할 수 없을 만큼 심했다. 제약산업에 기대를 걸고 있는 수십억 명의 사람, 수백만 곳의 기업, 그리고 세계 각국 정부의 희망을 직접 느낄 수 있었다. 당신이 속한 기업이 업계 선두인 데다 자신이 그곳의 CEO, 심지어 그것도 신임 CEO라면 어떤 결정도 쉽게 내리지 못할 것이다.

부담감이 어깨를 짓누르지만 동시에 그런 힘든 상황을 의연히 이겨내보고도 싶다. 상상을 초월할 정도로 중요한 일들이 산재해 있었다. 먼저 우리가 100년 동안 경험해보지 못했던 팬데믹 속에 놓인 지구 전체의 건강이 있다. 그리고 세계 각국이 봉쇄와 공포로

마비되었기에 세계 경제의 운명도 걸려 있다. 그런데 설상가상으로 미국 대통령 선거 운동이 한창이라 분열이 심화되면서 정치적 논쟁이 벌어지고 있다. 내 결정이 정치적 영향을 받아서는 안 되겠지만 그런 압박을 느낄 수밖에 없었다. 나는 이 모든 장애물을 헤쳐나가면서 우리 팀이 생명을 구할 수 있는 해결책을 세상에 내놓을 수 있게 이끌어야 했다.

우리의 노력에 결점이 없었던 것은 아니다. 하지만 운이 좋게도 잘못된 결정보다 옳은 결정을 더 많이 내릴 수 있었다. 무엇보다 가장 중요한 결정만큼은 올바르게 했다는 사실이 다행이었다. 인생이 늘 그렇듯 가장 중요한 결정은 가장 까다로웠다. 돌이켜보면 코로나바이러스 백신 개발에 mRNA 기술을 채택하기로 한 것이 가장 힘든 판단이었다. 전혀 새로운 결과를 낳을 수 있었기 때문만은 아니다. 이 결정이 가장 반직관적으로 내려졌기 때문이다. 누가 봐도 mRNA 기술을 사용하지 않는 것이 적합한 선택이었다. 그에 반하는 결정을 내렸을 때 시대를 초월한 사고와 큰 용기가 필요했지만, 결국 그 선택은 우리에게 백신을 안겨주었다.

최단 시간 내에 가장 효과적인 백신을 개발하기로 결정했을 때 우리에게는 여러 가지 선택지가 있었다. 가령 모더나의 경우라면 코로나19 백신의 개발 여부가 중요하지, 어떤 기술을 사용할지는 문제가 되지 않았을 것이다. 모더나는 mRNA 기술에 상당한 전문성을 확보해두었기 때문에 백신 개발에 대한 선택지는 유일했다. 하지만 우리가 처한 상황은 달랐다. 화이자 연구팀은 아데노바이러스adenovirus, 재조합 단백질recombinant proteins, 접합conjugation, mRNA 등을 포함해 백신을 만드는 수많은 기술 플랫폼을 접해왔다. 그들에게 가장 먼저 제시한 과제는 우리가 어떤 플랫폼에 베팅해야 할지 추천하라는 것이었다.

토론을 마친 연구팀은 놀랍게도 mRNA 방식을 제안했다. 2년 전 우리는 바이오엔테크라는 독일의 생명공학 회사와 제휴계약을 체결했다. 바이오엔테크는 친절하면서도 카리스마 있는 부부가 2008년 암 치료제 개발에 집중하기 위해 설립한 회사다. 그들이 보유한 mRNA 기술은 효능이 뛰어난 계절 독감 백신을 만드는 데 필요한 잠재력이 있었다. 개인적으로 mRNA 기술의 열렬한 팬이었기에 독감 백신 개발 방식을 전환할 좋은 기회를 얻었다고 생각했다. 하지만 그런 발전을 이루기까지는 몇 년의 시간이 더 필요했다. 그래서 미카엘이 mRNA 솔루션을 채택하겠다는 소식을 전했을 때 깜짝 놀랐다. mRNA 기술을 사용한 코로나19 백신 개발은 확실한 성공을 보장하는 선택이 아니었기 때문이다.

mRNA 백신이 미래의 모든 감염병이나 팬데믹을 예방할 '마법의 특효약'은 아니더라도 코로나19 상황에서 세상을 구하는 데 도움을 준 건 사실이다. 따라서 미카엘과 나눈 대화를 설명하기 전에

——— 화이자의 코로나19 백신 개발 제휴사인 바이오엔테크의 공동 창업자 우구 어 자힌(왼쪽)과 외즐렘 튀레치 부부

mRNA 백신 이야기를 하는 게 좋을 것 같다.

mRNA는 단일 가닥의 화학 분자로, 두 가닥으로 이루어진 DNA 사슬 중 한 가닥에 상보적이다. DNA에는 신체가 구성되고 기능하는 데 필요한 모든 정보가 담겨 있다. 가령 단백질 생성 방법에 대한 지시는 항상 DNA에 암호화되어 있어 유전적으로 대대로 전달된다. 예를 들어, 우리 몸에 반드시 필요한 호르몬이 있다고 가정해보자. 우리 몸이 이 호르몬을 생성해야 할 때 그 지시를 mRNA 분자에 복사해서 리보솜ribosome이라는 세포소기관으로 보낸다. 그러면 리보솜은 mRNA를 따라서 움직이며 지시에 따라 호르몬을 생성한다.

백신의 목표는 종류와 상관없이 면역체계가 감염증을 일으키는 병원체pathogen라는 요인을 인식하고 방어하도록 훈련시키는 것이다. 백신에는 보통 약하거나, 죽었거나, 감염성이 없는 병원체의 일부가 들어 있다. 병을 일으킬 수는 없지만, 인간의 면역체계는 외부 침입자로 인식해서 항체와 T세포 같은 방어체제를 가동한다. 이렇게 함으로써 실제 병원체가 등장했을 때 몸은 질병에 걸리지 않도록 그들에게 강력한 공격을 퍼부을 수백만 개의 항체와 T세포를 준비해놓는다.

그러나 새로운 mRNA 백신은 이와 달리 실제 병원체로 이루어져 있지 않다. 따라서 약하거나, 죽었거나, 감염성이 없는 병원체의 일부가 없는 대신 우리 몸이 이러한 병원체를 직접 구성하는 단백질을 생성하는 방법이 담겨 있다. 리보솜이 몸에 주입된 mRNA를 읽으면서 이 방법을 익히면 병원체 단백질을 생성하기 시작한다. 그러면 면역체계는 그것을 즉시 침입자로 인식하여 진짜 병원체가 나타났을 때 우리를 보호해줄 면역반응이 생기게 해준다. 간단히 말해서, mRNA는 몸이 스스로 백신을 만들도록 가르치는 것이다. 백신 접종은 우리 자신을 보호하는 방법에 대한 일련의 지시사항이다.

화이자의 부시장이자 바이러스 백신 분야 CSO인 필립 도미처 Philip Dormitzer는 노바티스Novartis가 백신 사업을 철수하기로 결정하자 2015년 화이자에 합류했다. 필립은 노바티스에서 인플루엔자 바이러스 변이에 대한 최신 정보를 모으고 팬데믹 대응 전략을 개발하는 팀을 이끌었다. 필립과 팀원들은 합성 기술을 활용하여 유행하는 변이들에 효과적인 백신을 개발할 수 있고, 그렇게 만든 백신은 기존 기술로 생산한 백신보다 대량 생산 및 조기 출시가 용이하다는 것을 알아냈다.

2012년 필립과 그의 팀은 지질나노입자lipid nanoparticle(이하 LNP) 안에 압축해놓은 자가증폭형self-amplifying RNA가 항체와 T세포 반응을 효과적으로 유도한다는 내용이 담긴 논문을 발표했다. 이러한 연구 결과는 앞으로 일어날 일을 알려주는 초기 신호였다. 화이자는 변화를 지속적으로 빠르게 주목하며 RNA에 관심을 가져왔다. RNA 분자들의 행동이 서로 다를 수 있지만, 일반적으로 RNA 한 조각은 바이러스나 단백질보다 다른 RNA 조각과 훨씬 더 비슷하게 행동한다. 우리는 전형적인 백신 기술에 비해 유연한 이 기술이 마음에 들었다. 지금 말한 유연성에는 현재 백신으로 막기 힘든 새로운 변이 바이러스가 출현하더라도 백신 내 RNA 염기서열을 바꿔서 그것을 예방할 수 있는 능력도 포함된다.

위기의 순간에는 다르게 생각해야 한다

2018년 화이자는 카트린과 그녀의 연구팀에게 획기적인 계절 독감 백신 개발을 위해 mRNA 기술을 발전시킬 제휴사를 찾아내라는 임무를 맡겼다. 그 과정에서 카트린은 터키 출신 바이오엔테크의 공동 설립자이자 CEO 우구어 자힌Uğur Şahin과 친분을 쌓았다. 우구어는 뉴욕주 펄리버에 있는 백신 R&D 센터에 방문해 자신들의 mRNA 연구 상황을 보여주었다. 당시 카트린이 연구에 대해 날카로운 질문을 많이 던졌지만, 결과적으로 그는 그녀의 확신을 느낄 수 있었다고 한다. 우리는 과거 대화를 나눴던 다른 회사들과는 달리 바이오엔테크가 효과적인 RNA 유형에 대해 '불가지론적 agnostic' 시각을 갖고 있다는 것을 알게 되었다. 다시 말해, 그들에게는 특별히 더 선호하는 접근법이 없었다. 종잡을 수 없고 미스터리한 학문인 종양학계 출신이어서인지 호기심이 많고, 여러 다른 접근법에 개방적이었다. 그들은 과학적 수준이 매우 높았지만, 직관의 영역도 받아들였다.

화이자와 바이오엔테크 팀은 이런 유사한 관점 덕분에 바로 마음이 통했고, 3년간의 연구 협약을 체결하게 되었다. 이 기간에 바이오엔테크는 새로운 인플루엔자(독감) 백신을 개발할 수 있는 전문 기술과 라이선스를 우리에게 양도하기로 했다. 당시 회사의 COO였던 나는 합의서를 즉시 승인했다. 화이자의 기준에서 이 계약의 규모는 비교적 작은 편이었기 때문에 대형 거래를 할 때처럼 CEO의 접견을 요청하지도 않았다. 그때만 해도 mRNA 인플루엔자 백신 연구가 2년 뒤 코로나19 사태가 발발했을 때 우리를 엄청나게 유리한 지점에서 출발하게 해줄 줄은 전혀 알 수 없었다.

2020년 1월, 중국에서 코로나19가 확산되자 바이오엔테크의 파트너들은 인터넷 데이터에서 얻은 염기서열과 결괏값을 연구하기 위해 가장 먼저 뛰어들었다. 중국 연구원들이 2020년 1월 11일 바이러스의 유전자 염기서열을 발표했다. 바이러스는 억제할 수 있기는커녕 누구도 이해할 수 없는 방식으로 퍼지고 있었다. 대대적으로 백신 개발을 연구해야 했지만 바이오엔테크에게는 파트너가 필요했고, 우구어는 우리를 떠올렸다. 그는 독감 백신 협력 과정 중에 쌓인 우호적인 교류와 신뢰를 바탕으로 카트린에게 전화를 걸었다. 하지만 카트린이 전화를 받기 전에 나는 이미 그녀에게 우리가 백신 개발에 사용할 기술 플랫폼을 제안해달라고 요청해둔 상태였다. 카트린은 mRNA 방식을 제안하기로 결정했고, 미카엘은 서둘러 그 사실을 알려주었다. 나는 매우 놀랐다.

"미카엘, 솔직히 뜻밖의 제안이네요." 그에게 말했다. "아주 위험하면서도 복잡한 베팅이 되겠어요."

나는 사실과 합리적 사고에 근거를 두고 이런 의구심을 제기했다. 첫째, mRNA 기술은 유망했지만 입증되지 않았다. 만약 우리가 성공한다면, 이것은 최초의 코로나19 백신일 뿐만 아니라 전 세계에 최초로 등장하는 mRNA 백신이 될 것이었다. 반면에 우리는 훨씬 더 친숙했던 아데노바이러스와 단백질 기술 플랫폼으로 과거에 여러 다른 백신을 성공적으로 개발했다. 둘째, 바이오엔테크와 계약을 협상해야 했다. 보통 계약 체결까지는 몇 개월이 소요되기 마련이다. 더 빨리 움직이고 싶었지만, 시간의 압박 때문에 계약 협상이 쉽지 않을 것 같았다. 셋째, 바이오엔테크는 규모가 작은 회사라 우리가 개발과 생산에 들어가는 모든 비용을 감당해야 했다. 만약 실패한다면 상당한 손실을 감수해야 했고, 반대로 성공한다면 이익을 그들과 나눠야 했다. 나는 이런 모든 우려를 고려하며 이야기를 이어갔다.

"이 계약에 확신이 있습니까?" 내가 물었다.

미카엘은 확신했다. 그는 독감 연구 경험을 토대로 mRNA 기술이 올바른 선택이라고 믿었다.

"mRNA 기술은 지금 같은 상황에 이상적입니다. 개발 기간을 단축할 수 있고 업데이트가 용이해 부스터용으로도 빠르게 수정할 수 있습니다. 아데노바이러스나 다른 바이러스 벡터 기술은 면역체계가 코로나바이러스뿐만 아니라 아데노바이러스에도 항체를 만들기 때문에 추가 접종에 어려움을 겪을 수 있습니다."

미카엘과 나는 이미 이전 논의에서 신속한 개발과 추가 접종 여부가 매우 중요하다고 판단했다. 나는 2020년 겨울이 되면 100년 전 스페인 독감 때처럼 더 치명적인 코로나19 바이러스 변이가 등장할까봐 두려웠다. 안타깝게도 이 예상은 적중했지만, 당시 우리는 그러한 상황을 고려해 백신을 개발해야만 했다. 이런 특성을 가진 바이러스는 조만간 변이를 일으킬 가능성이 컸다. 따라서 효능을 상실할까봐 걱정하지 않고 필요한 만큼 자주 접종할 수 있는 백신을 만드는 것이 중요했다. 미카엘의 생각을 이해하면서 논의를 이어갔다.

"단백질 기술을 사용해보면 어떨까요?" 내가 물었다.

그러자 이런 대답이 돌아왔다. "우리가 가진 단백질 기술로도 충분히 백신을 개발할 수 있을 겁니다. 하지만 mRNA 기술을 사용하면 체액과 세포에 의한 면역반응을 모두 촉진시킬 수 있을 것입니다. 단백질 기술로 좋은 항체를 얻더라도 T세포를 얻게 될지는 잘 모르겠습니다."

우리는 혹시 모를 제조상의 문제와 mRNA 개발 과정의 윤곽을 따져보았다. 논의 막바지에는 다른 회사와 급하게 협력해야 하는 점에 대해 걱정했다. 미카엘은 카트린이 바이오엔테크 설립자들과 우호적인 관계를 발전시켜왔기에 계약을 체결하기 어렵지 않을 것이라고 생각했다. 나는 말했다. "좋습니다, 미카엘. 팀원들을 모아 바이오엔테크의 제안에 대해 논의합시다." 제안을 거부하지 않고 추가 논의하자는 결정에 그는 안도하고 기뻐했다.

며칠 후에 미카엘은 카트린과 그녀의 연구팀을 소집했다. 카트린은 필립 외에도 백신 R&D 사업부 수석 부사장인 빌 그루버Bill Gruber를 초대했다. 소아과 의사이자 소아 감염병 전문가인 빌은 수십 년 동안 호흡기 질환을 연구해왔다. 그는 라이스 대학교를 졸업한 후 베일러 의과대학에 진학했고, 같은 곳에서 레지던트 과정과 소아 감염병 박사후 과정을 밟았다. 이어 밴더빌트 대학교 교수로 부임해 바이러스성 호흡기 감염, 특히 호흡기세포융합바이러스Respiratory Syncytial Virus(이하 RSV)와 인플루엔자 연구에 집중했다.

RSV는 보통 감기와 유사한 증상을 일으키는 흔한 호흡기 바이러스다. 코로나19 이전에 우리는 RSV 백신을 개발하기 위한 패스트트랙 프로그램(중증질환을 치료할 수 있는 새로운 약물을 빠르게 검토하는 FDA의 신속 심사권)을 가동 중이었고, 그 효과 여부에 대해 이미 상당한 지식을 쌓아두었다. 지금 하는 논의와 관련된 내용은 RSV가 호흡기 질환이며, 코로나19가 세포에 침투할 때 활용하는 것과 유사한 스파이크 단백질을 가지고 있다는 것이다. 다른 유능한 과학자들도 화상회의에 참석했다.

"앨버트, 어떤 방식으로 진행할까요?" 카트린이 물었다.

"우선 기회를 찾는 데 초점을 맞추면서 논의를 시작합시다. 이 기술을 사용함으로써 얻는 이점은 무엇일까요? 이 질문에 답해본 후 도전과제는 무엇인지, 그리고 그것을 극복하려면 무엇을 해야 할지 논의합시다." 내가 말했다.

회의를 진행하는 동안 우리는 이틀 전 개념적으로만 이야기했던 문제들을 매우 자세하게 논의했다. 과학자들은 RSV 백신 개발 기술이 mRNA를 매우 빠르게 설계하고 보완할 수 있게 해줄 것이라고 말했다. mRNA는 살아 있는 병원체가 없는 합성물질이라서 훨씬 더 명확한 생성물이 된다. 팬데믹 기간뿐만 아니라 바이러스 돌연변이가 나타나 면역력을 높여야 하는 경우처럼 변수 상황에서도 여러 차례 접종할 수 있었다. 일반적으로 기본 유형의 백신을 설계하는 데 몇 달이 소요되는 반면, mRNA 백신은 몇 주면 설계가 가능했다. 그들에게는 이 기술에 대한 매우 뛰어난 지식과 당장 백신을 만들 수 있을 만큼 충분한 기술력이 있었다. 우리가 도전에 대해 논의했을 때 필립은 목소리를 높였다.

"아시다시피 mRNA 기술로 백신 개발이 빠르게 성공하더라도 백신이 유통되는 동안 안정직으로 유지되려면 냉동시켜야 합니다."

나는 그런 문제를 생각해본 적이 없었고, 이것이 심각한 단점이 될 수 있다는 것을 깨달았다.

"어떻게 하면 좋을까요?" 내가 물었다. "나중에 좀 더 안정적인 백신을 개발할 수 있겠지만 처음에는 이 문제부터 해결해야 합니다. 생산 부문에서 해결 방법을 찾아낼 겁니다."

나는 다음으로 바이오엔테크의 협력 여부에 대해 물었다. 카트린은 우구어가 이미 자신에게 전화를 걸어 관심을 표명했다고 말해주었다. 이제 결정을 내려야 했다. 분명 mRNA 플랫폼은 우리가 사용 가능한 다른 모든 플랫폼보다 훨씬 더 위험하고 복잡한 옵션이었다. 하지만 해결책을 찾는 가장 빠른 길이었고, 우리 팀 모두가 이 선택을 100퍼센트 지지했다.

최고의 파트너와 손을 잡다

백신학자 vaccinologist 는 생명과학계에서 특별한 종족이다. 모든 의사와 생명과학자는 사람들을 돕기 위해 의약 분야에 진출한다. 하지만 백신을 연구하는 이들은 달랐다. 그들은 대체로 백신 자체를 연구하기 위해 이 분야로 뛰어들었고, 사람들을 보호하는 일에 '극도로' 헌신적이다. 게다가 그들은 보통 더 보수적이다. 질병과 만성질환을 치료하기 위해 고안된 의약품과 달리 백신은 예방이 목적이다. 따라서 백신 개발에는 치료제를 개발할 때와는 완전히 다른 사고방식이 요구된다.

백신학자들은 여느 의사들과는 다르게 위험과 혜택을 저울질해봐야 한다. 가령 암에 걸린 환자를 치료한다면 건강한 사람을 치료할 때와는 다른 방식으로 위험 요소를 감수할 것이다. 따라서 연구 프로그램의 안전성과 효능을 수차례 철저하게 검토하면서 결과적으로 매우 보수적인 선택을 한다. 이러한 특성을 알고 있었기에 나는 그들이 모험적인 선택을 제안했다면 자신들의 결정에 확신을 가진 게 틀림없다고 생각했다. 그들은 세계 최고의 전문가였다. 나는 직감적으로 mRNA가 옳은 선택이라고 판단했다.

"좋습니다. mRNA로 가시죠. 내일 바이오엔테크 CEO에게 연락하겠습니다."

나는 우구어를 직접 만나본 적도, 전화 통화조차 해본 적도 없었다. 독감 백신 개발에 협력했던 지난 2년 동안에는 대화를 나눌 필요가 전혀 없었기 때문이다. 그는 항상 카트린이나 미카엘과 이야기를 나눴다. 나는 그에게 먼저 전화를 걸어 내 소개를 하고 이번 프로그램의 성공을 위한 깊은 관심을 드러냈다. 우리는 이야기를 나누기 시작하자마자 금세 가까워졌다. 성격은 달랐지만 죽이 잘 맞았다. 나는 미국으로 이민을 온 외향적인 성격의 그리스 출신 유대인이고 우구어는 독일로 이민을 간 내향적인 성격의 터키 출신 이슬람교도다. 나는 단번에 그가 신뢰할 만한 사람이라고 느꼈다.

우리는 협력 원칙에 대해 토론하면서 과학적 성과를 최우선시하는 결정을 내리기로 합의했다. 우리의 목표는 무엇보다 안전하고 효과적인 백신을 공급하는 것이었다. 화이자와 바이오엔테크는 각자의 전문 분야에 집중하더라도 모든 지분을 50대 50으로 나누기로 했다. 나는 우구어에게 무엇보다 시간이 가장 중요하다고 말하며 계약을 맺기 전에 미리 작업에 착수할 수 있는지 물었다.

"연구, 생산 및 상용화 계약을 비롯해 모든 계약을 마무리하는 데 수개월이 걸릴 수 있습니다."

그러자 그는 말했다. "앨버트, 무슨 이야기인지 충분히 이해했습니다. 바이오엔테크는 즉시 연구에 착수할 수 있습니다. 우선 변호사들이 먼저 연구 협약서를 작성하게 하고, 준비되면 서명하도록 하죠. 다른 계약은 나중에 해도 됩니다."

나 역시 그의 생각에 동의했다. 새로운 접근법이 요구되는 위기에 처했을 때 바이오엔테크와 화이자는 다르게 생각할 수 있고, 다르게 생각해야만 할 것이다.

다음 날부터 화이자 바이오엔테크 팀은 후보 항원, 독성학 연구 계획, 인간 대상 첫 임상시험 계획, 규제 교류, 생산 일정을 논의하기 위해 수많은 전화 회의를 해야 했다. 이유 불문하고 한 곳 이상의 시설이 폐쇄될 경우를 대비한 재난 대비책에 대해서도 논의했다. 우리는 기본 계획에 합의하고, 매일 회의했다.

그로부터 몇 주 뒤 이미 계획이 상당히 진전된 상태에서 양측 변호사들이 적어도 서면으로 뭔가를 작성해뒀다는 것에 안심할 수 있도록 협약서에 서명했다. 그리고 4월 9일 코로나19 감염 예방을 위한 최초의 'mRNA 기반 코로나바이러스 백신'을 공동 개발하는 협력 계약을 체결했다. 화이자는 바이오엔테크에 선금으로 7200만 달러(한화 약 870억 원)를 지급하고, 향후 성과에 따라 5억 6300만 달러(약 6800억 원)를 추가로 지급하기로 했다. 바이오엔테크가 대략 총 6억 3600만 달러(약 7600억 원)를 받는 계약이었다. 게다가 우리는 바이오엔테크의 주식을 현금 1억 1300만 달러(약 1400억 원)에 매입해 지분율을 2.3퍼센트까지 끌어올리기로 했다.

두 회사는 이러한 협약에 따라 모든 개발비와 상용화에 따른 이익을 50대 50으로 나누기로 합의했지만, 화이자는 개발비 전액을 선불로 부담하기로 했다. 프로젝트가 실패할 경우 모든 손실은 화이자가 책임지지만, 프로젝트가 성공한다면 바이오엔테크는 백신 상용화로 인해 얻은 이익에서 부담해야 할 개발비를 화이자에게 갚기로 했다.

우리가 이 정도 규모의 복잡한 프로젝트를 시작할 때 계약 당사자들이 일반적으로 다뤄야 할 모든 조건에 동의한 건 아니지만, 바이오엔테크가 독일과 터키에서 백신의 상용화 권리를 갖고, 그 외의 나머지 국가에서는 화이자가 상용화 권리를 갖기로 합의했다. 중국은 이 협약에서 제외되었다. 바이오엔테크가 이미 중국, 홍콩, 마카오, 대만에서 활동하는 한 중국 회사와 계약을 맺어놓은 상태였기 때문이다. 협약에는 양사가 본 계약과 관련해 협상하고 결론 내려야 하는 구체적인 합의 사항도 명시해놓았는데, 생산과 상용화 협약이 그것이었다.

이후 몇 달 동안 우리는 백신을 개발하고, 승인받고, 생산하기 위해 총력을 기울였지만, 결국 2020년에는 생산과 상용화 협약까지 맺을 시간은 없었다. 우리는 상용화 협약을 체결한 2021년 1월까지 최초 협약서와 협력 계약, 그리고 이 두 가지만큼 중요한 상호 신뢰를 바탕으로 협력을 지속했다.

3장

불가능을
가능으로 만드는
대담한 전략

"우리의 문제는 너무 높게 겨냥해서 빗나가는 것이 아니라
너무 낮게 겨냥해서 명중하는 것이다."

고대 그리스 철학자 아리스토텔레스

백신 개발 여정의 시작

백신 개발은 통상적으로 몇 년은 족히 소요된다. 게다가 프로젝트 중 상당수는 실패로 끝난다. HIV 백신은 과학자들이 수십 년 동안 개발해왔지만 지금까지 단 하나도 출시하지 못했다. 새로운 백신은 발견에서부터 개발, 승인, 생산, 유통, 그리고 사람들의 팔에 접종되기 전까지 반드시 엄격한 규제를 거쳐야 한다. 이 과정에는 인내심과 끈기가 요구된다.

실험실의 과학자들은 기초과학에 뿌리를 둔 아이디어로 몇 년 동안 연구한 끝에 추가 테스트를 위한 몇 가지 '프로토타입'을 내놓는다. 보통 수년에 걸쳐 반복적인 과정을 밟아 나온 프로토타입은 시험관이나 동물시험을 거친 후 정비되어 예상되는 효능이나 안전성을 이론적으로 개선하기 위해 다시 실험실로 보내진다. 이러한 조정을 마친 후 최고의 후보를 찾을 수 있도록 반복적으로 테스트한다. 우리는 전임상pre-clinical시험 및 독성시험, 반응-원성시험, 바이러스중화시험, 면역원성시험, 효능시험 외에도 많은 유형의 고도로 전문화된 시험을 실시한다. 대부분의 시험에서 다양한 프로토타입을 평가할 수 있는 테스트와 분석법이 존재하지 않기 때문에 프로토타입을 테스트하기 전에 먼저 그것부터 개발해야 한다. 생쥐의 체온이 오른다거나 바이러스 중화 효과가 약하게 나오는 등 원치 않은 결과가 나올 때마다 그런 결과가 나온 이유를 이해하고 프로토타입에 변화를 주기 위해 추가 시험을 하게 된다.

이러한 프로토타입을 연구하는 분자생물학자들에게는 많은 걱정거리가 있다. 예를 들어, 프로토타입은 화학적으로나 생물학적으로 확장 가능해야 한다. 이 연구가 성공한다면 좋은 품질을 유지한 채 대량 생산될 수 있어야 한다. 그렇지 않다면 유망한 프로토타입의 개발이 물거품이 될 수 있다. 모두에게 개발 기회가 주어지는 것은 아니다. 화이자에서는 가능성 있는 분자들을 실험실 밖에서 대규모로 생산하는 것이 불가능해서 개발을 중단하는 경우도 많았다.

이러한 전임상 과정들이 성공한다면 안전하고 효과적이라고 판단할 만한 충분한 근거가 있는 몇 가지 후보를 찾아낼 것이다. 그런 다음 인간을 대상으로 임상 연구를 시작하는데, 먼저 적절한 용량을 확인하는 작업부터 수행한다. 이것은 우리가 용량 증량dose escalation 연구라고 부르는 건강한 자발적 참가자(피험자)를 대상으로 하는 1상 연구다. 1상 연구는 항상 극소량으로 시작하고, 피험자들을 면밀한 의료 감독하에 관찰한다. 시험 중 조금이라도 안전을 우려할 만한 신호가 나타나는지 찾는 것이다. 다음 단계로 나아갈 만큼 모든 것이 안전하다고 판단되면 용량을 늘려서 같은 과정을 반복한다. 이와 동시에 각 용량이 인간에게 미치는 생물학적 영향을 평가한다. 이 단계에서는 효능을 추정할 수 없다. 대신 항체 및 T세포 반응으로 면역 체계를 자극하는 방법처럼 효능을 간접적으로 알아볼 수 있는 대리지표를 찾는다. 시험은 안전성이 확보되고 효능에 대한 대리기준을 모두 충족할 때까지 계속해서 용량을 늘려 나간다. 이것이 불가능하다면 분자생물학자에게 가서 후보물질을 개량하고, 다시 새로운 백신 후보물질로 새로운 1상 연구를 시작한다. 개발이 성공하거나 프로그램을 중단하기로 결정할 때까지 보통 이런 일을 여러 차례 되풀이한다.

1상 연구가 성공하면 최상의 후보물질을 2상 연구로 가져간다. 2상 연구는 백신 후보물질을 여러 가지 방식으로 시험한다. 가령 청소년이나 노인을 상대로 3주 또는 6주 간격으로 1~2회 접종하는 식이다. 이때 되도록 많은 조합을 시도하며, 최적의 대리지표를 찾았다고 판단할 때까지 안전성과 효능을 끊임없이 평가한다. 2상 연구가 최종이자 가장 중요한 3상 연구를 결정하기 때문에 매우 높은 기준으로 성공 여부를 판단한다. 이전 단계에서 학습한 내용은 3상 연구를 시작하려면 어디에 정교하게 초점을 맞춰야 하는지를 알려준다. 이 단계에서는 규제당국의 승인을 받는 데 필요한 데이터를 생성하기 위해서 가장 중요한 자원과 인력이 필요하다. 성공한다면 백신을 얻게 될 것이고, 실패한다면 프로그램은 대부분 종료된다. 따라서 1상과 2상 연구에서 가장 적합한 후보물질과 최상의 요법을 선정하여 최선의 접종을 하는 것이 필수적이다.

3상 연구는 규제당국의 승인을 받기 위한 가장 중요한 단계다. 3상 연구는 FDA나 유럽의약청European Medicines Agency(이하 EMA)과 같은 규제기관이 무결성과 과학적 엄밀성을 보장하기 위해 제정한 매우 엄격한 규칙과 기준을 따른다. 일반적으로 3상 연구는 자발적으로 참여한 수천 명이 오랜 시간 동안 '시험 장소'라고 부르는 독립기관(병원)에서 수백 명의 독립적 의사(조사관)가 모니터링하는 가운데 진행된다.

이러한 연구에서는 시험군을 대조군과 비교한다. 시험군 참가자들은 이미 허가를 받아 표준화된 치료제인 또 다른 백신이나 위약僞藥(이 질환에 대한 다른 백신이 없는 경우)을 투여받는다. 연구 설계에 따라서 피험자와 조사관 들은 위약과 백신 중 누가 무엇을 투여받았는지 알 수 없다. 위약과 백신은 컴퓨터 알고리즘만이 식별할 수 있는 바코드가 붙은 동일한 모양의 유리병에 담겨 있다. 이 알고

리즘에 따라 두 참가자 그룹은 성별, 나이, 건강 상태 등이 비슷하게 구성된다. 이렇게 하면 결과가 치료제 간의 차이만 반영하고 두 그룹의 구성상 차이에는 영향받지 않게 된다.

대체로 3상 연구에서는 대리지표를 기준으로 평가하지 않고 진짜 효능을 평가한다. 참가자들이 접종 후에도 예전과 다름없이 생활하더라도 그들의 건강을 계속해서 주시한다. 그중 일부는 우리가 조사하고 있는 질병에 노출되고 감염될 것이다. 그럴 경우 조사관들은 피험자들이 연구 중인 질병에 실제로 걸렸다는 것을 실험실에서 확인하고 그와 관련된 정보를 기록할 것이다. 물론 그 순간까지도 조사관들은 이 환자들이 백신과 위약 중 무엇을 투여받았는지 알지 못한다. 임상시험 설계 차원에서 연구 프로토콜에 참여한 통계학자들과 데이터 모니터링 위원회Data Monitoring Committee(이하 DMC)를 구성하는 독립적인 전문가 그룹인 규제당국은 다음 단계로 진행하기 위해 임상시험 참가자의 총 양성 사례 건수를 미리 결정해놓을 것이다.

일단 그 숫자에 도달하면 DMC가 시험군과 대조군 중에서 진단 사례가 각각 몇 건씩 나왔는지를 확인하기 위해서 데이터 맹검盲檢(임상시험에 관여하는 사람이나 무리가 배정된 치료제에 대하여 알지 못하게 하는 절차—옮긴이) 해제 과정에 착수한다. 그런 다음 위원회가 결정을 통보하면 우리는 연구를 계속하거나(두 그룹 간의 양성 사례 건

수 차이가 통계적 유의성 수준에 도달하지 않았을 경우), 불필요하다고 판단해서 연구를 중단하거나(데이터가 시험군과 대조군 간 통계적 유의성을 얻을 수 없을 경우), 아니면 효능을 검증하는 연구를 중단해야(효능이 이미 통계적 유의성을 확보했고, 안전 문제가 없는 경우) 한다.

3상 연구에서 백신의 효능과 안전성이 확인되면 다음 두 단계에 돌입하게 된다. 인허가 담당 그룹은 규제당국으로부터 승인을 얻기 위해 필요한 모든 데이터를 확보해 필요 서류를 준비한다. 일반적인 1차 신청Initial Applications에 필요한 백신 서류만 수천 페이지에 달하며, 정확성을 확보하기 위해 일일이 품질을 통제하는 과정에서 많은 시간이 소요된다. 이와 동시에 생산담당 그룹은 새로운 백신의 대량 생산을 준비한다. 이를 위해서는 원자재는 물론 경우에 따라서는 보통 수억 달러가 드는 특수 장비도 주문해야 한다.

이전의 속도와 프로세스는 모두 잊어라

연구팀에게 유례없이 효과적이고 안전한 백신에 대한 개발 계획을 추진 일정과 함께 제시해달라고 요청했을 때 나는 이 일의 복잡성을 이미 계산하고 있었다. 2020년 초 코로나19 감염자와 사망자가 급증하면서 세계는 전례 없는 위기를 맞아 이 난관을 극복해야 했다. 우리는 세계에서 가장 뛰어난 과학자들로 환상적인 백신 팀을 꾸렸고, 즉시 백신 개발에 착수했다. 그로부터 몇 주 뒤인 4월에 가진 화상회의에서 카트린의 팀은 3상 연구를 2021년 하반기까지 끝낼 수 있는 공격적인 계획을 제시했다. 그들의 계획은 수년이 소요되는 연구를 18개월로 압축할 수 있느냐에 달려 있었다.

화이자의 생산 책임자 마이크 맥더모트Mike McDermott는 같은 회의에서 18개월 이내에 적절한 원자재 공급처를 찾고 mRNA 생산에 적합한 새로운 전문 장비를 설계하는 등 생산 공정 개발 계획을 발표했다. 마이크는 "백신 개발이 완료되면 불과 몇 달 만에 수천만 회를 접종할 수 있다."고 말했다. 그는 이 모든 일을 원격근무로 감독했다. 계획대로 진행된다면 이전의 의약품 개발 속도와 생산 규모 확대 기록을 전부 깨뜨리는 것이었다.

그의 팀은 녹초가 됐지만 공격적인 계획을 생각해낸 데 대해 자부심을 느꼈다. 하지만 팬데믹은 점점 악화되고 있었다. 우리 중 다수가 거주하며 일하고 있는 뉴욕시의 상황은 특히 더 심각했다. 병원은 환자들로 넘쳐났고, 중환자실에는 인공호흡기가 부족했으며, 영안실이 모두 차 있어 냉장 트럭에 시신이 쌓여갔다. 나는 매일 아침저녁마다 팬데믹으로 인한 괴로움과 고통에 시달렸다. 감염률과 사망률은 점점 더 높아지고 있었다.

경제 전체가 위험에 빠진 상황에서 답을 모색한다는 것은 우리

조직이 아니라 세계의 미래와 관련된 일이었다. 미카엘과 백신 개발에 뛰어들자는 결정을 내린 이후 나는 백신이 유일한 해결책임을 점점 더 강하게 느꼈다. 우리에게는 시간이 없었다. 1세기 전 스페인 독감이 유행했을 때 2차 유행은 1차 유행 때보다 훨씬 더 치명적이었다. 게다가 가을이 오면 독감까지 유행하는 이중 위험에 직면할 수도 있었다.

나는 모두에게 "너무 늦습니다. 올해 10월까지 백신을 만들어야 합니다. 그리고 내년까지 수천만 회가 아니라 수억 회를 접종할 수 있어야 합니다."라고 말했다.

모니터에 비친 놀란 얼굴들이 아직도 생생히 기억난다. 실망이 아니라 내 지시에 대한 충격과 혼란이었다. 모두 불가능한 일이라고 생각했다. 우리는 이 일을 두고 한동안 토론했다. 그들은 합리적으로 판단하고 정확한 결론을 제시했다. 하지만 불가능하더라도 반드시 해내야만 했다. 모든 일에는 공감대를 쌓을 때가 있고, 밀어붙일 때가 있는 법이다. 지금은 밀어붙일 때였다. 나는 무슨 일이 있어도 그들의 계획은 수용할 수 없다고 잘라 말했다. 계획을 재고하고 불가능한 일을 가능하게 만들어달라고 부탁했다. 비용이나 투자 수익에 대해서는 전혀 생각할 필요가 없었다.

우리는 백신 개발을 완수하는 데 필요한 모든 재원을 동원할 수 있었다. 그보다는 여러 가지 일을 동시에 해낼 능력이 필요했다.

최대한 빨리 배우고, 최종 프로토타입을 빠르게 결정할 수 있도록 효과가 적은 프로토타입을 빨리 소거할 수 있는 영리하고 혁신적인 방법으로 실험을 설계해야 했다. 또 한쪽에서는 우리가 제품 개발을 완료하기 전에 위험을 무릅쓰고 생산 능력을 구축해놓아야 했다. 쉽게 구할 수 있는 필요한 원자재를 모두 조달해놓고, 쉽게 구할 수 없는 원자재는 선주문을 해놓아야 했다. 마지막으로 나는 팀원들에게 우리가 계획에 실패할 경우 10월에 얼마나 많은 사람이 죽을지 계산한 결과가 담긴 자료를 계획안 마지막에 넣어달라고 요청했다. 일주일 뒤, 팀원들은 성공한다면 2020년 10월 말까지 우리가 결과를 보게 될 천재적인 계획을 갖고 돌아왔다.

1상과 2상 연구는 아주 똑똑한 방법으로 설계되었다. 연구를 시작하기 전 그들은 실험실에서 모든 백신 후보를 확보할 때까지 기다리지 않고 첫 번째 후보를 얻게 됐을 때 즉시 연구를 시작하기로 했다. 그리고 다양한 용량, 요법, 연령대로 이뤄진 여러 조합이 면역 체계와 어떻게 상호작용하는지를 테스트해보기로 했다. 두 번째 후보가 나오면 첫 번째 후보와 비교 검증 시험을 하기로 계획했다. 그 덕분에 첫 번째 후보 때 했던 테스트를 전부 되풀이하지 않고서도 두 번째 후보의 결과를 도출할 수 있었다. 우리는 세 번째와 네 번째 후보가 나올 때도 이런 과정을 똑같이 반복하기로 했다.

이 시험의 목표는 가장 유망한 후보 두 가지에만 집중해 3상 연구로 넘어갈 최종 후보를 선택하겠다는 것이었다. 프레젠테이션 단계에서 팀원들은 이러한 설계가 최고의 후보를 선정하는 데는 유용하지만 실수로 차선의 후보를 가지고 3상으로 넘어갈 위험이 크다고 경고했다. 나중에 생각해보니 이것은 벼랑 끝에서 내린 중대한 결정이었다.

카트린은 내게 "조만간 알게 되겠지만 이번 3상 연구는 지금까지 해온 어떤 연구보다 비용이 많이 들 것"이라고 말했다. 나는 프레젠테이션 동안 머릿속으로 내용을 받아 적었다.

3상 연구는 가능한 한 가장 빠른 방법으로 확실한 결과를 내도록 설계되었다. 연구는 이중맹검double blind 위약 대조군 연구로 진행할 예정이었다. 이중맹검이란 편향적 사고를 막기 위해 실험이 끝날 때까지 실험자와 피험자 모두에게 특정 정보를 공개하지 않는 것을 말한다. 실험은 무작위로 선택해 일대일로 진행했기 때문에 최종 백신 후보와 가짜 백신을 각각 같은 수의 참가자에게 접종하게 되었다.

FDA는 백신 승인 조건으로 50퍼센트 이상의 효과를 요구했다. 우리 팀은 FDA 기준보다 훨씬 더 높은 60퍼센트의 효과를 입증할 수 있도록 연구를 설계했다. FDA는 일반적으로 긴급사용승인을 내주기 전에는 2개월치의 안전성 데이터를 요구하고, 정식승인을 내주기 전에는 6개월치의 안전성 데이터를 요구한다. 우리 팀은 등록한 참가자들을 상대로 향후 2년 동안 상태를 예의 주시하기로 했다.

수학자들의 통계 분석 결과, 60퍼센트의 효과를 달성해야 할 경우 통계적으로 유의미한 효과를 입증하기 위해서 최소 164명의 코로나19 감염자가 필요했다. 1만에서 1만 5000명이 참가한 연구는 (발병률과 감염률에 따라 다르지만) 1년 안에 이러한 결과를 낼 가능성이 있었다. 우리는 코로나19 감염자를 더 빨리 모을 수 있도록 연구 대상 규모를 대폭 확대해 3만 명의 참가자를 모집하기로 결정했다(나중에는 이 숫자를 4만 6000명 이상으로 늘렸다.). 이 정도 규모의 연구를 하려면 보통 40~60곳의 연구 장소가 필요하다. 우리는 참가자를 더 빨리 모집할 수 있도록 120곳의 장소를 확보하기로 목표를 정했다(나중에는 이 숫자를 153곳으로 늘렸다.).

그러나 가장 중요한 요소는 코로나19 감염 부담이 큰 지역으로 연구 장소를 지정하는 것이었다. 이런 곳은 발병률(연구 기간 중 자연 감염되는 참가자의 비율)이 더 높았다. 발병률이 낮아 감염자가 적으면 백신의 효능을 확신할 수가 없다. 임상 연구에서 진짜 백신을 맞은 사람들이 가짜 백신을 맞은 사람들보다 코로나19 발병률이 낮다는 것을 증명하기 위해서는 발병률이 높은 지역을 선정해야 했다.

문제는 시간이 지나면서 장소마다 발병률이 달라진다는 것이었다. 가령 어떤 지역에 감염자가 많이 나오면 통상적으로 정책적 조치가 취해지면서 이후 발병률은 낮아진다. 반대로 어떤 지역에 감염자가 적으면 긴장을 늦춰 시간이 지나면서 감염률이 상승한다. 그렇다면 화이자 연구원들은 필요한 시간 내에(2차 접종 후 최소 7일 이후) 높은 발병률에 접근하기 위한 가장 적합한 장소를 어떻게 찾아냈을까? 우리의 역학 전문가들은 특정 기간에 코로나19 발병률이 상승할 수 있는 지역을 최대한 정확하게 예측할 수 있는 알고리즘을 개발해 그에 따라 조사 장소를 공개했다. 주로 참가자들이 2차 접종을 받았을 때쯤 감염 위험이 더욱 커질 가능성이 있는 곳들이었다.

초저온 운반 용기의 개발

백신팀의 발표가 끝나자 생산 책임자인 마이크가 발표할 차례가 되었다. 실험실에서 1상과 2상 연구에 시험할 백신 후보를 준비하는 동안 생산팀은 어떤 후보가 최종적으로 선정될지 모른 채 생산공정의 규모를 키우는 작업에 착수하기로 했다. 생산팀은 모든 시나리오에 맞춰 모든 후보가 생산 가능하도록 원자재를 주문해놓아야 했지만, 결국 선정되지 않은 원자재들은 폐기할 예정이었다.

그때까지 전 세계적으로 mRNA 제품은 실험실에서 소규모로 생산했을 뿐, 산업적으로 대량 생산된 적이 없었다. 따라서 생산팀은 존재하지 않는 새로운 산업용 제제製劑 장비를 발명하고, 설계하며, 주문해야 했다. 제제란 의약품을 치료 목적에 맞게 배합하고 가공하여 일정한 형태로 만드는 것을 말한다. 마이크는 엔지니어들이 이미 제제 장비의 설계 작업에 착수했고, 신속하게 기계를 제작하기 위해 필요한 사항을 파악해 전문 장비 생산업체와 논의 중이라고 알려주었다.

"초저온 저장 장치는 문제가 없습니까? 어떻게 하면 섭씨 영하 70도에서 수백만 회 분량의 백신을 저장할 수 있을까요?"

내 질문에 마이크는 이렇게 답했다. "좋은 방법이 있습니다. 기존 제품 재료를 현재 보관된 창고에서 임시 보관 창고로 옮기고, 기존 창고를 축구장 크기의 '냉동고 농장'으로 개조할 예정입니다."

"냉동고 농장이라고요?" 내가 되물었다.

그러자 마이크가 답했다. "네, 그렇습니다. 생산팀은 각각 30만 회 접종 분량의 백신을 저장할 수 있는 대형 냉동고 500개를 설치할 것입니다. 그러면 총 1억 회 이상의 접종분을 저장할 수 있습니다. 유럽에서 생산되는 분량을 저장하기 위해 벨기에에 있는 생산 공장에서도 똑같이 할 예정입니다."

그의 말에는 자신감이 넘쳤다. 그리고 다음과 같이 덧붙였다. "물론, 이러한 초저온 상태를 유지하며 전 세계 수천 개 지역에 수백만 회의 백신 접종분을 유통할 방법이 궁금하실 겁니다. 이처럼

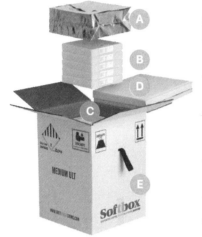

아이템	설명
Ⓐ 드라이아이스	상자 윗부분을 드라이아이스로 고정한다.
Ⓑ 백신 트레이	피자 박스 모양의 상자에는 백신이 들어 있다.
Ⓒ 백신 트레이 고정 상자	내부 보온 상자로 백신 트레이를 고정한다. 절대 제거해서는 안 된다.
Ⓓ 폼 뚜껑	상자와 연결된 내장형 온도 측정 장치가 들어 있다.
Ⓔ 냉열 운송상자	외부 상자

———— 화물의 온도 제어 추적에 사용되는 백신 운반 용기의 구성 요소

———— 백신이 환자에게 전달되는 동안 온도와 위치를 추적할 수 있도록 운반 용기에 부착된 온도 측정 장치

낮은 온도를 유지하며 물건을 나를 수 있는 자동차나 비행기는 없습니다. 그러므로 콜드체인cold chain(저온 유통망)이 필요한 다른 백신이나 약품과 같은 방식으로는 불가능합니다. 우리는 획기적인 발상의 전환을 모색하면서도 결론적으로는 해결책이 '기존에 사용하던 방법'에 있다는 것을 깨달았습니다. 만약 1~2주 동안 영하 70도의 온도를 유지할 수 있는 비교적 저렴한 가격의 운반 용기를 확보한다면 어떻게 될까요? 이 상자를 드라이아이스로 채우면 문제가 해결됩니다."

마이크의 말을 듣고 기뻐서 가슴이 벅찼지만, 그의 말을 끊고 답하기 까다로운 질문을 던졌다.

"그렇게 많은 드라이아이스는 어디서 구할 겁니까?"

이 질문에 마이크는 이렇게 답했다. "계산해보니 미국에서 생산되는 드라이아이스의 1~2퍼센트 정도의 양이 필요합니다. 물류 쪽이 큰 문제입니다만, 우리 공장에서 직접 드라이아이스를 만들어 현장에 곧바로 투입하면 해결 가능합니다."

나는 매우 대담한 계획이라고 생각하면서 그대로 진행하라고 지시했다.

"우리는 이 상자들을 자동차, 기차, 비행기로 세계 어느 곳으로든 보낼 수 있습니다. 도착하는 즉시 특별 냉동고에 보관하거나 다른 상자에 넣어 드라이아이스를 계속 보충해주면서 장기간 보관할 수 있습니다. 엔지니어들에게 재활용이 가능한 이러한 상자를 디자인해달라고 요청했습니다. 또한 위성 위치 확인 시스템(이하 GPS), 온도계, 그리고 빛 탐지기가 달린 전자장치를 상자 안에 설치할 것입니다. 이 장치는 실시간으로 위치와 온도를 우리 관제센터로 전송합니다. 누군가가 상자를 열면 빛 탐지기가 작동되어 우리에게 알려줄 것입니다. 앨버트, 우리는 상자가 안전하게 목적지에 도착할 때까지 모든 상황을 파악할 수 있습니다."

이 계획을 추진하는 데에는 대략 20억 달러(약 2조 4000억 원)가 필요했다. 나는 팀원들에게 계획대로 추진하라고 지시하면서 이 결정을 이사회에 보고하기 위해 메모해두었다. 이것은 매우 비싼 베팅이었다. 프로젝트가 실패한다면 나는 CEO 2년 차에 20억 달러를 탕감해야 하는 고통을 겪어야 했다. 하지만 실패한다고 해서 회사가 산산조각 나지는 않을 것이다. 무엇보다 이것은 옳은 일이었다.

나는 화이자의 이사회 사외이사를 맡고 있는 샨타누 나라옌 Shantanu Narayen에게 연락해서 이 문제에 대해 상의했다. 샨타누는 어도비Adobe의 회장 겸 CEO이며, 내가 CEO로 부임한 후 멘토 역할을 해주고 있었다. 그는 이성적이고 조직력이 있는 사람으로 내 말을 주의 깊게 들으면서 이 계획이 옳은 일이라는 생각에 동의했다. 이후 나는 다른 이사 몇 명에게도 연락해 그들도 계획에 찬성하는지 확인해보았다. 그들은 전 세계로 확산하고 있는 코로나19에 대해 모두가 매우 걱정하면서도 분명 화이자가 어떤 역할을 할 수 있고, 또 해야 한다고 느끼고 있었다. 상황의 엄중함 때문에 전력을 다하려는 자세가 필요했다. 며칠 후 나는 10월 말까지 팬데믹에 맞설 백신을 개발하겠다는 우리의 의지를 전 세계에 알렸다.

4장
———

광속
프로젝트

"싸움은 머뭇거리는 사람을 기다리지 않는다."

고대 그리스의 비극 시인 아이스킬로스

우리가 세상을 바꿀 것이다

2020년 3월 19일 오로지 백신만을 논의하기 위한 회의가 열렸다. 달력에는 '코로나19 백신 계획'만이 적혀 있었다. 이후 회의는 SWAT팀, 즉 특별 기동대 회의처럼 바뀌었고, 지금까지 우리는 그 회의를 '광속 프로젝트Project Lightspeed'라고 부른다. 내 일정표에도 그렇게 적어놓았다. 그로부터 몇 달 뒤 우연의 일치로 트럼프 행정부가 코로나19 비상 대응 작전을 '초고속 작전Operation Warp Speed(이하 OWS)'이라고 명명했다.

'광속'이라는 이름에는 우리가 거는 기대가 담겨 있었다. 모든 일이 계획대로 진행되기 위해서는 빛의 속도가 필요했다. 하지만 그것만으로는 충분하지 않았다. 프로젝트 팀이 하는 일은 본래 팀원 개개인이 움직이는 속도보다는 팀원 모두 같이 움직이는 속도에 맞춰 돌아가는 법이다. 따라서 헌신적인 개인들이 모이면 집단이 내는 힘과 효과는 더욱 가속화된다. 다시 말해, 전체가 부분보다 더 중요했다. 그리고 우리의 경우 헌신적이고 동기부여된 팀이 내리는 신속한 의사결정이 이 프로젝트의 성공을 결정짓는 핵심 요소가 되었다.

보통 기업의 세계에서는 어떤 결정을 내리기 전에 여러 분야의 전문가들로부터 자문을 구한다. 그러나 어떤 기업에서든 이겨내야 할 가장 큰 도전은 반대 의견을 무릅쓰고 결정을 내리는 것이다. 내가 2016년 바이오의약품 사업부인 화이자 이노베이티브헬스Pfizer Innovative Health의 책임자로 있었을 때 사업부를 여섯 개 부서로 나눠 각각 자체 예산 범위 안에서 전략적인 의사결정을 내리도록 상대적 자율권을 부여한 것도 그런 이유 때문이었다. 백신 사업부는 항암제, 내과질환, 희귀질환, 염증 및 면역, 컨슈머헬스케어 사업부와 함께 여섯 개 사업부 중 하나였다. 나는 각 사업부의 글로벌 대표들에게 스스로를 기업가 정신이 투철한 생명공학 회사의 CEO로 여기고, 나는 그 회사를 소유한 사모펀드 CEO 정도로 생각해달라고 이야기했다.

"사모펀드 회사는 그들이 소유한 생명공학 회사에 세 가지 일을 합니다. 먼저 경영진을 임명합니다. 저는 여러분들을 임명했습니다. 둘째, 경영진과 전략적 방향에 대해 합의합니다. 저는 여러분 각자가 따라야 할 전략적 방향을 명확하게 설정했습니다. 셋째, 예산을 할당합니다. 여러분은 경쟁을 거쳐 예산을 확보해야 합니다. 투자를 받는 것이 가장 좋은 방법임을 제안합니다."

나는 매달 열리는 위원회에서 연구 프로젝트, 제조 인프라, 상업적 지출에 대한 그들의 투자 요청을 검토하고, 승인된 프로젝트에 예산을 할당했다. 그런 다음에 되도록 가자 알아서 계획을 실행하게 내버려둔 채 평가 수단과 결과를 모니터링했다.

그러나 이러한 시스템을 구현하더라도 한 사업부가 내리는 결정 과정은 여전히 복잡했고, 여러 이해 관계자가 참여하는 광범위한 협의가 필요했다. 따라서 고통스러울 만큼 더디게 진행되거나 타협안이 제시되거나 중단될 위험이 있었다. 아이러니하게도 고위 임원이 프로젝트에 관여하는 경우가 더 문제였다. 가령 직급이 낮은 여러 전문가로 구성된 팀이 내린 결정을 직속 상사들에게 보고했을 때 그 '상사' 중 한 명이 다른 의견을 내면 일이 중단되었다. 여기에서 의견 불일치가 해결되면 결정권은 다음 직속 상사들에게 넘어가고, 앞서 말한 시나리오가 반복된다.

내가 구현한 새로운 접근 방식으로 비교적 신속한 의사결정이 가능해졌지만, '광속 프로젝트'에서는 사안의 복잡성에도 불구하고 그 어느 때보다 더 빠른 의사결정을 내려야 했다. 예를 들어, 서로 다른 연구 그룹 출신의 수많은 과학자, 엔지니어와 다른 전문 생산

그룹 출신의 생산 담당자, 변호사, 상용화 담당자, 재무 담당자, 커뮤니케이션 담당자 들과 상의해야 했다. 이 외에도 전문지식이 필요한 모든 분야의 의견을 모아 의사결정에 반영해야 했다. 하지만 팀이 다음 단계로 넘어가기 전에 모두가 동의할 만한 해결책을 찾기가 어려웠다. 우리에게는 관료주의나 이기주의에 발목을 잡힐 여유가 없었다. 여러 단계의 승인 과정을 없애고, 지휘 계통을 단순화하고, 의사결정 시간을 단축하도록 관리 직급을 하나의 프로젝트 팀으로 통합해야만 했다.

매주 두 차례 오후 4시부터 6시까지 내가 주관하는 회의가 열렸다. 종종 회의는 예정된 시간보다 더 길어지기도 했다. 연구, 생산, 재무, 법무, 기업 업무팀은 모두 필요에 따라 여러 개의 관리 직급으로 구성되어 있다. 나는 이 회의에서 '프로젝트 매니저' 역할을 맡았다. 나는 프로젝트 매니저로 괜찮게 일했지만 내가 창출한 가치는 그렇지 못했다. CEO는 부서 이기주의를 없애고, 모든 사람의 의견을 듣고, 신속하게 업무를 추진할 수 있어야 한다. 이번 팀에 속한 모두는 각자의 입장과 무관하게 반대나 찬성 중에 하나를 선택해야 했다. 하지만 회의가 끝날 무렵에는 대체로 신속하게 결정이 내려졌다. 회의에 참석한 내게 결정권이 있었기 때문이다.

회사에서는 보통 CEO와 회의가 잡혀 있을 때 본회의를 하기 전에 '의견 조율'을 위한 사전 회의를 많이 열고는 한다. 그런데 이번 프로젝트에서는 시간적 여유가 거의 없었다. 실시간으로 데이터가 유입되고 의사결정이 내려졌다. 우리에게는 '적시'에 판단할 수 있는 사고능력이 필요했다. 누군가는 이런 방식을 어색해했지만 2020년 10월 이전에 가능한 한 빨리 백신을 개발하려는 팀의 열정은 주저할 틈을 용납하지 않았다.

그 후 몇 달 동안, 매주 월요일과 목요일에는 재택근무 사무실에서 약 25명의 회사 경영진과 화상회의를 열었다. 우리의 의제는 기초과학에서 임상, 생산 및 인허가 문제에 이르기까지 두루 걸쳐 있었다. 어떤 백신 물질을 선택해야 하는가? 임상시험 계획을 세우면서 접종 일정을 어떻게 잡아야 하는가? 특정 현장에서 임상시험이 얼마나 엄격하게 진행돼야 만족할 것인가? 임상시험에 참가할 환자들을 왜 빨리 모집하지 않는가? 어떻게 다양한 사람이 임상시험에 참여하게 할 것인가? 충분한 접종량을 생산할 준비가 되어 있는가? 한 병당 몇 회분을 추출할 수 있는가? FDA의 복잡한 긴급사용승인 내용을 재차 검토해보자. 이 조항에 대해 우리는 어떻게 준비하고 있는가? 생물의약품평가연구센터Center for Biologics Evaluation and Research(이하 CBER)에 대한 최신 정보는 무엇인가? '백신·생물의약품자문위원회Vaccines and Related Biological Products Advisory Committee(이하 VRBPAC)에 대한 준비가 되어 있나? 이런 많은 질문이 이어졌다.

시간이 곧 생명

끊임없이 이어진 회의를 마치면 재택근무 사무실을 벗어나 거실에서 와인 한 잔을 들고 넷플릭스 드라마를 보며 머리를 식혔다. 가끔 드라마 시청을 중단하고, 스마트폰으로 동료와 영상 통화를 하며 문제를 해결했다. 아니면 다음 날 해야 할 일을 메모해놓기도 했다. 틈틈이 친구들과 전화를 하거나 미리암과 대화를 나누기도 했다. 항상 긍정적인 아내는 일 때문에 바쁜 나를 대신해 가족을 위해 헌신했다.

회의를 거듭하면서 궁금한 점도 생겼지만, 조바심도 많이 났다. 나는 이 최첨단 기술의 세부 사항을 더 잘 이해하기 위해 여러 질문을 던졌다. 회의 도중에 질문하기도 했지만, 회의가 끝난 뒤에 전문가에게 따로 연락해 구체적인 사실 관계를 물어보기도 했다. 또한 공정에 대해서도 전반적인 단계에 관해 끊임없이 질문했고, 단하나도 빼놓지 않고 모든 시간표에 문제를 제기했다. 가령 누군가가 어떤 일에 몇 주가 소요될 것이라고 말하면 나는 왜 이틀 안에 끝낼 수 없는지를 물었다.

처음에는 내 이런 태도가 많은 사람을 불편하게 했지만, 머지않아 모두에게 시간을 단축할 수 있는 해결책을 적극적으로 제시하는 것이 제2의 천성이 되었다. 그러고 나면 시간 단축을 위해 추가 자금을 지원해달라는 강력한 요청이 뒤따르곤 했다. 문제는 돈이 아니었다. 오로지 시간만이 문제였다. 나는 추가 투자를 승인할 때 "시간은 돈"이라는 말을 "시간은 생명"이라고 바꾸어 말하곤 했다. 몇 차례 회의가 끝나자 모두가 기대하는 것이 명확해졌다.

지금 돌이켜보면 "시간이 곧 생명"이라는 마음가짐이 이번 프로젝트의 가장 중요한 성공 요인이었다. 아주 거창한 목표, 즉 전례 없이 높은 목표를 설정하면 경이로운 방법으로 인간의 창의성을 발산시킬 수 있다. 보통 10년이 걸리는 일을 8년 안에 하라고 하면, 사람들은 난관에 부딪히더라도 현재 작업 프로세스 내에서 해결책을 찾아보려고 할 것이다. 마찬가지로 2억 회 접종분(당시 우리의 연간 생산량을 감안했을 때) 대신 3억 회 접종분의 백신을 만들라고 한다면 그들은 불가능하다고 판단하면서도 현재의 작업 방식을 개선하는 해결책을 찾아볼 것이다. 이런 방식으로 더 나은 성과를 거둘 수도 있겠지만, 대개 프로세스는 이미 수년간 최적화된 상태라 증산하기 위해서 할 수 있는 일이 많지 않았다.

하지만 이번에는 8년이 아닌, 불과 8개월 안에 모든 작업을 끝내야 했다. 게다가 3억 회의 접종분이 아닌 무려 30억 회의 접종분을 생산해야 했다. 나는 처음부터 이러한 목표가 협상 대상이 아니라고 못박았다. 점진적인 개선으로는 기대하는 목표를 달성하지 못할 것이 분명했다. 결국 기존의 프로세스를 전면 재고해야 했다. 처음부터 다시 설계하고, 모든 단계에서 빠짐없이 창의성을 발휘해야 했다. 그런데 그 힘든 일을 우리가 해냈다!

2020년 4월 22일 화이자는 독일 당국이 네 가지 코로나19 백신 물질을 평가하기 위한 연구를 승인했다고 발표했다. 연구는 다음 날부터 시작되었다. 우리는 각기 특별한 mRNA 형식과 표적 항원을 조합한 네 가지 백신 후보를 개발해놓은 상태였다. 이 중 두 개에는 뉴클레오사이드nucleoside 변형 mRNA(modRNA), 하나에는 우리딘uridine이 들어 있는 mRNA(uRNA), 네 번째 백신 후보는 자가증폭 mRNA(saRNA)를 이용했다. 각 mRNA 형식은 LNP 제형과 결합되었다.

백신 후보 중 두 개는 최적화된 전장full-length 스파이크 단백질을 암호화했고, 다른 두 후보는 스파이크 단백질의 수용체 결합 도메인receptor binding domain(이하 RBD)을 암호화했다. RBD 기반 후보들은 바이러스를 비활성화할 수 있는 항체를 유도하는 데 중요한 스파이크 조각을 포함하고 있는 반면, 더 길게 돌출된 단백질은 더 광범위하거나 차별화된 항체반응을 이끌어내는 데 중요했다.

사람을 대상으로 한 첫 번째 연구의 목적은 접종 수준을 달리하며 네 가지 후보를 비교하는 것이었다. 임상시험 1.5단계에서 용량 증량을 할 때는 18세에서 55세 사이인 약 200명의 건강한 피험자가 참여했다. 이들에게는 백신 후보의 안전성과 면역성 평가는 물론이고 추가 연구를 위한 최적량을 결정하기 위해 1마이크로그램μg에서 10마이크로그램 사이의 용량을 투여하는 것이 목표였다. 1마이크로그램은 100만분의 1그램의 질량을 뜻한다. 연구에서는 또한 네 가지 백신 후보 중 세 가지에 대한 반복적인 예방접종 시의 효과를 평가했다.

2020년 5월 말 1상 연구에서 이 네 종류의 백신을 테스트하기 시작했다. 예전 방식대로라면 이 백신들을 순차적으로 테스트했겠지만 이번에는 접종 용량을 3단계로 나눠서 모든 백신 후보를 동시에 테스트하기로 했다. 테스트는 한 달 만에 끝났다. 2020년 7월 말 우리는 2상과 3상 준비를 완료하고 6개국 153개 임상시험 장소에서 4만 6000명이 넘는 환자를 모집했다.

가장 중요한 3상 연구의 유효성을 입증하는 시험을 시작하기로 한 목표일인 2020년 7월이 다가오자 우리는 또 다른 중대한 결정에 직면했다. 2상 연구에서는 제형이 다른 두 가지 유망한 최종 후보를 추렸다. b1으로 알려진 첫 번째 후보는 SARS-CoV-2 스파이크 단백질의 RBD만을 사용한 것이었다. 이 후보에 대한 데이터가 가장 많았기에 탁월한 선택처럼 보였다. b2로 알려진 두 번째 후보는 전장 스파이크 단백질을 사용한 것이었다. 이것은 내성, 오한, 두통 등의 부작용은 적은 반면 면역반응은 광범위하게 나타났다. 아주 예비적인 데이터이긴 했지만, 코로나19에 더 취약하고 면역력을 높이기 어려운 피험자인 노년층에서 더 강력한 효과를 낸다는 것을 보여주었다.

그러나 b2는 생산하기가 까다로웠고, 확보할 수 있는 데이터가 전반적으로 부족했기 때문에 훨씬 위험한 선택이었다. 더 일찍 시험을 시작한 b1에 대한 데이터는 이미 상당히 축적된 상태였다. 목표일이 다가옴에 따라 3상 연구를 위한 최종 후보를 선택해야 했다. 마치 두 개의 퍼즐을 맞추는 것 같았다. 하나는 맞춰놓은 조각이 많아 아름다운 그림이었지만, 다른 하나는 맞춰놓은 조각이 훨씬 적었음에도 더 선명한 그림을 보여주었다.

우리는 한 팀으로 뭉쳐서 우리가 가지고 있는 데이터를 면밀히 연구하고, 무엇이 가능한지를 예측해봤다. 두 번째 퍼즐에는 끼워 넣어야 할 공백이 많았지만, 더 유망해 보였다. 우리는 예정한 목표일을 일주일 연장하면서 b2에 대한 더 많은 데이터를 확보하기로 했다. 우리가 내린 선택이 백신의 성공에 중대한 역할을 할 것이라고 판단했기 때문이다. 마감일 연장은 절박한 결정이었다. 사실 나는 이 결정 외에는 광속 프로젝트 일정을 일주일도 아닌 단 하루도 늦추지 않았다. 우리는 열흘 동안 초조하게 시간을 보내면서 심사숙고를 거듭했다. 충분히 괜찮은 후보와 잠재력이 있는 후보 중 무엇을 골라야 할지를 고민했다.

보유 데이터의 80퍼센트는 b1과 관련된 것이었고, b2와 관련된 추가 데이터를 개발할 시간은 없었다. 하루가 지체될 때마다 많은 사람이 목숨을 잃었다. 팀원 중에는 b1이 충분히 효과가 있을 것이라고 판단한 사람도 있었지만 확신이 없는 사람도 있었다. 한편으로는 우리가 '완벽'을 추구하느라 시간을 낭비하고 있다고 걱정하는 사람도 있었다. 완벽하지 않은 게 더 좋다는 말이 있다. 화이자가 b2를 선택해 성공적으로 상용화하기 위해서는, 즉 일정한 품질을 유지하며 대규모로 생산하기 위해서는 상당한 수고가 요구되었다.

2020년 7월 24일 열린 중대 회의에서 연구팀은 두 후보 각각에 대한 장단점을 최종적으로 정리해서 설명해주었다. 그들은 나온 지 불과 몇 시간밖에 안 된 가장 최신 데이터도 보여줬다. 모니터에 비친 얼굴들의 모든 눈이 나를 응시하고 있었다. 이제 최종 결정을 내려야 했다. 나는 더 위험한 결정을 내리면서 이렇게 말했다.

"두 후보의 장단점을 잘 들었습니다. 여러분 대부분이 두 번째 후보를 최선의 선택이라고 믿는 것 같습니다. b2로 갑시다. 그리고 우리가 옳았기를 바랍시다."

이후 몇 달 동안 우리는 3상 연구의 효능 및 안전성 데이터가 우리의 결정이 옳았음을 보여주기를 숨죽이며 기다렸다. 이 길을 걷기 시작한 이상 되돌릴 수 없었다. 마침내 4만 6000명이 넘는 임상시험 참가자가 등록한 백신 시험 결과에서 '아름다운' 데이터 세트를 확인했을 때 형언하기 힘든 안도감을 느꼈다. 마침내 우리는

FDA에 긴급사용승인을 신청할 수 있었다.

아무도 배제되어서는 안 된다

3상 연구는 즉시 시작되었다. 바이오엔테크와 연구를 시작했을 때 우리는 임상시험의 중요성에 대해 다각도로 논의했다. 그리고 봄까지 여러 인종을 시험에 참여시키는 데 속도를 높여야 했다. 임상시험 표본에 피부색이 검거나 갈색인 사람들을 배제한 채 연구를 진행한다면 그들이 백신 접종을 망설일 것을 걱정했다. 우리는 백신을 개발하는 모든 회사가 이 문제를 우선 고려해야 한다는 FDA의 권고를 환영했다. 백신은 인종과 관계없이 모두에게서 신뢰를 얻어야 했다.

역사적으로 유색인종이나 여성을 비롯한 소수 집단은 연구 표본에 포함되지 않는 경우가 많았다. 흑인은 미국 인구의 약 13퍼센트를 차지하지만 임상시험 참가자 중 흑인의 비율은 5퍼센트에 불과하다. 라틴계는 미국 인구의 약 19퍼센트를 차지하지만 임상시험 참가자 중에서는 1퍼센트에 그치고 있다. 화이자는 항상 이 문제에 민감하게 대응했으며 업계 표준보다 많은 유색인종과 여성을 임상시험에 참가시켰다.

화이자의 임상 개발·운영 책임자인 마리피에르 헬리오 르 그라베랑드 Marie-Pierre Hellio Le Graverand는 2021년 미국에서 화이자의 후원하에 임상시험 참가자들의 인구적 다양성을 조사한 논문을 공동 집필했다. 이 연구에 따르면 산업 평균과 달리 화이자의 임상시험에 참가한 흑인이나 아프리카계 미국인 비율은 14.3퍼센트 대 13.4퍼센트로 미국 전체 인구 비율보다 약간 높았다. 히스패닉이나 라틴계 참가율은 15.9퍼센트로 18.5퍼센트인 미국 전체 인구 비율보다 낮았지만, 여성 참가율은 51.1퍼센트로 50.8퍼센트인 미국 전체 인구 비율보다 약간 더 높았다. 이러한 결과는 우리가 임상시험에서 인종적·민족적 다양성을 개선하려고 부단히 펼쳐온 노력의 영향을 정량화할 수 있는 기준이었다.

그러나 코로나19 백신 임상시험은 일반적인 시험이 아니었다. 그것은 당시 세계에서 가장 중요한 시험이었고, 다양성 확보는 핵심 지표 중 하나였다. 물론 우리는 모든 사람에게 참여를 권장했다. 그러나 임상시험 참가 여부는 전적으로 개인의 선택이므로 많은 경우 편향이나 잘못된 정보에 따라 선택이 영향을 받을 수 있었다. 우리는 그런 문제를 바로잡기 위해 많은 노력을 기울여야 했다.

이런 면에서 뛰어난 성과를 낸 스타는 화이자 임상시험에서 다양성 문제를 관리하는 샌디 아마로 Sandy Amaro였다. 그녀의 남편 장 아마로 Jean Amaro도 화이자 품질보증부에서 근무한다. 샌디는 이 일을 자기 가족의 일처럼 여겼다.

"제 가족이 임상시험과 의료 시스템에 참여해서 우리 아이들에게 열심히 노력하면 세상을 바꿀 수 있다는 것을 확실히 보여주고 싶습니다." 그녀가 말했다.

샌디는 통계적으로 다양한 임상시험 참여자 풀을 만드는 업무를 담당한다. 달리 말하면, 그녀는 평등과 포용의 가치를 존중하면서 연구팀이 참가자 표본을 적절히 확보할 수 있도록 돕는다. 임상시험을 다양화하는 목적은 어떤 치료제나 백신이 연령, 인종, 민족, 성별에 따라 어떤 영향을 미치는지 분석함으로써 특정 인구에서 안전성이나 효능의 차이를 알아내는 것이다. 샌디가 한 말처럼 "우리는 과학이 우리를 이끌어가도록 해야 한다." 그리고 이것이 화이자에서 일하는 우리가 따르는 경영방식에 내재된 철학이다. 샌디와 그녀의 팀은 데이터를 따르는 한편 지역사회 참여의 중요성을 인식하면서 다문화 지원 기관, 의료기관, 입법기관과 협력하여 고위험 감염 지역이나 역사적으로 임상시험 참여도가 낮은 사람들을 교육하고 그들의 참여를 권장하고 있다.

대대적인 홍보 활동을 통해 뉴올리언스와 애틀랜타에 거주 중인 아프리카계 미국인 커뮤니티에서 환자들을, 나바호 자치국Navajo Nation(애리조나, 유타, 뉴멕시코에 걸친 미국에서 가장 큰 아메리카 원주민 보호구역─옮긴이)에서 원주민을, 전국에서 히스패닉과 라틴계 사람들을 모집했다. 이런 식의 모집은 매우 중요했다. 예를 들어, 나바호는 백신 접종이 가능하다면 그들의 백신 접종률은 미국 전체 접종률보다 높을 것이다.

최종적으로 임상시험 참여자의 42퍼센트는 지리적·인종적으로 다양한 배경 출신(미국 참여자는 약 30퍼센트)이었고, 연령대도 두루 걸쳐 있었다. 열심히 노력한 덕분에 얻은 이러한 결과는 간과할 수 없을 만큼 중요했다. 2021년 봄 영국의 환자 연구 컨설팅 그룹인 페이션트뷰PatientView가 실시한 '세계 제약사 평판 인식 조사'에서 14개 대형 제약사 중 화이자의 순위는 전년도의 4위에서 2위로 두 단계 뛰어올랐다.

불도저 같은 CEO

쉴 새 없이 몰아치는 몇 달 동안, 누군가 복잡한 문제나 장애물, 도전거리 등을 제기할 때마다 이렇게 대답했다. "사람들이 죽어가고 있습니다. 변명의 여지는 없습니다. 해결하세요." 이것은 일종의 심리적 내지는 감정적 협박이었다. 하지만 불행하게도 그 말은 사실이었다. 당시 팬데믹의 중심지였던 뉴욕시의 한 병원 근처에 거주하는 카트린은 봉쇄 기간 중 산책하러 나갔다가 냉장된 시체의 임시 안치소를 여러 차례 봤다고 이야기하곤 했다. 나는 '광속' 회의 도중 그녀가 해준 이 말을 여러 번 언급했다. 사람들에게 생생하게 위험을 떠올리게 하는 것이 정말 미안했지만, 의욕을 고취시키는 효과가 워낙 컸기 때문에 어쩔 수가 없었다.

모두가 '시간이 곧 생명'이라는 사실을 알고 있었기에 200퍼센트 전력을 다하고 있었다. 물론 일정을 지키고 결과를 내야 한다는 압박은 무자비할 정도였다. 그렇지만 당시 사람들을 심하게 몰아붙인 것을 후회하지는 않는다. 그렇게 하지 않았더라면 우리는 결코 성공하지 못했을 것이고, 세상은 지금 매우 어려운 상황에 처했을 것임을 알고 있었기 때문이다. 《월스트리트저널》은 나중에 화이자의 불가능한 마감시한과 '불도저 같은 CEO'에 대해 보도했다. 불필요하게 스트레스를 자주 표출한 것은 진심으로 후회한다. 직원들은 분명 내가 지나치게 압박한다고 느꼈을 것이다. 하지만 나중에 그들이 할 수 있다고 생각했던 것 이상으로 더 많은 일을 이뤄냈을 때 모두 자신들이 세상에 끼친 영향에 대해 엄청난 자부심을 느끼면서 너그럽게 나를 용서해주었다.

화이자의 모든 관리자는 6개월마다 팀원들로부터 평가를 받는다. 평가 기준은 화이자의 핵심 가치인 용기, 탁월함, 형평성, 기쁨을 얼마나 업무에 반영했는지 여부다. 나는 이 네 가지 가치 면에서 항상 가장 좋은 평가를 받아왔다. 하지만 2020년 말 실시한 설문

조사에서 내 '기쁨' 점수는 급락했다. 거친 행동 때문만은 아니었다. 팬데믹의 한복판에서 직원들은 나의 그런 행동을 받아들이는 것은 물론이고 심지어 환영하기도 했다.

하지만 나는 동료들 앞에서 자제심을 잃을 때가 있었다. 문화적 차이에 따른 오해도 있었다. 내가 자라온 지중해 문화권에서는 목소리 톤으로 강조하고 의미를 부여하는데, 이런 행동이 다른 문화적 배경을 가진 사람에게는 피곤한 일이었을 것이다. 내가 욱하는 성격을 가졌을 수도 있다. 지난 몇 년 동안 글로벌 기업의 업무 환경에 적응하면서 억누르고 있던 본성이 드러난 것일지도 몰랐다.

사람들의 반응을 곱씹어봤더니 그것은 분명 당연한 반응이었다. 나는 팀원들에게 실망감을 안겨줘서 얼마나 후회하는지 말해주었다. 스트레스가 많은 상황은 인간의 성격을 시험하지만, 나는 더 현명하게 행동해야 했다. 인간은 자신이 저지른 실수로부터 배울 수 있으므로, 이런 일을 되풀이하지 말자고 결심했다.

2020년 10월 말 나는 11명의 경영진에게 다음과 같은 내용의 이메일을 보냈다.

경영진 여러분,

동료, 정부 관계자, 과학계 인사, 투자자 등 대화를 나눠본 모든 사람이 제게 백신의 효과가 언제쯤 나타나는지를 묻습니다. 여러분도 마찬가지로 궁금할 거라고 생각합니다. 이제 거의 다 되었습니다. 앞으로 며칠 내에 DMC가 코로나19 임상시험에 대한 중간 분석 결과를 내놓을 가능성이 높습니다. 세계가 우리를 지켜보고 있습니다. 이보다 더 많은 게 걸려 있을 수 없습니다.

이 자리를 빌려 제가 우리 경영진을 얼마나 자랑스럽게 생각하는지 말씀드리고 싶습니다. 지금까지 8개월 이상 여러분은 아무런 문제없이 글로벌 기업을 원격으로 경영해왔습니다. 이와 동시에 여러분은 우리가 지난 3월에 세운 세 가지 목표, 즉 9만 명의 직원 관리, 안정적인 기존 의약품 공급, 마지막으로 연내 백신 개발이라는 목표를 받아들였습니다.

저는 경영진이 노력이 아닌 결과에 초점을 맞추고 있다는 것을 알고 있습니다. 그래서 이 글을 읽기에 앞서 여러분의 특별한 헌신에 감사하다는 말씀을 드리고 싶습니다. 백신 개발의 성패와 상관없이(물론 저는 우리가 성공하리라고 믿습니다.) 우리는 모든 분야에서 혁신을 모색했습니다. 화이자는 결코 예전과 같지 않을 것입니다.

개인적으로 저는 팬데믹이 추격해올 때까지 기다릴 수가 없습니다. 우리는 같은 목적을 달성하기 위해 다시 하나가 되어야 합니다.

5장

궁극의 기쁨

"가장 큰 기쁨은
고귀한 일에 대한 숙고로부터 나온다."

고대 그리스 철학자 데모크리토스

첫 번째 승리

11월 5일 목요일, 예정됐던 광속 프로젝트 정기 회의가 열렸다. 치열했던 대통령 선거가 끝난 지 이틀이 지난 뒤였다. 이번 회의는 백신 시험 결과 '해제unblind' 일정과 긴급사용승인을 신청할 만큼 충분한 데이터를 확보할 수 있는지를 알아보기 위한 것이었다. 준비는 거의 끝나가고 있었다.

임상시험 데이터를 발표하기까지 몇 시간 남은 상황에서 임상 개발팀 내의 소수 인원이 DMC에 효능 결과를 표로 정리해서 보고하기 위해 시험 데이터를 조용히 해제했다. 일요일인 11월 8일은 경영진 대상의 데이터 판독 보고일이었다. 9개월간의 연구와 개발 기간 동안 이뤄낸 성과를 처음으로 살펴보는 시간이었다. 개발팀은 일요일 오후로 시간을 정해두고 전 세계 시험장에서 취합한 데이터를 표로 정리하기 위해 신속히 움직였다. 그들은 24시간 내내 쉬지 않고 일했다. 심지어 한 데이터 분석가는 갑자기 집 와이파이 연결이 끊기는 바람에 마감시간인 새벽 4시 30분까지 다음 분석 단계로 데이터를 넘기기 위해 한밤중에 와이파이를 찾아 시내를 돌아다녀야 했다. 그러던 중 영업 시간이 종료된 주유소에서 거의 감지하기 힘들 만큼 약한 신호를 잡아 자신의 차에서 서둘러 데이터를 분석하고 있는 동안 경찰의 검문을 받게 되었다. 분석가가 자신이 백신을 연구하고 있다고 설명하자 경찰은 그가 안전하게 일할 수 있도록 곁을 지켜줬다. 결국 데이터 패킷은 제시간에 전송되었다.

판독 전날인 11월 7일 토요일 나는 잡생각을 하지 않기 위해서 바쁘게 일해야 했다. 화창한 늦가을의 날씨는 별로 도움이 되지 않았다. 백신 개발을 정치 이슈화했던 2020년의 떠들썩한 대통령 선거가 끝난 지 며칠밖에 지나지 않은 시점이었다. 여느 사람들과 마찬가지로 나 역시 초조하기 그지없었다. 하지만 내게 결과에 대한 불안감은 정치보다 더 중요한 문제 때문에 비롯되었다. 그 주는 미국에서 하루 만에 12만 명 이상이 코로나19에 감염되어 팬데믹 발생 이후 일일 최대 신규 확진자가 발생했다는 뉴스로 끝이 났다. 확진자 수는 계속 치솟을 것이 뻔했다. 화이자의 CEO로서 이 소식은 상처였고, 나는 막중한 책임감을 느꼈다.

바이오엔테크 파트너들과 화이자 내 불과 몇 명만이 다음 날인

11월 8일 일요일 mRNA 기반 백신의 3상 연구 결과를 공유할 예정이었다. 머릿속에는 수십 가지 질문이 떠오르고 있었다. 우리가 mRNA 기술을 선택한 것이 옳았을까? b1 대신 b2를 선택한 것이 현명한 결정이었나? 다른 백신처럼 2차 접종을 21일이 아닌 28일 뒤에 해야 했던 것은 아닐까? 왜 우리는 면역 반응이 더 강해질 14일을 기다리지 않고 두 번째 접종 7일 후에 결과를 판독하기로 했을까? 용감해서? 아니면 오만해서?

다음 날 아침에 나는 뉴욕시에서 북동쪽으로 한 시간 떨어진 코네티컷에 있는 위성 사무실로 차를 몰고 가서 몇 명의 팀원과 함께 결과가 나오기를 기다렸다. 우리는 회사뿐만 아니라 인류에 엄청난 영향을 미치는 도박에 뛰어들어 우리의 열정, 과학, 기술에 투자했다.

나는 미카엘과 동시에 사무실에 도착했다. 지난 8개월 동안 우리는 매일 너무나도 치열하게 함께 일해왔지만, 실제로는 몇 달 만에 대면한 것이었다. 그간 수많은 결정을 내렸고, 획기적인 백신 후보를 개발했다. 이제 결과 발표가 임박했지만, 그 긴 시간 동안 모든 회의를 웹엑스WebEx와 페이스타임으로 가졌을 뿐 직접 만난 적은 없었다.

우리가 코로나19와 싸우기 위해 해온 일은 미카엘에게 개인적인 일이기도 했다. 환자를 배려하는 의사이자 훌륭한 인간으로서 그는 백신과 코로나19 치료제 개발이라는 대의에 헌신했다. 팬데믹 초기에 역시 의사인 그의 아내 카타리나Katarina는 코로나19에 감염된 후 증세가 심각해져서 시나이산 병원에 입원 중이었다. 미카엘은 몇 주 동안 밤낮으로 병원 중환자실에서 바이러스와 싸우고 있는 아내를 돌보면서 동시에 백신과 치료제를 연구했다. 누구도 그녀가 경험해야 했던 고통을 겪지 않도록 하기 위해서였다. 미리암과 나 또한 카타리나와 친구였기에 그녀를 많이 걱정했다. 오랫동안 미카엘을 알고 지냈지만, 이번처럼 걱정하고 불안해하는 모습을 본적이 없었다. 나는 광속 프로젝트에 대해 논의하기 위해 연락하는 것조차 조심스러웠다. 이 사실을 알게 된 그가 내게 아내가 처한 상황 때문이라도 이번 프로젝트에 더 헌신하고 싶다고 말해주었다. 그리고 정말로 프로젝트에 깊이 관여했다.

미카엘과 나는 따뜻한 미소를 지으며 팔꿈치를 부딪쳐 인사한 뒤 사무실로 들어갔다. 사무실에는 현명한 판단력과 유쾌한 유머 감각을 가진 화이자의 법률 자문위원이자 나와 절친한 더그 랭클러Doug Lankler, 화이자의 대외 업무를 책임지고 내가 가끔 화이자의 국무장관이라고 부르는 최고기업업무책임자Chief Corporate Affairs Officer(이하 CCAO) 샐리 서스먼Sally Susman, 그리고 유능한 변호사이자 팬데믹 기간 중에 부임한 새로운 수석비서관Chief of Staff(이하 COS) 욜란다 라일Yolanda Lyle이 먼저 와 있었다.

나는 동료들의 자신감과 차분함을 신뢰했다. 우리는 날씨, 스포츠, 시사 문제 같은 시시콜콜한 대화를 나눴다. 시간을 더 빨리 보낼 수 있는 주제라면 아무거나 상관없었다. 더그는 너무 긴장해서 토할 것 같다고 말했다. 걱정은 잠시 차치하고 친구와 동료 들에게 다시 둘러싸여 있다는 것이 즐거웠지만, 온 신경은 수석비서관의 휴대폰에서 울릴 부드러운 벨소리에 집중되었다. 욜란다는 DMC가 회의를 열었다는 통지를 받게 되어 있었는데, 마침내 결과가 발표됐다. 몇 주 동안 이어져온 팬데믹 기간 중 느낀 스트레스, 피로, 좌절, 희망, 그리고 꿈이 정점에 다다르고 있었다. 오후 1시 27분 욜란다의 전화벨이 울렸다.

　"통신을 연결해주세요."

　우리 다섯 명은 조용히 회의실로 들어가서 웹엑스 화상회의에 접속했다. 화이자의 최고개발책임자Chief Development Officer(이하 CDO) 로드 맥켄지Rod MacKenzie는 미시간의 자택에서 회의에 참여했다. 회의실에는 당시 순간을 찍기 위해 다큐멘터리 촬영팀도 와 있었다.

　화면을 응시했지만 소식을 알려줄 임상시험 팀원은 아무도 나타나지 않았다. 우리는 초조하게 계속 기다렸다. 몇 분 뒤, 나는 이 고문 같은 상황이 몇 주, 몇 개월 동안 내가 이 팀의 임상시험에 가한 압박에 대한 보복이라고 농담했다.

　"복수의 날이로군요."

기다리는 시간 내내 우리는 계속 대화를 이어갔다. 미카엘은 바로 옆자리에 앉아 있었다. 나는 그에게 임상시험 결과를 예측해보라고 말했다. 그는 의자에 앉아 꼼지락대더니 약간 주저하며 "70퍼센트"라고 말했다. 나는 그 예측이 맞기를 바랐다.

마침내 결과를 손에 쥔 연구원들과 연결되었다. 급한 대로 보디랭귀지를 읽어보려고 했지만 유의미한 정보는 없었다. 그것은 우주 탐사 영화에서 비행 관제센터가 우주선 캡슐에 탑승한 우주인으로부터 캡슐이 안전하게 착륙했는지, 아니면 중력의 반대편으로 넘어갔는지 걱정하며 연락 신호를 숨죽인 채 기다리고 있는 것 같은 시간이었다.

백신 R&D 사업부 수석 부사장인 빌 그루버는 "희소식입니다. 연구는 성공했습니다. 해제된 데이터를 검토한 독립 전문가 위원회가 긴급사용승인 허가 신청서를 즉시 제출해줄 것을 강력하게 권고했습니다."

'즉시immediately'와 '강력하게strongly'는 이 위원회가 잘 사용하지 않는, 이례적으로 강력한 단어였다. 이런 종류의 시험 과정에서 그들은 이제까지 항상 신중하게 선택한 임상 용어만을 사용해왔다. 하지만 지금 그들의 반응은 열광적이었다. 모두 의자에서 벌떡 일어나 축하하기 시작했다. 샐리, 더그, 욜란다는 비명을 질렀다. 나는 윙슈트를 입고 스카이다이빙해서 산과 초록 계곡 위를 날아다니는 것 같았다. 잠시 뒤 욜란다는 긍정적인 결과를 기대하며 미리 차갑게 만들어둔 샴페인 한 병을 들고 나타났다. 우리가 이 놀라운 순간을 축하하는 축배를 들었을 때 내 시선은 그날 우리와 함께 있었던 두 명의 화이자 보안 담당자들에게 맞춰졌다. 그들은 평소처럼 침묵을 지켰지만, 무슨 일이 일어나고 있는지 알고 있었다. 그들 역시 큰 감동을 받았다는 것을 느낄 수 있었다. 두 사람 중 한 명은 거의 눈물을 흘릴 뻔했다.

95.6퍼센트의 효과

우리는 10분에서 15분 동안 축하를 이어갔지만, 그때까지 가장 중요한 내용은 듣지 못했다. 15분 뒤 사트라지트 로이처드허리Satrajit Roychoudhury를 포함한 두 명의 노련한 생물통계학자들이 더그와 내게 효능 수준이 어떤지 설명했다. 우리는 이 후보물질에 대한 정보 처리 방식을 논의하기 위해 실제 효능 데이터를 더그와 나만 듣기로 미리 합의했다. 그래서 모두 회의실을 나간 상태에서 우리 두 사람은 결과를 듣기 위해 다른 영상 통화를 새로 연결했다.

효과가 60퍼센트를 넘으면 좋은 결과라고 생각했다. 그러나 사트라지트는 우리에게 "임상시험에 참여한 뒤 코로나19 확진 판정을 받은 94명 중 90명이 위약 그룹에 속한 사람들이었다."고 말해줬다.

나는 충격을 받았고 잘못 들은 것 같아서 갑자기 끼어들었다.

"19명이라고 하신 거죠? 열아홉이요?"

"아닙니다. 아흔 명입니다!"

"그렇다면 백신의 효과는 몇 퍼센트죠?"

"95.6퍼센트입니다."

더그와 나는 잠시 말을 잇지 못했다.

"이 숫자는 얼마나 확실한가요?" 내가 물었다.

"통계적 유의성은 매우 높습니다." 그들 중 한 명이 대답했다.

"164건의 사례를 모두 모아서 최종 판독을 진행하더라도 이 수치가 크게 달라지지 않을 것으로 예상합니다."

그들에게 감사의 마음을 전하며 화상회의를 끝냈다. 더그와 나는 서로를 응시했다. 나는 우리가 아마도 세상에서 가장 중요한 정보를 깔고 앉아 있는 건지도 모른다고 생각했다. 책임감이 매우 커졌다.

"이제 어떻게 하죠?" 더그에게 물었다.

"이 정보는 보건당국의 팬데믹 대응 방식에 상당한 영향을 미칠 겁니다. 즉시 공개해야 해요."

나는 고개를 끄덕이며 더그의 제안에 동의했다. 앞서 나는 'OWS'의 책임자인 몬세프 슬라위Moncef Slaoui에게 중간 분석의 성패만 공개하고 최종 수치가 나오기 전까지 구체적인 수치를 제공하지 않겠다고 전했다. 몬세프는 내게 모더나도 같은 태도를 취할 것이라고 이야기했다. 우리가 중간 분석에서 구체적인 수치를 제시한다면 이것이 최종 분석 결과와 1~2퍼센트라도 차이가 날 경우 대중이 동요할 수 있다는 점을 우려한 것 같았다. 하지만 그것은 50퍼센트에서 70퍼센트 사이의 효과가 나왔을 때의 이야기였다. 지금은 전 세계의 보건 관계자가 알고 준비해야 할 필요가 있는 뉴스를 쥐고 있었다. 95.6퍼센트의 효과가 있는 백신이 세상에 나온다는 뉴스 말이다. 분위기는 완전히 반전되었다. 물론 더그는 내가 몬세프와 앞서 논의한 내용을 인지하고 있었다.

"몬세프와 논의한 대로 할까요?" 내가 물었다.

더그는 "이것은 전 세계 모든 보건당국이 알아야 할 매우 중요한 정보입니다."라며 "즉시 이 소식을 알려야 합니다."라고 답했다.

나는 잠시 생각에 잠긴 뒤 이렇게 말했다. "90퍼센트 이상의 효과를 나타냈다고 말하면 어떨까요. 몬세프와 합의한 대로 구체적인 수치를 공개하지 않고도 전 세계에 백신 효과를 분명하게 알려줄 수 있을 것입니다."

"그렇게 하는 게 좋겠네요." 더그가 말했다.

회의실 문을 열고 나와 미카엘, 샐리, 욜란다를 방으로 불렀다. 문을 닫으며 나는 제일 먼저 미카엘이 70퍼센트의 효과를 예측했다는 사실을 상기시켰다. 그런 다음 결과를 알려줬다.

"미카엘, 90퍼센트 이상으로 나왔어요."

"맙소사!" 미카엘이 소리쳤다.

방에 있던 모두가 충격에 내 말을 믿지 못했다. 우리는 실제 수치를 들었지만 OWS 측과 나눈 논의를 존중해 '90퍼센트 이상'이란 정도로 대략적인 범위만을 발표하기로 했다고 이야기했다. 그로부터 몇 주 뒤 모더나가 OWS의 의견과 달리 '94.6퍼센트'라는 구체적인 수치가 포함된 중간 결과를 발표했을 때 놀라지 않을 수 없었다.

욜란다는 합의했던 대로 공개 절차에 착수했다. 우리는 화이자 경영진 회의를 소집한 후 곧바로 이사회에 참석했다. 보도자료 및 기타 자료도 마무리지어야 했다. 나는 충격이 가라앉지 않은 상태로 몇 분 더 방에 앉아 있었다. 머릿속이 복잡했다. 다음에 밟을 단계는 무엇인가? 생산과 운송은 어떻게 해야 하나? 아직 주문하지 않은 나라에는 어떻게 해야 하나? 모두가 당장 백신을 확보하고 싶어 할 것이다. 우리가 생산량을 충분히 늘릴 수 있을까? 그렇게 고민하다가 다시 현실로 돌아왔다. 누가 이런 역사적인 날에 혼자 방안에 앉아 있단 말인가? 그것도 그리스인이! 문득 이런 생각이 든 나는 박차고 일어나 더그를 만나러 갔다.

"아들에게 전화해서 알려줘도 될까요?" 더그에게 물었다.

이 모든 일이 일어나는 몇 달 동안 대학생인 아들 모이스는 팬데믹 기간 내내 온라인 수업을 들으면서 내 말동무 역할을 했다. 아들은 일리노이 대학교에서 전기와 컴퓨터 공학을 전공하고 있었다. 아들은 종종 내 작은 사무실로 내려와서 관심이 있는 대화에 즐겁게 끼어들었다. 그는 내가 신뢰하는 자문관이었다. 가끔 회의나 전화가 끝날 때 나는 그의 의견을 구했고, 우리는 잠시 그 주제로 토론했다. 또한 이 프로젝트에 대한 내 가장 개인적인 생각, 특히 걱정하는 점을 그와 함께 이야기하고는 했다. 모이스와의 대화는 내 생각을 가다듬고 더 명확히 판단하는 데 도움이 되었다. 더그는 지난 몇 달 동안 모이스가 나를 도와주면서 했던 중요한 역할을 알고 있었기에 DMC 회의 결과를 공유하는 것을 허락해주었다.

더그는 "공식 발표가 나기 전에 모이스가 친구들에게 절대 말하지 않게 확실히 이야기해주세요."라고 당부했다.

나는 알겠다고 말한 뒤 엄지손가락을 치켜세운 사진을 문자로 전송했다.

모이스는 즉시 "효과가 세요?"라고 물었다.

나는 "예상을 뛰어넘는 수준이야. 오늘 밤에 자세히 얘기해줄게."라고 답했다. 그러자 그는 나에게 하트 이모티콘으로 답했다!

────── 2020년 11월 8일, 앨버트 불라가 바이오엔테크의 공동 창업자이자 CEO인 우구어 자힌과 코로나19 백신 효능 데이터 결과를 공유하고 있다.

팬데믹 상황을 반전시킬 도구

욜란다는 나에게 경영진과 이사회 회의가 한 시간 간격으로 차례로 잡혀 있다고 알려주었다. 회의 참석자들은 일요일 저녁에 열리는 임시 회의에 갑자기 소환된 이유를 궁금해했다. 그들은 그날 연구 결과가 발표된다는 사실을 몰랐지만, 백신 개발과 관련이 있을지도 모르는 뭔가 큰일이 일어나고 있다는 것은 눈치챘다.

하지만 회의에 들어가기 전에 특별한 전화부터 걸어야 했다. 독일에서 화이자의 파트너인 바이오엔테크의 CEO 우구어 자힌이 결과를 듣기 위해 기다리고 있었다. 나는 회의실 구석의 작은 사무실에서 그에게 영상 통화를 걸어 놀라운 결과를 전달했다. 통화가 연결되자 우리는 부드러운 목소리로 대화를 나눴다. 심장에서부터 목구멍과 눈으로 다시 감정이 솟구쳤다. 그도 나와 같은 기분임을 느꼈다. 효과가 높았다는 소식에 그의 표정이 급변했다. 우리는 거의 울고 있었다. 우구어는 항상 자신만만했지만, 이것은 실로 가슴 벅찬 소식이었다. 우리는 아무 말 없이 공감하며 조용히 몇 초 동안 서로를 응시했다. 우구어는 몇 달 뒤 이때 나눴던 대화가 슬로모션 같았다고 말했다. 엄청난 위험을 무릅쓰면서 얻어낸 결과는 우리가 옳았다는 것을 증명해주고 있었다. 침묵의 시간이 지난 후 다음 날 발표 준비를 논의한 뒤 전화를 끊었다.

경영진과 30분 동안 화상회의를 한 후 이사회에도 똑같은 내용을 전달했다. 회의에 참석한 모두에게 "오늘 중간 분석 결과가 긍정적이라는 확실한 판독 데이터를 얻었고, 다음 날 세상에 화이자 백신의 효과가 90퍼센트 이상임을 보여줄 것이며, 2~3주 안에 긴급사용승인을 신청하겠다."고 알려주었다. 이 말을 들은 모두가 엄청난 기쁨과 안도감을 느꼈다. 다들 내일부터 분위기가 달라질 것임을 알고 있었다.

이사회를 마친 나는 두 통의 전화를 더 걸어야 했다. 첫 번째 통화 상대는 FDA 산하 CBER의 책임자인 피터 마크스Peter Marks 박사였다. 그에게 결과를 공유하자 황홀해했다. 마크스 박사는 우리가 긴급사용승인 신청서를 제출하면 FDA가 최대한 빨리 검토하겠다고 말했다.

다음으로 앤서니 파우치 소장에게 전화했다. 나는 먼저 그에게 앉아 있는지부터 물어봤다. 파우치 소장 역시 판독 결과 발표일임을 알고 있었기에 내가 이런 질문을 던졌을 때 매우 불안해했다. 나중에 그는 당시 내 질문을 듣고 내가 아주 나쁘거나 아니면 반대로 아주 좋은 소식을 알려줄 것이라고 생각했다고 말해주었다.

그는 "네, 지금 앉아 있어요. 제발 말해주세요."라고 대답했다.

나는 "앤서니, 긍정적인 결과입니다. 전체 94명의 확진자 중 위약군에서 90명, 백신 접종군에서 네 명의 감염자가 나왔습니다. 효과가 95.6퍼센트입니다."라고 말했다.

그는 신중한 성격이었지만 내 말을 듣는 순간 감정을 주체하지 못했다.

"앨버트, 이건 정말 게임 체인저입니다." 그가 떨리는 목소리로 말했다.

나는 그에게 "내일 공식 발표할 겁니다."라고 답했다.

파우치 소장 덕분에 너무 행복했다. 몇 개월 동안 그는 당당한 태도로 백악관이나 보건복지부Department of Health and Human Service(이하 HHS)가 가하는 수많은 공격을 막아냈다. 때로는 그가 이 위기 동안 유일하게 신뢰할 만한 공식적인 목소리라고 생각했다. 이제 그는 우리가 팬데믹 상황을 반전시킬 수 있는 도구를 손에 쥐게 됐다는 사실을 알게 되었다.

6장

과거, 현재,
그리고 미래

"그는 자신이 가지지 못한 것을 슬퍼하지 않고,
자신이 가진 것을 기뻐하는 현명한 사람이다."

그리스 철학자 에픽테토스

내가 이 자리에 있기까지

그날 저녁 7시쯤 집에 돌아와서야 곰곰이 생각에 잠길 수 있었다. 가장 좋아하는 의자에 기대 앉자 침묵이 나를 감쌌다. 기쁨의 눈물을 흘리며 흐느꼈다. 그냥 그렇게 잠시 앉아 있는 동안 의자가 흠뻑 젖었다. 내 곁에는 아내와 아이들이 있었다. 아들이 내 한쪽 손을, 딸이 다른 손을 꼭 잡아줬다. 몇 달 내내 재택근무를 하면서 그들은 이 프로젝트의 모든 중요한 순간에 나와 함께했다. 모든 좋고 나쁜 순간을 함께 겪었고, 우리가 이뤄낸 결과를 매우 자랑스러워했다. 그날 밤 나는 6000만 명에 가까운 전 세계 코로나19 감염자와 130만 명이 넘는 사망자(2020년 11월 기준)에 대해 생각했다. 거대한 위기에 맞서 지금까지 우리가 이뤄낸 압도적인 성과를 떠올리자 내 가슴은 기쁨으로 가득 찼다.

그 조용하고 가슴 아픈 순간 내 머릿속에선 부모님에 대한 생각이 떠올랐다. 지난 1년 동안 인종차별과 증오가 미국의 사회 구조를 무너뜨리고 있었기에 우리 가족의 이야기를 잠시 하려고 한다.

스페인에 살던 나의 선조들은 15세기 말에 페르난도 2세와 이사벨 1세가 모든 스페인 유대인을 가톨릭으로 개종시키거나 스페인에서 추방하는 알함브라 칙령을 발표한 뒤 그곳에서 도망쳤다. 이후 오스만 제국으로부터 1912년 해방된 뒤 그리스로 편입된 오스만의 테살로니키에 정착했다.

히틀러가 유럽을 지배하기 전에 테살로니키에는 이베리아 반도 출신의 세파르디 유대인Sephardic Jewish 공동체가 번성하고 있었다. 이 공동체는 세력이 커지면서 '이스라엘의 어머니The Mother of Israel'로 알려졌다. 그러나 독일군은 점령 일주일 만에 유대인 지도자들을 체포하고, 유대인 수백 가구를 추방하고 집을 몰수했다. 그들이 공동체를 말살한다는 목표를 달성하는 데까지 채 3년이 걸리지 않았다. 독일군이 그리스를 침공했을 때 그곳에는 약 5만 명의 유대인이 살고 있었지만, 전쟁이 끝날 무렵에는 2,000명 만이 살아남았다. 다행히도 나의 부모님은 그 생존자에 포함되어 있었다.

다른 유대인 가족과 마찬가지로 아버지의 가족도 집에서 쫓겨나 유대인 거주 지역인 게토ghetto로 끌려갔다. 그곳의 집은 다른 가족과 함께 써야 하는 좁은 곳으로 유대인 식별 표시인 '노란 별'을 가슴에 달아야만 게토 안팎을 돌아다닐 수 있었다.

1943년 3월 어느 날 게토는 점령군에게 포위되어 출구가 막혔다. 아버지 모이스와 삼촌 인토Into는 이 일이 일어났을 때 거주지역 밖에 있었다. 두 사람이 게토에 다다랐을 때 만난 할아버지는 포위 사실을 알려주며 두 분에게 도망쳐서 숨으라고 했다. 하지만 할아버지는 다른 가족들이 집에 남아 있었기에 게토로 돌아가야만 했다. 그날 오후 할아버지 에이브러햄 불라Abraham Bourla와 할머니 레이철Rachel, 그리고 고모 그라시엘라Graciela와 사촌 데이비드David는 기차역 밖에 있는 캠프로 끌려간 뒤 아우슈비츠 강제 수용소로 보내졌다. 아버지와 삼촌은 그들을 다시 보지 못했다.

같은 날 밤 아버지와 삼촌은 아테네로 탈출했고, 그곳에서 기독교식 이름이 적힌 신분증을 구할 수 있었다. 두 분은 당시 유대인들을 도와주던 경찰청장으로부터 이 가짜 신분증을 얻었다. 이후 전쟁이 끝날 때까지 아테네에 머물면서 유대인이 아닌 척, 즉 모이스와 인토가 아니라 코스타스와 바실리스인 척해야 했다.

독일의 점령이 끝나자 아버지와 삼촌은 테살로니키로 돌아왔다. 하지만 이미 모든 재산이 도난당하거나 팔려나간 상태였다. 아무것도 가진 게 없었던 두 사람은 처음부터 다시 시작해서 은퇴할 때까지 함께 주류회사를 운영하며 성공시켰다.

어머니 역시 고향 땅에서 숨어 지냈고, 아우슈비츠의 공포에서 가까스로 탈출했다. 그리고 당신의 정신을 지탱해준, 말 그대로 당신을 구해준 가족과 인연이 끊기는 아픔을 겪었다.

아버지 가족처럼 어머니 가족도 게토로 이주해야 했다. 어머니는 일곱 형제 중 막내였다. 큰이모는 전쟁 전에 사랑에 빠진 기독교인과 결혼하기 위해 개종했다. 큰이모와 큰이모부는 이모가 유대인이었다는 사실을 아무도 모르는 도시에 살았다. 그 당시 종교가 서로 다른 사람들의 결혼은 용납되지 않았기 때문에 외할아버지는 큰이모와 연을 끊었다.

하지만 나치가 새 삶을 약속한 폴란드의 유대인 정착촌으로 이주하게 되자 외할아버지는 큰이모에게 연락을 취했다. 외할아버지는 두 분의 이 마지막 만남에서 큰이모에게 막내 여동생, 즉 나의 어머니를 데려가달라고 부탁했다. 폴란드에서는 아무도 이모나 어머니가 유대인이라는 사실을 몰랐기 때문에 안전하게 생활할 수 있었다. 나머지 가족은 기차를 타고 아우슈비츠 수용소로 끌려갔다.

전쟁이 끝나갈 무렵 이모네 가족은 테살로니키로 이주했다. 그곳 사람들은 어머니를 알고 있었기에 신분이 드러나지 않도록 집에서 숨어 지내야 했지만, 그녀는 대범한 10대답게 자주 밖으로 나가곤 했다. 그런데 불행히도 그렇게 밖에서 걷던 중 이웃의 신고로 체포되었다.

어머니는 지역 교도소로 보내졌다. 좋은 소식은 아니었다. 그곳에선 매일 정오경 죄수 중 몇 명을 트럭에 태워 다음 날 새벽 처형장으로 이송했다. 이 사실을 안 이모부 코스타스 디마디스Kostas Dimadis가 테살로니키 나치 점령군 책임자인 유명 전범 막스 메르텐Max Merten을 찾아갔다. 이모부는 그에게 몸값을 지불하고 어머니를 죽이지 않겠다는 약속을 받아냈다. 하지만 이모는 독일인을 믿지 않았다. 그래서 매일 정오에 감옥으로 가서 죄수들이 처형장으로 이송할 트럭에 올라타는 모습을 지켜보곤 했다.

그러던 어느 날 이모는 두려웠던 장면, 즉 어머니가 트럭에 타는 모습을 보았다. 이모는 집으로 달려가 즉시 이모부에게 이 사실을 알렸고, 이모부는 다시 메르텐에게 연락해 약속을 상기시키면서 그가 약속을 지키지 않은 것을 부끄럽게 느끼도록 애썼다. 메르텐은 조사해보겠다는 말과 함께 갑자기 전화를 끊었다.

그날 밤은 이모와 이모부의 인생에서 가장 긴 밤이었다. 어머니는 아침이 오면 처형될 수도 있었다. 다음 날, 마을 반대편에서 어머니는 다른 죄수들과 함께 벽에 기대어 서 있었다. 그런데 처형되기 직전, BMW 오토바이를 탄 한 군인이 도착해 총살 부대 책임자에게 몇 장의 서류를 건넸다. 부대 책임자는 어머니와 다른 한 여자를 줄에서 빼냈다. 그곳을 떠나자마자 기관총 소리가 들렸다. 이후 어머니는 여생 동안 그 소리를 잊지 못했다. 2~3일이 지나 어머니는 감옥에서 풀려났다. 그리고 몇 주 뒤에 독일인들은 그리스를 떠났다.

8년 뒤 부모님은 양가 소개로 만났다. 당시 전형적인 중매였다. 두 분은 서로 사랑하다 결혼했고, 나와 여동생 셸리가 태어났다. 아버지가 나에게 바란 두 가지 꿈은 과학자가 되는 것과 멋진 배우자를 만나는 것이었다. 다행스럽게도 돌아가시기 전에 그 두 가지 꿈을 모두 이루는 것을 보셨다. 아버지가 아이들이 태어나기 전에 돌아가셔서 안타깝지만, 어머니는 아이들이 태어나 자라는 것도 지켜보셨다. 내게는 그것이 가장 큰 축복이었다.

임상시험 결과가 나온 그날 저녁, 부모님과 함께 다음 날 아침 세상이 알게 될 승리의 순간과 두 분의 용기 없이는 얻지 못했을 지금 내 역할에 대한 고마움을 함께 나누지 못하는 게 정말 아쉬웠다.

희망에 대한 첫 번째 소식

다음 날인 2020년 11월 9일 화이자는 보도자료를 발표했고, 미카엘과 나는 언론 인터뷰를 준비했다. 인터뷰 시작 전 OWS 책임자인 몬세프에게 미리 기자회견 일정을 공유했다. 새벽 6시였다. 피터나 앤서니에게처럼 전날 소식을 전달할까도 생각했지만 자칫 백악관으로 정보가 새 나갈까봐 걱정스러웠다. 몬세프는 열정적이었다.

그의 목소리에서 설렘과 행복이 느껴졌다.

　그날 아침 동이 트기 전에 우리 집에서 샐리와 욜란다를 만났다. 욜란다는 이 기념비적인 소식을 전 세계와 공유할 때 내가 누군가와 함께 있길 바랐다. 샐리와 욜란다 모두 뉴욕에 살고 있어서 그날 아침 함께 우리 집으로 왔다. 새벽 5시 30분에 만나 웨스트체스터로 치를 타고 온 그들은 나중에 나에게 지평선을 따라 떠오르는 해를 바라보며 감정이 벅차올랐다고 말해주었다. 코로나19는 맹위를 떨치고 있었고, 우리는 희망에 대한 첫 번째 소식을 전 세계에 알리기 직전이었다.

　우리가 알린 희소식은 들불처럼 번져나갔다. 그것은 전 세계 모든 나라에서 톱뉴스로 송출되었다. 화이자는 언론의 엄청난 관심을 받았다. 몇 달 동안 어둠 속에 파묻혀 있던 세계는 처음으로 희망을 창조해주는 긍정적인 소식을 마주했다. 사람들은 터널 끝에서 비추는 빛을 보았다. 나는 그날 인터뷰와 더불어 세계 정상들의 축하 전화를 받으며 분주한 하루를 보냈다. 늦은 오후가 되어서야 휴식을 취하다가 지난 몇 달 동안 매주 월요일과 목요일에 그랬던 것처럼 광속 프로젝트 정례 회의에 참석했다. 회의 초반에는 자축하는 시간을 가졌지만, 우리는 곧 다시 일을 시작했다. FDA와 다른 규제당국에 사용승인을 신청하려면 해야 할 일이 많았다. 또한 위험을 무릅쓰고 제조한 백신의 초기 물량을 제시간에 확보해서 승인 직후 몇 시간 내에 전 세계로 접종분을 보내는 데 집중하기로 했다.

머칠이 지나도 뉴스는 계속해서 언론을 도배했다. 나와 화이자에게 축하를 전하는 국가 정상과 정치인 들의 전화도 이어졌다. 가장 먼저 11월 11일 베냐민 네타냐후Benjamin Netanyahu 이스라엘 전 총리가 축하 전화를 걸어왔다. 그 외에도 낸시 펠로시Nancy Pelosi 하원의장, 미치 맥코넬Mitch McConnell 공화당 상원 원내대표, 찰스 슈머Charles Schumer 민주당 상원 원내대표, 케빈 맥카시Kevin McCarthy 공화당 하원 원내대표 등 많은 미국 의원에게서 전화를 받았다.

그러던 중 백신 결과가 11월 3일 미국 대선 이후에 나와 트럼프 대통령이 화이자와 나에게 극도로 불만을 품고 있다는 소식이 전해졌다. 그는 우리가 선거 전에 결과를 낼 수 있었음에도 자신에게 타격을 주려고 일부러 시험 결과를 지연시켰다고 생각했다. 게다가 아자르 보건복지부 장관도 같은 생각이라고 들었다. 머칠 뒤 펜스 부통령으로부터 연락이 왔을 때 항의 전화를 한 건 아닌지 두려웠지만 그것은 기우였다. 자신의 수준이 어느 정도인지 훌륭히 보여주듯 그는 내게 축하를 전하고, 우리가 한 일에 감사를 표했다. 그 외에 다른 어떤 이야기도 하지 않았다. 트럼프 대통령은 내게 연락하지 않았다. 화이자에 감사하거나 불평하는 것 모두.

그 주에는 어쩔 수 없이 내 사생활도 주목받았다. 내가 소유한 화이자 주식이 이전에 정해둔 목표가에 도달했을 때 일부 매도되었다. CEO는 자신이 경영하는 회사 주식을 쉽게 팔 수 없다. 중요한 정보를 워낙 많이 알고 있기 때문에 주식을 함부로 팔았다가는 비공개 정보를 활용해 차익을 실현했다는 의혹에 직면할 수도 있다. 이러한 이유로 변호사들은 보통 10b5-1이라는 규정을 따르라고 권한다. 이 규정에 따르면 경영진은 향후 특정 기간에 매도할 주식수와 매도 목표가를 미리 결정해놓아야 한다. 화이자에서는 경영진이 매도 계획을 세운 후 최소 2개월 후에 주식을 팔도록 권고한다. 이로 인해 지정가를 정한 시점과 주식을 실제로 매도할 수 있는 시점 사이에 최소 2개월의 시차가 생기는데, 이는 비공개 중요 정보 확보 시 주식 거래 금지 규정을 준수하는 데 도움이 된다.

나는 원래 2020년 2월 코로나19가 팬데믹이 되고 화이자가 백신을 연구하기 전에 미리 매도 계획을 세워놓았다. 자산운용사인 피델리티Fidelity가 10b5-1 규정에 따라 나의 주식을 관리했고, 지정가는 주당 41달러였다. 매도 만료일이 도래하기 전인 2020년 8월 나는 주식 매도 수량과 체결 지정가를 이전과 동일한 조건으로 한 채 매도 시기를 1년 더 연장했다. 11월 9일 우리의 3상 연구 결과를 발표한 직후 화이자의 주가가 장중 한때 지정가를 넘어서면서 피델리티는 자동으로 매도를 실행했다. 나는 다음 날 피델리티가 연락하기 전까지 매도 사실조차 몰랐다. 그런데 내가 화이자 주식을 매도했다는 사실이 알려지자 이틀 전 나를 미화하던 TV 프로그램과 신문에서 내가 내부 정보를 활용해 주식을 매도했다고 의심했다. 나는 이런 종류의 관심에 익숙하지 않았기에 엄청난 충격을 받았다. 난생처음 공인의 이면과 함께 불과 이틀 만에 상황이 얼마나 빨리 급변할 수 있는지를 몸소 느꼈다.

세계 최초의 코로나19 백신 승인

한편 3상 연구 결과 발표 이후 며칠 동안 연구팀이 데이터를 표로 작성하고 규제당국(FDA의 경우 긴급사용승인)의 승인을 받기 위해 제출해야 할 전 부문을 준비하고 있었다. 나는 하루에 두 번씩 승인 신청 진행 상황에 대한 새로운 보고를 받았다. 필요한 데이터의 양이 너무 많으면 일반적으로 제출해야 할 문서의 분량이 수천 페이지에 이른다. 제약사들은 지난 수십 년 동안 백신 개발을 하면서 임상시험 데이터 분석 결과를 서류로 정리해서 우편이나 익일 도착 택배 서비스를 이용해 FDA에 보냈다. 그리고 나중에 이 데이터를 하드 드라이브에 담아 FDA에 다시 보냈다. 최근 들어서는 온라인 포털에 업로드하는 방식으로 바뀌었다.

그런데 이번 OWS 때는 미국 비밀경호국이 가동되었다. 포털을 이용하기에는 너무 위험하다는 게 그들이 끼어든 이유였다. 우리는 암호화한 하드 드라이브를 받았고, 비밀경호국이 필라델피아 외곽에 있는 화이자 시설 중 한 곳에서 그것을 수거해 갈 거라는 이야기를 들었다. 우리가 들은 교환 시 비밀번호는 Yellowstone이었다. 직원들은 하드 드라이브에 정보를 다운로드하기 위해 말 그대로 막판까지 일했다.

제출 당일인 11월 20일 금요일에 제임스 본드 영화에 나오는 장면처럼 똑같이 생긴 검은색의 SUV 차량 두 대가 펜실베이니아주 컬리지빌에 있는 화이자 빌딩에 도착했다. 요원들은 하드 드라이브가 보관된 방으로 가서 그것을 인수했다. 양측은 관리 표준 문서에 서명했고, 비밀경호국은 모두에게 방에서 나가달라고 요청했다. 그리고 요원 한 명이 들고 있던 가방에 하드 드라이브를 넣었고, 다른 한 명은 똑같이 생긴 가방에 빈 하드 드라이브를 넣었다. 그들이 방을 나갔을 때 아무도 어떤 요원이 백신 정보가 담긴 하드 드라이브를 가지고 갔는지 알지 못했다. 그리고 두 요원은 각자 다른 차에 탄 뒤 떠났다. 펜실베이니아 팀은 임무 성공을 축하하기 위해 샴페인을 터뜨렸다. 기나긴 한 주였다.

우리는 전 세계 정부에 동일한 정보를 제출했다. 영국의 경우 2020년 12월 2일 전 세계 최초로 화이자 백신 사용을 승인했다. 어느 나라보다 먼저 mRNA 코로나19 백신을 승인한 것이었다. 미국에서는 9일 후인 2020년 12월 11일 FDA가 긴급사용승인을 해주었다. 이스라엘도 며칠 뒤 백신 사용을 승인했다. 유럽연합(이하 EU)은 12월 21일 사용을 승인했다. WHO는 2020년 12월 31일 검증 결과를 발표했다. 화이자-바이오엔테크 백신은 모든 기관이 승인한 최초의 백신이었다. 이후 몇 주, 그리고 몇 달 동안 우리의 코로나19 백신은 100여 개 국가에서 사용이 승인되어 배포되었다.

7장

생산,
그 두 번째 기적

"훨씬 더 뛰어나라."
고대 그리스 서사 시인 호메로스

필연적인 희생

기록적인 시간 안에 완료한 백신 개발은 기적 같았다. 두 번째 기적은 백신을 대규모로 조기 생산하여 유통할 수 있는 우리의 역량에 달려 있었다. 백신 개발과 생산은 동전의 양면과 같다. 실험실에서 생성한 방정식을 전문 인력의 손을 거쳐 환자의 생명을 구하는 백신으로 생산하고, 이를 수십억 회의 용량으로 변환해 전 세계 수백만 곳으로 운반하기 위해서는 나름의 문샷이 필요했다. 초기에는 일련의 소규모 전략적인 문샷들이 요구되었다. 가령 역동적인 공급망, 정밀한 생산 역량, 그리고 전례 없는 육해공 물류 말이다. 이 모든 단계에서 세계적인 수준의 전문지식이 없었다면 화이자 전체가 무너졌을지도 모른다.

이러한 복잡한 문샷의 비밀 재료는 화이자 직원들의 혁신과 타

오르는 의지였다.

화이자의 생산 책임자 마이크 맥더모트는 연구팀과 보조를 맞춰가며 일했지만, 2020년 11월 판독 결과가 나온 이후 배턴은 그의 팀으로 넘어갔다. 이제 전 세계에서 접종 가능한 분량의 백신을 생산해야 했다. 화이자의 생산 인력은 전 세계 42곳의 약 2만 6000명이 있었다. 중국 내 생산시설들을 운영하는 화이자 글로벌서플라이 Pfizer Global Supply(이하 PGS)는 코로나바이러스가 팬데믹으로 번지기 전인 2020년 1월 코로나19 위기에 휩싸였다. 마이크와 생산 팀은 그곳에서 차질 없이 계속해서 약을 생산하기 위해 신속히 움직여야 했다. 다음으로 코로나19 신규 확진자가 대거 등장한 이탈리아에서도 생산시설이 운영되고 있었다.

2020년 1월 말 미국에서 코로나19가 처음 보고되었을 때 최우선 과제는 명확했다. 바로 이러한 생산 및 공급망에서 근무하는 동료들의 안전 확보였다. 주요 시설의 인력은 전 세계 환자들이 의약품을 계속해서 제대로 공급받을 수 있도록 쉬지 않고 일했다. 우리는 즉시 시설 운영을 통제하기 위해 대대적인 준비 계획을 실행에 옮겼다. 의약품 생산을 위한 필수 인력만 남기고 생산 현장 인력을 감축하고, 사회적 거리두기를 실시하고, 현장 내 청소와 소독을 강화하고, 자체 개발한 공급망 플랫폼인 디지털 운영센터 Digital Operations Center의 활용 범위를 확장했다. 이로써 생산 작업을 한눈에 파악할 수 있는 커뮤니케이션 도구인 비주얼 매니지먼트를 만들고, 현장 동료들이 사회적 거리두기를 유지하면서도 온·오프라인에서 협업 가능한 작업 추적 역량을 확보했다.

우리는 생산시설을 안심하고 안전하게 일할 수 있는 곳으로 만들기 위한 모든 예방 조치를 취하는 동시에 내가 2020년 3월에 정리해놓은 업계 협업 계획을 다른 바이오 제약회사에도 제공했다. 가령 길리어드사이언스Gilead Sciences는 항바이러스제인 렘데시비르Remdesivir의 추가 수요를 맞추기 위해 화이자의 시설을 이용했다. 마이크가 이끄는 팀은 이런 모든 일을 하면서도 동시에 환자들이 병원에서 인공호흡기를 쓸 때 필요한 진정, 근육 이완, 통증 완화를 돕는 의약품도 생산했다. 약을 확보하느라 병원들은 점점 더 부담이 커지고 있던 상황이었다.

그러나 생산 부문이 받는 압박은 이제 막 시작되었을 뿐이다. 처음에 생산팀은 코로나19 백신을 생산한다는 사실에 엄청나게 흥분했다. 다만 백신 개발 완료에만 1년 이상의 시간이 걸리고, 제품 생산 및 포장에 추가로 1년이 걸릴 것이라고 예상했다. 하지만 그것은 내가 생각했던 시간표가 아니었다.

나는 생산팀에게 프로젝트에 최고의 인재를 투입하고, 병행 작업을 진행하며, 예산이 문제가 되지 않게 해달라고 부탁했다. 코로나19 백신 개발에 R&D와 생산을 순차적으로 진행하는 여유를 누릴 수는 없었다. 그것은 사치였다. 우리는 이 모든 과정을 병행함으로써 훨씬 더 많은 자원을 투입할 수밖에 없었다. 그렇다고 해서 절차를 무시했던 것은 아니다. 나는 각 팀에게 안전성과 효능을 최우선으로 생각해 필요한 예산을 편성해달라고 요청했다. 생산은 처음에 착수하는 데만 5억 달러(약 6000억 원)가 들어갈 것으로 예상했으나 예상 금액은 빠르게 불어나 8억 5000만 달러(약 1조 200억 원)까지 올랐다. 그들이 예상치를 제시했을 때 나는 빠른 추진을 위해 비용 외에 어떤 지원이 더 필요한지 물었다.

부연 설명을 하자면 코로나19 이전 화이자에서는 연간 총 2억 회분의 백신을 생산했다. 여기에는 유아, 어린이, 성인을 위한 폐렴구균 독감 백신인 프리브나Prevnar도 포함돼 있다. 팬데믹 이전에는 프리브나의 생산량이 가장 많았고, 그 정도 생산 수준에 도달하기까지 10년이 걸렸다. 우리는 불과 9개월 만에 전체 백신 생산량을 두 배로 늘려야 했다. 게다가 이제껏 어떤 규모로도 생산해보지 않았던 mRNA 플랫폼에서 해내야 했다.

심지어 생산팀은 최종적으로 어떤 백신 후보를 생산할지도 몰랐다. 그들은 네 가지 잠재적 제조 전략과 함께 네 가지 제형에 맞는 계획을 세워야 했다. 통상 계획은 하나의 제형에만 맞춰 세워둔다. 우리가 최종적으로 b2 제형을 선택하기 전에 네 가지 제형은 두 가지로 좁혀졌다. 그때까지 생산은 오전 중에 b1 기준으로 진행하다가 오후에 b2로 경로를 변경했다. 화이자의 제약 서비스 부문을 이끄는 미주리주 체스터필드 출신의 약사 존 루트비히John Ludwig는 계획이 매일 바뀐다는 것은 팬데믹을 종식하기 위해 최선을 다한 다는 뜻이라며 팀원들을 다독였다.

끊임없이 새로 설정되는 마감 기한과 빨리 처리해야 할 우선순위는 좌절, 피로, 긴장을 유발했다. 현장 필수 인력과 원격근무자 모두 매우 힘들어했다. 현장 근로자들은 출근할 때마다 코로나19에 걸릴 위험을 감수해야 했다. 그들이 환자들을 위한 치료법을 찾기 위해 매일 위험을 감수했다는 사실은 경외심을 불러일으켰다.

화이자 연구실이 있는 뉴욕의 펄리버는 바이러스 감염의 온상지였다. 연구원들은 고위험군 사이에서 일해야만 했다. 팬데믹 기간 동안 매일 350명이 넘는 직원이 펄리버 연구실로 출근했다. 그들은 마스크 쓰기, 손 씻기, 사회적 거리두기, 보호 장비 착용 등 예방 조치를 부지런히 취했지만, 어쩔 수 없이 오랜 시간 일해야 했다. 주말에도 쉴 수 없었다. 어려운 상황에서 실로 엄청난 노력이었다.

팬데믹 기간 동안 전 세계 3,400명의 화이자 직원이 감염되었고, 수십 명은 입원 중이다. 이 글을 쓰고 있는 2021년 7월 27일 현재 23명의 동료와 네 명의 하청업체 직원이 목숨을 잃었다. 나는 슬픔에 빠져 고통받는 가족에게 개인적으로 전화나 이메일을 보내 위로했다.

대량 생산 계획

우리가 생산 계획을 세우는 동안 여전히 전 세계적으로 수백만 명이 목숨을 잃고 있었다. 우리는 모든 공장과 시설에 걸쳐 상호 보완적인 역량과 능력을 평가했다. 안전과 속도를 최적화하는 방법을 찾으며 현장 목록을 차근차근 살펴봤다. 먼저 우리가 소유한 미국 전역의 생산과 유통 부지 가운데 '냉동고 농장' 건설 후보지로 세 곳을 선택했다. 첫 번째 장소는 미주리주 세인트루이스였다.

세인트루이스 체스터필드는 백신 항원을 위한 플라스미드 DNA가 생산되는 곳이다. 플라스미드 DNA는 백신에 포함된 mRNA 서열을 제조하는 데 템플릿으로 사용된다. 이 DNA 템플릿은 세포 배양 과정에서 생성된 후 일련의 크로마토그래피chromatography(여러 분자가 섞인 혼합물을 각각 분리하는 분석 기법―옮긴이)와 여과 단계를 거쳐 정제된다. 추출된 DNA 템플릿은 이어 매사추세츠 앤도버 공장에서 mRNA 원료 의약품 제조를 준비하기 위해 선형화linearized된다.

앤도버 공장은 효소 기술을 사용해 선형화된 DNA 템플릿을 반응 용기에서 mRNA 구성 요소로 배양하여 mRNA 백신 원료 의약품을 만드는 곳이다. mRNA 백신 원료 의약품은 우리가 정해놓은 높은 품질 기준에 맞게 정제되고, 이후 제형 및 추가 가공을 위해 두 곳의 별도 생산시설로 배송된다. 첫 번째 장소는 업존의 설립자인 윌리엄 업존William Upjohn의 고향이자 화이자의 미국 최대 멸균 주입식 생산시설이 위치한 미시간주 캘러머주Kalamazoo다. 두 번째 장소는 벨기에에서 두 번째로 큰 도시인 안트베르펜 내 피르스Puurs 다. 화이트골드 아스파라거스와 맛있는 맥주로 유명한 이 마을에는 화이자의 유럽 최대 멸균 주입식 생산시설이 있다.

나는 생산팀에게 제조 공정의 모든 단계를 수행할 수 있는 생산시설을 최소 두 곳에 갖춰줄 것을 요청했다. 이렇게 준비해둠으로써 한 시설에 변수가 발생하더라도 다른 시설에서 계속 생산할 수 있었다. 또한 두 곳 중 한 곳이 수출 제한에 걸릴 경우를 대비한 별도의 생산 라인을 확보하도록 했다. 이 결정은 추후 매우 현명한 예방 조치임이 입증되었다.

두 시설에서 mRNA 원료 의약품과 다른 원료들이 충돌형 제트 혼합impingement jet mixing과 특수 혼합을 포함한 일련의 단계를 거쳐 결합되어 무엇보다 중요한 LNP를 구성했다. LNP는 이어 멸균 여과 과정을 거친다. 그다음으로 백신은 멸균된 병에 담겨 뚜껑을 덮는 무균 주입 라인으로 옮겨진다. 그곳에서 라벨 부착과 포장을 위해 포장 라인으로 이동하기 전에 검사를 받는다. 포장된 용기들은 냉동 저장고로 옮겨져 드라이아이스를 넣은 냉열 운송상자에 최종 포장되기 전까지 보관된다.

내셔널리즘의 부상으로 우리는 목표 달성에 위협을 받게 되었다. 일부 국가는 자국의 이익을 지키기 위해 백신 제조에 필요한 성분과 물질의 외부 유출을 막았다. 우리는 어떤 나라나 대륙이 봉쇄될 경우를 대비해 공급망을 다원화해야 했다. 그것은 마치 3차원 퍼즐 같았다. 무엇보다도 우리에게는 유리병과 마개가 대량으로 필요했다. 그런데 정말로 다행스럽게도 우리는 이미 기존 제조사들의 가장 큰 구매자였으며 그들과 좋은 관계를 맺고 있었다.

코로나19 백신의 핵심 성분은 지질lipid이었다. 지질은 우리에게 가장 큰 제약이 되었다. 핵심은 화이자 백신이 LNP를 사용하여 mRNA를 세포 내로 전달해서 세포들에 SARS-CoV-2 스파이크 단백질을 생성하도록 지시한다는 사실이다. 화학적으로 합성하는 지질은 다른 백신에서는 대규모로 사용된 적 없는 새로운 재료였으므로 해결해야 할 가장 중요한 제약 요소가 되었다.

설상가상으로 우리에게는 네 가지 서로 다른 지질이 필요했다. 그런데 두 가지에는 전매권이 걸려 있었고, 두 가지는 아니었다. 그렇다면 많은 양의 다양한 지질을 어떻게 구할 수 있을까? 알고 보니 구할 곳이 많지 않았다. 지질 확보에는 니치마켓에 있는 화학 회사들이 중요한 파트너 역할을 해주었다. 하지만 협업만으로는 충분하지 않았다. 우리가 직접 생산에 뛰어들어야 했다. 우리는 가용성을 높이고 생산의 연속성을 확보하기 위해 자체 지질 생산을 개시했다. 코네티컷주 남동부 도시인 그로턴을 시작으로 결국 다른 곳까지 자체 생산 지역을 확대해나갔다. 원료를 직접 생산하는 일은 보통 없지만, 이번에는 평상시와는 사뭇 달랐다.

실험실에서 연구 목적으로 mRNA LNP를 만드는 것과 산업적·상업적 규모를 고려하며 생산하는 것은 전혀 별개의 문제다. 연구 단계에서 우리는 수용성 물질과 유기 물질 각각에 맞는 별개의 고압 펌프와 우리가 'T믹서T-mixer'라고 부르는 컴퓨터 마우스 크기의 장치로 구성된 기술 솔루션을 설계하고 구축했다. 고압 펌프를 거쳐 수용성 물질과 유기 물질이 T믹서로 들어가면, 그곳의 내부 구조를 통해 LNP로 결합된다. 이 모든 과정은 오로지 이 목적만을 위해 특별히 코딩된 아주 정교한 알고리즘을 바탕으로 인공지능이 제어한다. 뒤이어 LNP는 정제된 뒤 유리병에 충전되어 최종적으로 우리가 아는 완제품 형태로 만들어진다.

우리는 백신 생산량을 확대할 목표를 세우면서 이미 과부하가 걸린 공급사들의 생산 능력을 걱정했다. 그러다가 찾아낸 해결책은 직접 생산 역량을 키우는 것이었다. 그러려면 고압 펌프와 T믹서를 LNP 스키드skid(생산 틀—옮긴이)에 수십 번 복사해놓아야 했다. IT업계에서는 수백 개의 네트워크 컴퓨터 랙computer rack을 갖춘 창고 크기의 데이터 센터가 존재한다. 이 랙에 있는 컴퓨터들이 클라우드 컴퓨팅 작업을 수행한다. LNP 스키드의 작동 원리도 이와 유사하다. 그들이 합쳐지면서 엄청난 양의 백신을 생산할 수 있는 것이다. 우리는 필요한 도구와 소프트웨어를 제작하면서 GMP Good Manufacturing Practice에 초점을 맞췄다. GMP란 우수 의약품의 제조 및 품질관리 기준으로 의약품의 안정성과 유효성을 품질면에서 보증하는 기본 조건이다. 이처럼 새롭게 찾아낸 능력으로 화이자와 바이오엔테크는 전 세계 100여 개국에 수억 회 접종분의 백신을 출하할 수 있었다.

캘러머주 현장을 둘러본 OWS 책임자인 몬세프는 《워싱턴포스트》와 가진 인터뷰에서 화이자의 헌신적 노고에 감명을 받았다고 말했다. 그는 "화이자가 mRNA를 실어 나르는 나노입자 수십억 개를 만들기 위해 전 세계에 엄청난 규모의 생산시설, 막대한 자금, 그리고 수많은 엔지니어를 동원해 '불도저처럼 무자비한 힘을 쓰는 전략'을 추진할 계획이다."라고 말했다.

마이크와 생산팀은 우리가 일주일에 두 번 열리는 광속 프로젝트 회의에서 핵심적인 존재였다. 당시 마이크는 다시 활력을 찾은 우리 회사가 크게 생각하고 대담하게 행동하는 문화를 갖게 만들기 위해 애썼다. 하지만 크게 생각하는 것과 큰 약속을 지키는 것 사이에는 차이가 있었다. 다른 팀원들과 마찬가지로 나 역시 생산팀과 함께 가능성의 한계를 탐구했다. 때로는 극도로 힘들거나 실망스러웠지만, 상황은 감격적인 방향으로 흘러가고 있었다. 위기 초기에 우리는 연간 2억 회분의 생산 목표를 세웠다. 그런데 이 숫자는 5억 회분으로 빠르게 늘어났다. 그러다 나는 10억 회분도 가능할지 따져봤다. 나중에 실제로 10억 회분을 생산했을 때는 또다시 증량을 요구했다. 마이크는 이미 우리가 하고 있는 일이 기적이라고 말해줬다.

그는 내게 "당신은 결코 만족하는 법이 없군요. 지금 불가능한 요구를 하고 계신 겁니다."라고 이야기했다. 그의 말은 모두 사실이었다. 우리는 이미 이번 여정을 시작했을 때 꿈꾼 것보다 더 많은 일을 해냈다. 그런데도 나는 절대 만족하지 않았다. 계속 더 많은 것을 요구했다. 우리는 드림팀이었다. 경이적인 능력을 가진 사람들로 구성되었기에 해낼 수 있다고 믿었다.

가능성의 한계를 뛰어넘다

일이 진전되고 있었지만, 우여곡절도 많았다. 나는 끈질기게 압박을 높여갔다. 나는 숫자를 아주 잘 암기하는 편이라 어떤 일의 마감일을 아무런 설명 없이 다음 주나 다음 달로 미루면 이렇게 말하곤 했다.

"7페이지 일정이 실행 요약 페이지 날짜와 일치하지 않습니다. 11페이지 숫자는 지난번에 보여주었던 숫자보다 낮습니다. 이렇게 바뀐 내용은 프레젠테이션 중간에 묻어놓지 말고 미리 강조해서 표시해놓아야 합니다. 이런 일이 재발하지 않기를 바랍니다. 내가 숫자를 얼마나 잘 기억하는지 아시잖아요."

결국 욜란다는 생산팀에 전화를 걸어서 만약 숫자가 바뀔 경우 회의 전에 미리 내게 알리라고 조언했다. 이어 "다루기 어려운 정보는 팀원이 모두 참여할 때보다 일대일로 공유하는 게 좋지 않을까요?"라고 물었다. 모두 그것이 합리적인 방법이라는 데 동의했다.

이 과정에서 마이크는 최고의 리더로 변신했다. 그가 '크게 생각하기' 시작하자 압박감에서 해방되었다. 대담한 목표를 세우고, 달성에 방해가 되는 장애물은 적극적으로 해결했다. 2021년 백신 생산량을 30억 회분으로 증산하는 방안을 발표하는 자리를 생생하게 기억한다. 생산 역량을 대폭 늘리려면 장비도 대폭 구비해야 하는데, 확보할 공간이 충분하지 않다는 해결 과제가 남아 있었다.

마이크는 "새로운 생산시설을 만드는 데는 아시다시피 몇 년이 걸립니다."라고 말했다. 그리고 내가 묻기도 전에 "하지만 해결책이 있습니다."라고 덧붙였다.

이어서 말 그대로 천막 아래에서 돌아가는 자동차 생산라인이 담긴 화면을 보여주었다. 테슬라의 생산 현장이었다.

"테슬라의 CEO인 일론 머스크Elon Musk가 1년 안에 테슬라 자동차 생산 공장을 짓겠다고 공언하자 아무도 그의 말을 믿지 않았습니다. 그러나 그는 생산 장비를 아주 가벼운 구조물 아래에 설치할 방법을 찾아냈습니다." 마이크가 설명했다. 나는 시작 부분을 듣고 진심으로 감명받았다.

그는 말을 이어갔다. "물론 우리는 무균 제형이므로 천막 아래라인을 만들 수는 없습니다. 그러나 여기서 중요한 것은 개념입니다. 우리는 몇 주 안에 캘러머주 공장에 설치할 조립식 모듈을 주문할 수 있습니다. 텍사스에 생산업체가 있습니다. 그곳에 발주하고제조해서 특수 대형 트럭을 이용해 미시간으로 보낼 수 있습니다. 다만 야간에 이송해야 하고, 여러 주의 경찰이 이송 작전에 협조해주어야만 가능한 일입니다. 몇 년이 아니라 몇 달이면 충분합니다."

마이크는 계속해서 조립식 유닛의 제작·운송·조립에 관한 기술적인 세부 사항을 알려주었다. 설명을 이어가는 그가 정말 자랑스러웠다. 압박에서 해방된 마이크는 처음 생산 그룹의 수장으로임명됐을 때 보았던 훌륭한 리더의 모습이었다.

2021년 초에 우리는 연말까지 25억 회분의 백신을 만들겠다고공개적으로 약속했다. 생산팀은 자신들이 이뤄낸 놀라운 성공에큰 자부심을 느꼈다. 화이자에서 28년간 일하면서 배운 것이 있다면, 사람들은 자신의 능력을 과소평가하는 경향이 있으며, 큰 조직에서는 직급이 낮을수록 이런 경향이 더 커진다는 것이다. 누구나자신의 잠재력을 확장해야 한다. 누구나 할 수 있다고 생각하는 것

이상으로 해낼 수 있으며, 스스로 더 강하게 밀어붙일 수 있다.

우리가 제조한 백신은 눈송이처럼 부서지기 쉬운 제품이 되었다. 이제 그 눈송이를 배와 트럭, 비행기로 전 세계에 매우 조심스럽게 전달해야만 했다.

백신 개발 초기에는 제품을 제대로 만들려다 보니 밤잠을 설쳤는데, 이제는 배포 문제로 안절부절못했다. 우리가 만든 mRNA 백신은 섭씨 영하 70도(화씨 -94도)의 초저온 상태로 보관 및 배송되어야 했다. 달에서 밤에 실어 나른다면 아무 문제가 없겠지만 지구에서는 그렇지 않았다. 초저온 상태로 백신을 대량 운반한 적은 과거에도 없었다. 그럴 수 있는 인프라도 전혀 없었다. 착륙할 곳이 없는 로켓(백신)을 개발했다고 상상해보라. 이때 생산팀이 기발한 해결책을 찾아냈다.

'아이스맨'으로 알려진 제임스 진James Jean이 이끄는 엔지니어들은 전 세계 어디로든 백신을 운반 및 저장할 수 있는 온도 조절식 백신 수송용기를 설계했다. 우리는 코로나19 이전에 이 수송용기를 시험해본 적은 있었지만, 팬데믹이 닥치자 베타 테스트 단계를 건너뛰고 바로 완전 이용 단계로 넘어갔다. 휴대용 여행가방 크기만 한 수송용기의 무게는 약 34킬로그램(약 75파운드)으로 내부에는 최소 한 개 트레이에서 최대 다섯 개 트레이 분량의 백신병을 담아 운반할 수 있었다. 트레이마다 195개의 병이 실렸고, 병마다 6회분의 백신이 담겼다. 따라서 수송용기 하나로 5,850회 분의 백신을 운반하는 셈이었다.

우리는 위치, 온도 및 조도 세 가지 판독값을 저장했다. GPS가 계속해서 수송용기 위치를 실시간으로 공유하고, 온도계는 온도 변화를 추적했다. 조도 센서는 용기의 개방이나 손상 여부를 알려줬다. 이 모든 데이터를 모니터링하기 위해선 세계 지도가 그려진 컴퓨터 대시보드가 필요했다. 3,000개가 넘는 수송용기가 항상 육해공이나 병원에 있었다. 생산팀은 클릭만으로도 개별 용기의 현재 온도와 위치, 이동 거리, 기록해놓은 예외 사항을 확인할 수 있었다. 예를 들어, 우리의 알고리즘은 백신이 특정 공항에 제시간에 도착했는지 여부를 포착했다. 백신을 운반하는 트럭이 날씨나 사고로 인해 예정된 경로에서 이탈할 가능성도 있었다. 또한 바로 옆에 있는 용기의 데이터를 볼 수 있으므로 같은 차량에 실린 용기들 간의 차이도 파악할 수 있다.

우리는 운송회사의 관리를 받지 않았다. 페덱스FedEx, UPS, 유나이티드항공United Airlines도 모두 우리와 같은 알림을 받았지만 굳이 그런 운송회사에 의존할 필요가 없었다. 그들과는 별도로 날씨와 정치적·사회적 불안으로 인해 수송에 가해지는 잠재적·실질적인 위협을 알려주는 글로벌 보안 운영팀을 만들어놓았다. 초창기에는 시스템 테스트를 하면서 물류 전문가들이 서로 소통하고 협업

할 수 있는 라인을 항상 열어두었다. 중간에 문제가 발견되면 백신 수송을 중단하고 필요에 따라 새로운 수송 방법으로 교체할 수 있었다.

이 시스템은 매우 지능적으로 설계되었기 때문에 우리의 수송 정확도는 99.9퍼센트였다. 이것은 화이자가 고안한 '빙하기' 이전에는 존재하지 않았던 시스템이다. 이제 수송용기는 저장고가 없는 곳에서 냉동 저장고 역할도 할 수 있었다. 과거에는 백신 용기가 데이터를 수집했지만, 우리는 수송이 끝나면 데이터를 다운받아 검토하기만 하면 되었다. 이제 중요한 데이터를 실시간으로 확인하여 그에 맞춰 대응하고 수정하고 운송할 수 있다. 이러한 물류 분야의 획기적인 발전은 우리가 새로운 mRNA 기술을 연구하는 과정에서 미래에 더욱더 유용해질 것이다.

백신은 항상 '라스트 마일last mile(주문한 물품이 유통 과정을 거쳐 고객에게 배송되기 바로 직전 단계—옮긴이)' 문제를 겪어왔다. 백신을 비행기, 기차, 배, 자동차로 수천 킬로미터에 걸쳐 운송하는 동안 내내 영하 70도 수준의 콜드체인을 유지하면서 도시 중심부나 외딴 지역까지 전달하는 문제는 꽤 복잡하다. 치료제나 백신 개발은 '퍼스트 마일first mile(원자재 조달에서 생산까지 완료된 완제품이 물류 거점 및 판매점으로 배송되는 구간—옮긴이)'에 속하는 일이지만 개발이 끝나도 여전히 갈 길이 많이 남아 있다. 의약품은 항상 이 문제에 부딪혔기 때문에 일부 기업과 자선단체 들은 이동식 냉장고에 투자해왔다. 멋진 생각이다.

백신을 처음 출하하기 전까지 일어났던 일들은 언제나 내 기억에 남아 있을 것이다. 검역에 지친 세계는 갑자기 물류(운송, 보관, 유통, 사용)에 집중했다. 세계 대전 중 실전 경험도 없으면서 안락의자에 앉아서 삭선을 싸던 장군들처럼 사람들은 각종 신문에 게재된 '군대의 이동'을 나타내는 복잡한 흐름도를 연구했다. 화살표, 도표, 날짜가 적힌 지도는 미국 중서부에 있는 화이자의 생산 및 유통 시설에서 그들이 거주하는 지역의 클리닉이나 병원까지 가는 백신 경로를 보여줬다. 마찬가지로, 유럽인들도 벨기에 피르스에 있는 우리 시설에서부터 백신 운송 과정을 추적했다.

몇몇 차트는 위스콘신주 플레전트 프레리에서 시작했다. 다른 차트들은 미시간주 캘러머주에 있는 공장에서 시작했는데, 이곳에서 첫 290만 회 접종분이 백신 저장시설인 냉동고 농장에서 600여 곳으로 보내졌다. 미시간 공장에서는 축구장보다 더 큰 냉동고 농장을 지었다. 이곳에서는 항시 1억 회 접종분의 백신을 저장할 수 있다. 피르스에 있는 냉동고 농장과 다른 두 곳을 포함하면 전 세계적으로 4억 회 접종분을 저장할 수 있다.

이런 일이 나타날 무렵 화이자 직원들은 이웃들이 감사 인사와 질문을 하는 바람에 주택가 골목을 끝까지 걸어가기가 힘들었다고 토로했다.

첫 번째 접종, 그리고 전 세계로의 확대

코로나19 화이자 백신 접종은 가장 먼저 런던 북쪽, 미들랜드에 있는 대학 병원 환자들을 상대로 실시됐다. 90세의 마거릿 키넌 여사가 세계 최초로 백신을 접종했고, 노인병동에 입원한 81세의 환자 윌리엄 셰익스피어William Shakespeare가 두 번째로 백신을 투여받았다. 가장 위대한 비극 작가와 동명인이 가장 먼저 희망을 얻었다는 사실이 인상적이었다. 몇 시간 전, 우리 직원들은 영국 정부가 백신 및 배정된 물량을 허가하면 즉시 백신 상자를 대기 중인 트럭에 싣기 위해 애타게 기다리고 있었다. 트럭 운전사들의 대기 시간이 끝나자 또다른 교대 운전사들이 투입되었다.

우리가 백신 개발에 착수한 지 꼬박 269일이 지난 날이었다. 2020년 12월 12일 토요일 아침,《뉴욕타임스》는 당시 상황을 이렇게 요약했다.

영국 정부의 승인이 떨어지자마자 화이자, 민간 운송회사, 주와 지방 보건 공무원, 군, 병원 및 약국 체인이 백신을 초저온 상태로 유지하면서 의료인과 요양원 입소자 들에게 가능한 한 빨리 약 300만 회분의 첫 주 투약 분량을 전달하기 위한 복잡한 합동 작업에 착수했다.

《뉴욕타임스》의 경제면에 〈항공 구조대의 목표: 수십억 회분의 접종〉이라는 제목으로 실린 기사 내용이다.

12월 13일 일요일 아침, 트럭들이 미시간 공장 상차上車 작업장으로 돌아와 백신을 싣고 떠났다. 팬데믹 때문에 팀원들과 함께 역사적인 순간을 지켜볼 상황실을 만들 수는 없었다. 우리는 자기 집 거실과 식탁 등 여기저기에 흩어져 있었다. 나 역시 다른 팀원들처럼 텔레비전으로 자체 채널을 보며 상황을 주시했다.

안전하고 효과적인 백신에 대한 소식을 접한다는 것은 매우 감동적인 일이었다. 내가 사회생활을 하면서 겪은 최고의 일이기도 했다. 백신이 세계 어딘가에 있는 클리닉이나 병원에 도착해 의료진과 접종자의 팔까지 가는 여정을 지켜보면서 성취감이 몰려왔다. 트럭들이 차례로 떠날 때는 기쁨을 느꼈다. 허들 육상선수나 마라톤 선수가 결승선을 통과할 때 느끼는 것과 같은 감정이었다.

9개월 전 미국에서 처음으로 코로나19 감염 의심 사망자가 나왔던 시애틀에서는 이미 의료진의 피로도가 한계점에 도달했다. 의료진은 쉬지 않고 일했고, 일부는 자신의 일을 포기했다. 병상은 이미 수용 한계에 도달했거나 도달하기 직전이었다. 시애틀 지역신문은 백신을 기병대에 비유하며 "기병대가 오고 있다."고 한 파우치 소장의 말을 인용해 머리기사로 보도했다. 얼마 뒤 백신을 맞은 뒤 몸을 구부린 채 울고 있는 한 의사의 가슴 아픈 사진이 신문 1면 톱 기사로 실렸다.

백신을 연구실에서 생산 공장을 거쳐 전 세계 환자들에게 전달하는 것은 릴레이 경주나 마찬가지다. 우리가 지역 병원, 클리닉, 약국에 배턴을 넘기면, 그들이 책임지고 사람들의 팔에 백신을 투여한다. 미국의 대표적인 소매약국 체인인 CVS를 예로 들어보자. 2021년 4월까지 CVS는 2,100개 점에서 1000만 명의 환자에게 백신을 접종했다. CVS는 팬데믹 초기에 각 매장에 접종 장소를 마련하는 등 접종 단계에 잘 대비해왔다. 그들은 적절한 역량을 확보하기 위해 간호사와 전산 인력 등을 고용했다. CVS의 전산망과 인력 덕분에 94퍼센트의 환자들이 예정된 날짜에 2차 접종을 무사히 마칠 수 있었다. CVS는 이동에 제약이 있는 중증 환자들을 위해 승차 공유 서비스 회사인 리프트Lyft와 제휴해 그들을 매장으로 직접 데려다주었다. 팬데믹 시대에 우리는 서로를 가장 가까운 이웃처럼 보호했다.

우리가 초기에 인식한 또 다른 과제는 낭비를 줄이고 병당 투여량을 늘리는 것이었다. 첫 번째로 규제당국에 사용승인 신청서를 제출했을 때 우리는 희석 후 병마다 약 2.25밀리리터ml가 되기에 충분한 양을 주입했다. 1회 접종 시 0.3밀리리터가 필요하므로 모든 병 안에는 최소 6회 접종 분량이 들어간 셈이다. 다만 항상 모든 양을 끝까지 접종할 수 없다는 것이 문제였다. 투여 후 일부는 통상 바늘과 주사기 끝 사이 공간에 '잔량dead volume' 상태로 남는다. 시중에 판매되는 주사기의 종류와 브랜드가 매우 다양해서 이 '잔량' 도 각기 달랐다. 보통의 경우 모든 변수에 대응하도록 병을 넘칠 만큼 채워서 이 문제를 해결할 수 있다. 그러나 팬데믹이 한창인 시기에는 코로나19 백신을 한 방울 아낄 때마다 추가로 생명을 구할 수 있었다. 병에 잔여분을 주입하는 사치를 누릴 수는 없었다.

우리는 광속 프로젝트 회의에서 이 문제를 포괄적으로 논의했다. 접종량을 더 늘리기 위해 많은 노력을 기울였기 때문에 그렇게 낭비가 심했다는 사실에 기분이 좋지 않았다. 이 사실을 처음 알린 사람은 바이오엔테크의 우구어 자힌이었다. 그는 우리의 주입 방식 대로라면 백신의 40퍼센트를 낭비하게 된다는 계산을 보여주었다.

"앨버트, 이 문제에 대한 해결책을 찾아야 합니다."

나는 이 문제를 공론화했고, 함께 해결책을 모색해나갔다. 의견은 주사기와 바늘의 조합에 따라 한 병당 가능한 접종분을 모두 테스트한다는 계획으로 모아졌다. 그러나 사용승인 신청서 제출 당시 우리가 각 병에서 안전하게 추출할 수 있는 최대 접종량을 결정하는 작업을 하지 않았기에 우리는 단지 병당 5회 접종이 가능하다는 내용의 신청서를 제출했다.

전 세계 백신 사용승인 신청 뒤 화이자 백신은 세계 여러 나라에서 병당 5회의 접종 횟수로 승인되었지만, 그동안 우리는 병당 접종 횟수를 더 늘릴 수 있다는 증거를 추가로 수집했다. 세상의 모든 주사기와 바늘 조합을 샘플로 추출해본 것 같다. 2020년 12월과 2021년 1월, 각 지사 대표들이 현지 제조업체에 연락해서 시험 목록을 만들었다. 그다음 리스트 조합을 전부 테스트해봤다. 6회 접종분을 일관되게 추출하여 분배할 수 있는 주사기와 바늘 조합이 필요했다. 그리고 가능한 주사기와 바늘 조합을 대거 찾아냈고, 투약 후 남는 백신을 크게 줄인 최소 잔량 주사기와 바늘의 적절한 조합을 사용함으로써 낭비를 줄이고 각 병에서 최소 20퍼센트 이상 더 많은 양의 백신을 안전하게 추출했다.

하지만 이 일에 필요한 주사기와 바늘의 양은 턱없이 부족했다. 공급망도 구축해야 했다. 그 둘은 병행 추진해야 할 새로운 작업들이었다. 우리는 공급망 구축팀을 만들어 작업에 착수했다. 처음에는 10억 개의 주사기와 바늘이 필요했다. 그런데 다행스럽게도 기존 공급업체들이 도와주겠다고 나섰다.

백신 생산 계획을 어떤 의료 기술 제조업체에 알려주자 그들은 설비를 활성화하고 증산에 나섰다. 그중에는 간혹 이 정도로 많은 양의 주사기와 바늘을 실제로 구매해주겠다는 재정적 보증을 요청한 곳도 있었다. 우리는 그런 제조업체들에게 걱정하지 말고 생산량을 최대로 늘려달라고 부탁했다. 재고가 남는다면 화이자가 전부 사주겠다고 약속했다.

약속은 통했다. 모두 즉시 생산량을 최대로 늘리면서 시장에는 우리가 원하는 유형의 바늘과 주사기가 넘쳐났다. 우리는 6회 투여에 대한 규제당국의 승인을 받기 위한 증거 데이터를 확보한 직후 전 세계 규제당국에 제출했다. 6회 접종분 라벨은 2021년 1월 3일 이스라엘이 처음 승인했다. 이어 미국 FDA, 유럽 EMA, 영국 의약품건강관리제품규제청Medicines and Healthcare products Regulatory Agency(이하 MHRA), 스위스, WHO 같은 세계에서 가장 유명한 규제기관 일부와 다른 규제기관들도 즉시 승인했다. 다음 단계는 의료진들이 한 병당 5회가 아닌 6회 접종으로 전환할 수 있게 다시 훈련시키는 일이었다. 접종 경험이 누적되자 일부 국가에서는 병당 최대 7회까지 접종함으로써 전체 평균 접종 횟수는 병당 약 6.6회까지 올라갔다.

함께 만들어낸 승리

나는 화이자 동료들이 우리가 함께 이룬 것에 자부심을 느낄 것임을 예상하고 있었다. 하지만 그것이 얼마나 대단할지는 알지 못했다. 마이크의 다섯 딸은 그에게 "고맙습니다."라고 적힌 밝고 유쾌한 포스터를 그려주었고, 그의 부서명 PGS에 '자랑스럽다Proud'는 말을 덧붙여 해시태그를 달아주었다. 어떤 직원들은 우리 로고와 함께 과학에 대한 우리의 헌신을 상징하는 '과학은 승리할 것Science Will Win'이라는 문구가 새겨진 화이자 티셔츠 등을 파는 온라인 스토어를 열었다. 너무 많은 직원이 한꺼번에 접속하는 바람에 웹사이트가 다운될 정도였다. 파얄 사니 베커Payal Sahni Becher 최고인사책임자Chief Human Resources Officer(이하 CHRO)는 일부 직원이 화이자 문신을 해도 놀라지 않을 것이라고 말했다. 사실 나도 문신을 해볼까 잠시 고민했다.

백신의 효과를 알기 전과 증산을 결정하기 전 마지막 며칠 동안 개인적으로 가슴이 철렁한 일을 겪었다. 12월 초 나와 접촉한 두 사람이 모두 코로나19 양성반응을 보였던 것이다. 12월 11일 오후 늦게 그들의 코로나19 감염 소식을 알게 되었는데, FDA로부터 백신 긴급사용승인에 대한 소식을 듣기로 한 바로 그날 밤이었다. 이런 아이러니한 일은 상당히 극적이었다. 우리 팀은 일순간에 위기 모드로 전환되었고, 나를 검사할 방법을 찾기 위해 빠르게 움직였다. 3일 뒤에 나는 펄리버 연구실에서 심층 시사 보도 프로그램인 〈60분60 Minutes〉에 출연해서 인터뷰할 예정이었는데, 녹화 중 누구도 감염시키지 않는 것이 중요했다.

나는 욜란다, 파얄과 함께 우리가 취할 수 있는 여러 가지 방안에 대해 논의했다. 금요일 오후 4시 30분이라서 주치의에게 진료받을 수는 없었다. 또한 인근 검사소로 가는 방안에 대해서도 논의했지만, 팀에서 원치 않았다. 당시 지역 검사소에는 PCR 검사를 받으려는 사람들로 몇 블록에 이르는 긴 줄이 만들어졌다. 화이자의 CEO인 내가 FDA로부터 백신 긴급사용승인 소식을 듣게 되는 날 밤에 코로나19 검사를 받으려 대기하는 모습이 동영상으로 찍힌다는 것은 누가 생각해도 좋은 일이 아니었다. 우리는 다행히 검사를 받을 수 있는 다른 방법을 찾아냈다. 결과는 빠르게 나왔다. '음성'이었다. 나는 코로나19에 감염되지 않았다.

2021년 2월 중순이 되자 연구, 생산 부문에서 일하는 일선 근로자들의 업적을 의미 있게 축하해줄 기회가 생겼다. 백악관으로부터 바이든 대통령이 미시간주 캘러머주의 생산 현장을 돌아볼 수 있겠느냐는 극비 전화를 받았다. 당시 바이든 대통령은 취임한 지 한 달도 안 된 상태였다. 비밀경호국은 내게 비밀 유지를 요청했지만, 나는 그들에게 부탁해서 마이크에게 전화를 걸어 현장 방문을 허락받았다.

"마이크, 이 사안을 누구에게도 말하면 안 됩니다. 바이든 대통령이 다음 주에 캘러머주에 있는 우리 공장을 순방하고 싶어 합니다. 어떻게 하면 좋을까요?"

내 질문에 그는 "회장님이 점검하러 온다는 사실을 모두에게 알리면 직원들이 준비를 해야 할 겁니다."라면서 "다만 대통령을 맞이하기 위해 비밀경호국이 하는 것 이상으로 많은 준비를 하지는 못할 것입니다."라고 말했다.

이 말을 들으니 기분이 묘했다. 나는 '세상에, 내가 화이자 현장을 방문할 때 정말 그렇게 많은 혼란을 초래하고 있는가?'라는 생각이 들었다. 이제 나는 마이크가 팬데믹 발생 초기에 내게 "꼭 오지 않아도 된다."면서 내가 앤도버에 있는 생산 현장을 방문하는 것을 거절했던 이유를 이해하게 되었다.

순방은 2월 18일 목요일로 예정되어 있었으나, 중서부 지역에 불어닥친 눈보라로 계획에 차질이 생겼다. 백악관에서는 다시 전화를 걸어와 대통령이 다음 날인 금요일에 방문해도 되는지를 물었다. 우리는 곧장 "물론입니다."라고 답했다.

차량 행렬이 도착하자 '풋볼football'이라고 불리는 핵 암호가 든 검은색 가방을 든 군인이 미국 대통령을 지근거리에서 따라다녔다. 이 광경을 우리 회사 공장에서 실제로 볼 수 있다는 사실에 애국심이 느껴졌다. 바이든 대통령은 화이자의 전 직원에게 축하를 건넸다. 각 라인을 돌아보는 동안 직원들은 인사를 나누며 각자의 역할과 기술 작동법을 설명해주었다. 대통령이 스스럼없이 블루칼라 노동자와 어울리는 모습을 보다니 놀라웠다. 그는 노동자들의 이야기와 업무에 관심이 많았다. 분명 편안하고 거리낌 없이 느끼는 것 같았다.

노동자와 전국 언론을 대상으로 한 연설 시간이 지체되고 있을 때 대통령은 내 옆으로 다가와서 두 손을 내 어깨에 얹은 뒤 눈을 응시했다. 그러면서 그는 "부모님이 홀로코스트에서 생존하셨다는 이야기를 들었습니다."라고 말했다. 수행원들은 우리가 무대 위로 오르기를 간절히 바라고 있었다. 대통령은 그들을 외면한 채 내게 여전히 홀로코스트의 상처를 안고 살아가는, 예전부터 알고 지내던 다른 가족에 대해 이야기했다. 분위기가 잠시 숙연해졌고, 내 눈에 고인 눈물과 함께 내 어깨를 감싸고 있는 그의 두 손의 무게감이 느껴졌다.

미국에서만 느낄 수 있는 벅찬 감정이었다.

앨버트 불라 부모님(모이스와 사라 불라)의 결혼식 사진. 맨 왼쪽과 오른쪽은 각각 아우슈비츠에서 살아남은 앨버트 불라의 외삼촌(요제프 사이아스와 미코 사이아스)이다. 어머니 오른쪽 뒤에 있는 사람은 큰이모 프레다로 큰이모부 코스타스 디마디스는 어머니 사라가 나치에 체포되었을 때 독일 사령관 막스 메르텐에게 뇌물을 주어 목숨을 구했다.

세 번째로 맞은 생일에 촛불을 끄고 있는 앨버트 불라. 맨 왼쪽이 어머니, 뒤쪽 가운데가 아버지, 옆에 서 있는 건 여동생 셀리이고, 나머지는 사촌들이다.

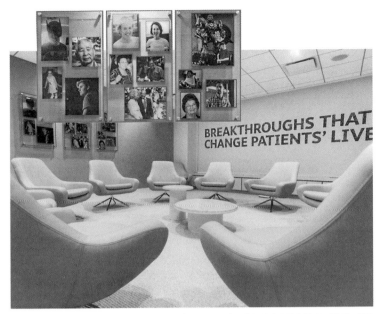

———— 화이자 본사 임원 회의실 '퍼포스 서클'의 모습. 권위주의를 버리기 위해 앨버트 불라는 회의 테이블을 치워버렸다. 벽에는 화이자가 추구하는 목표인 '환자들의 삶을 변화시키는 혁신'을 상기시키기 위해 각자에게 가장 중요한 환자들의 사진이 걸려 있다.

———— 2020년 11월 8일 코로나19 백신의 놀라운 효능을 보고받고 기뻐하는 화이자의 더그 랭클러 자문위원, 미카엘 돌스텐 최고과학책임자, 앨버트 불라 CEO, 샐리 서스먼 최고기업업무책임자, 욜란다 라일 수석비서관의 모습(왼쪽부터)

환자들의 삶을 변화시키는 혁신

목적	**1. 인재의 잠재력을 이끌어낸다**	**2. 제약업계를 선도한다**	**3. '고우투마켓'* 전략을 혁신한다**	**4. 의약 분야의 디지털 경쟁에서 승리한다**	**5. 대화를 이끌어 나간다**
	1.1 의미 있는 업무 환경 조성 1.2 리더십과 성과 고취 1.3 일하기 좋은 기업의 추구	2.1 세계 최고 수준의 과학 2.2 혁신의 성공률의 두 배 증가 2.3 신약의 빠른 개발과 공급	3.1 치료 접근성을 강화 3.2 환자의 비용 부담 최소화 3.3 환자와 의사의 참여 방식을 개선	4.1 신약 후보 탐색과 개발의 디지털화 4.2 치료 효과와 환자의 만족도 개선 4.3 빠르고 편한 업무 환경 조성	5.1 최고의 환자 중심 기업 5.2 혁신과 환자를 중심에 둔 정책 5.3 과학의 가치에 집중

핵심 가치	**용기**	**탁월함**	**형평성**	**기쁨**
	크게 생각하고, 목소리를 높이고, 결단력을 가진다	중요한 일에 집중하고, 자신의 역할을 분담하고, 성과를 측정한다	포용력과 진정성을 갖고 의료 서비스의 불균형을 줄여나간다	자부심을 갖고 서로를 인정하며 즐기면서 일한다

────── 화이자 CEO로 취임한 첫해에 앨버트 불라가 소개한 화이자의 목적에 관한 청사진과 추구하는 가치 * Go-to-Market, 기업이 총괄 마케팅 전략을 실행하기 위해 자원, 조직, 프로세스 등을 효과적으로 활용하여 실질적으로 시장에 침투하는 것─옮긴이

────── 화이자의 코로나19 백신은 2020년 11월 30일 브뤼셀에서 첫 출하되었다.

─────── 2020년 12월 13일 미시간주 캘러머주 생산 공장에서 화이자 직원이 코로나19 백신의 첫 출하를 준비하고 있다.

─────── 2021년 2월 19일 캘러머주 공장 현장 방문에서 대화를 나누고 있는 조 바이든 미국 대통령 과 앨버트 불라

──────── 2020년 12월 9일 화이자 본사에서 만난 앨버트 불라와 에디 라마 알바니아 총리

──────── 2021년 2월 16일 펄리버에 있는 화이자 백신 R&D 센터에서 백신 1차 접종을 하고 있는 앨버트 불라

───── 화이자의 벨기에 피르스 백신 생산 공장을 방문 중인 알렉산더 더 크루 벨기에 총리, 외즐렘 튀레치 바이오엔테크 공동 창업자, 루크 반 스틴윙켈 피르스 공장 책임자, 우르줄라 폰 데어 라이엔 EU 집행위원장, 앨버트 불라 화이자 CEO, 마르호 노타 화이자 피르스 실험 파일럿플랜트* 직원(왼쪽부터)
* Pilot Plant, 새로운 공법이나 신제품을 도입하기 전에 시험적으로 건설하는 소규모 설비

───── 2021년 2월 16일, 앨버트 불라는 백신 R&D 센터에서 코로나19 백신을 접종한 직후 경영진 및 '화이자 직업 웰니스' 프로그램 참가자들과 자리를 함께했다.

─── 보리스 존슨 영국 총리는 2021년 1월 14일 화이자 경영진과 코로나19 백신에 대해 대화를 나눈 직후 자신의 링크드인 계정에 대화 장면을 공유했다.

─── 2021년 5월 30일자 이스라엘 신문 《하레츠》 게재된 정치 카툰

———— 2021년 6월 10일 영국 콘월에서 열린 G7 정상회담에서 앨버트 불라와 조 바이든 미국 대통령이 화이자의 코로나19 백신 5억 회분을 중저소득 국가에 기부한다고 발표했다.

8장

백신 평등을 위한
발걸음

"좋은 평판을 쌓는 방법은
보여주고 싶은 모습을 갖추기 위해 노력하는 것이다."

고대 그리스 철학자 소크라테스

한 끼 밥값으로 구하는 생명

코로나19 백신 개발 프로젝트에 착수했을 때 투자 수익은 고려 사항이 아니었다는 것을 앞에서도 분명히 밝혔다. 2020년 5월이 될 때까지 우리는 백신 가격에 대해 일언반구도 하지 않았거니와 수입원을 따져보지도 않았다. 그러나 몇몇 정부와 조달 논의를 시작하자 모두가 가격을 궁금해했다. 결정을 내려야 할 시기가 도래한 것이다.

약의 가격은 보통 환자, 의료 시스템, 그리고 사회에 가져다주는 가치를 계산해서 정한다. 다른 시각을 가진 사람도 있겠지만 좋은 약은 의료 시스템이 부담해야 할 비용을 감소시키는 역할을 한다. 약값은 이때 발생하는 경제적 가치를 추정해 반영하는 것이다. 가령 100명이 심장약을 복용한 결과 심장마비 발생이 다섯 건 줄어든다면, 이것이 의료 시스템에 초래할 비용(구급차 운행, 입원, 검사, 의사, 간병인, 결근과 관련된 제반비용)을 계산하여 100명이 지불할 약값과 비교한다. 물론 경제적 가치의 미묘한 차이를 만드는 요인은 이 외에도 존재한다. 게다가 인간이 고통을 피하는 것에 어떻게 값을 매길 수 있단 말인가. 그 가치는 측정 불가능하다.

가격책정팀에 전 세계 코로나19 위기의 통상적인 경제성을 계산해달라고 요청했더니 어마어마한 숫자를 가지고 돌아왔다. 백신 효과를 65퍼센트로 가정했을 때 입원비만 수천억 달러가 감소했다. 백신 가격을 1회분당 600달러(한화 약 78만 원)로 책정하더라도 의료 시스템은 백신이 없을 때보다 더 적은 돈만 부담하면 된다는 계산이 나왔다. 생명의 가치는 이 계산에 포함되지 않았다. 이것은 우리가 큰돈을 벌 수 있는 엄청난 기회였다.

하지만 팬데믹 위기의 한복판에서 표준 가치 계산 방식에 따라 백신의 가격을 책정할 수는 없었다. 그래서 다른 방법을 찾았다. 나는 가격책정팀에 홍역, 대상포진, 폐렴 백신 등 최첨단 백신의 현재 가격을 조사해달라고 부탁했다. 미국에서는 해당 백신의 1회 접종 비용이 150~200달러(한화 약 18만~24만 원) 사이다. 이미 존재하는 백신 가격의 하한선에 맞추는 것이 공정한 것 같았다. 그렇다면 누구도 우리가 팬데믹을 이용해 이례적으로 높은 백신 가격을 책정한다고 주장할 수 없을 것이다. 나는 담당자에게 이를 기준으로 구매 논의를 시작하고, 대량 구매 계약 시 할인을 지시했다. EU는 물론이고 영국과 미국 정부도 조달 협상을 요청해 이미 사전 협의를 시작한 상태였다.

하지만 얼마 지나지 않아, 논의가 진행되는 동안 약간의 불편함이 엄습해왔다. 우리가 공정한 경제적 이득보다 더 가치 있는 무엇을 얻을 기회를 놓치고 있는 것 같았다. 이번 일은 지난 20년간 모진 비난을 받으면서 깎일 대로 깎인 제약업계의 평판을 되찾을 기회였다. 미국에서는 제약업계가 신뢰도 면에서 정부와 함께 최하위권에 머물고 있었다. 나는 가격책정팀에 가장 저렴한 범용 백신의 현재 가격을 알려달라고 재차 요청했다. 미국에서 독감 백신 가격은 20~70달러 사이지만 예방률은 50퍼센트 정도로 낮은 편이다. 독감 백신은 저렴하게는 20~30달러에 판매되었다.

나는 팀에게 "전략을 수정하겠습니다. 고소득 국가에 팔 코로나19 백신 가격은 독감 백신 가격의 최저가부터 시작하도록 하겠습니다. 그럼에도 대량 구매를 약속하면 할인해줄 수 있습니다."라고 말했다.

가격책정팀의 한 팀원이 "그 정도는 최첨단의 예방접종비가 아니라 한 끼 밥값밖에 안 됩니다."라고 말했다.

한 끼 밥값이라. 나는 이 표현이 아주 마음에 들었다. 나중에 기자들이 백신 가격에 대해 물었을 때 이 비유를 자주 사용하곤 했다. 나는 그 직원에게 이렇게 대답했다. "좋은 표현이네요. 당신은 마케팅 감각이 뛰어나서 훌륭한 경력을 쌓을 수 있을 겁니다."

미국 및 유럽 협상단과 다시 만나서 백신 가격의 대폭 인하 소식을 전하자 그들은 매우 놀라워했다. 그러나 백신은 모두가 장소 불문하고 평등하게 맞을 수 있어야 했다.

우리가 말하는 평등은 모두에게 똑같이 제공한다는 의미가 아니었다. 그보다는 더 필요한 사람에게 더 많이 준다는 것을 의미했다. 백신을 모든 국가에 같은 가격으로 판매할 수는 없었다. 대신에 3단계로 차등화한 가격책정 방식을 시행하기로 했다. 우리는 세계은행World Bank의 소득 수준별 국가 분류 방식을 토대로 적정 가격을 분석했다. 세계은행은 환율 변동 영향을 줄이기 위해 해당 국가의 물가상승률과 국제 물가상승률의 차이를 조정한 뒤 최근 3개년도의 평균 환율을 적용하는 아틀라스Atlas 방식을 사용해 달러로 환산한 1인당 국민총소득Gross National Income(이하 GNI)을 기준으로 국가의 소득 수준을 평가한다. 이에 따라 전 세계 모든 국가는 고소득 국가, 중상위 소득 국가, 중하위 소득 국가, 그리고 저소득 국가 이렇게 네 개 소득 수준으로 분류된다. 우리는 가장 부유한 고소득 국가에 판매할 백신 가격이 '한 끼 밥값'이어야 한다는 데 동의했다. 중상위 소득 국가에는 이 가격의 대략 절반 정도에, 그리고 중하위 소득과 저소득 국가에는 원가에 공급하기로 했다. 단, 이렇게 백신을 공급받는 국가들은 자국민에게 백신을 무료로 접종해야 한다는 조건을 달았다.

"팬데믹 상황에서는 누구나 동등한 보호를 받아야 합니다. 가격은 모든 사람의 접종에 장애물이 되지 않아야 합니다. 그것이 옳은 일일 뿐만 아니라 그렇게 하지 않는다면 모든 나라가 위험에 빠질 수 있기 때문입니다." 나는 이렇게 말했다.

가격책정팀은 우리의 분명하고도 평등한 접근 방식에 매우 만족해했다. 다음 날 전 세계의 모든 현지 사업장에 보낼 가격 지침서가 작성되었다. 현지 정부에 이러한 조건에 따라 사전 구매 주문을 요청하라는 지시도 함께 내려졌다.

화이자 바이오 제약그룹 사장인 앤절라 황은 전 세계 여러 지역에서 뛰어난 팀원들과 이러한 활동을 주도했다. 화이자에서 오랜 경력을 쌓아온 역동적인 리더인 그녀는 어린 시절을 아파르트헤이트가 존재하던 남아프리카공화국에서 보냈다. 그곳에서 아시아 소녀로 살면서 겪은 경험은 그녀의 세계관을 정의했고, 평등의 중요성을 각인시켰다.

앤절라의 팀은 백신 주문 예상 국가 모두를 세 가지 가격 등급에 따라 등록해놓고 각국의 실무자들이 백신 접종을 준비할 수 있도록 도왔다. 교육은 엄청난 일이었다. 미국에서만 여러 주 정부와 OWS가 협력하여 백신을 관리하고 투여하는 일에 4만 명을 훈련시

컸다. 일단 백신을 확보한 나라는 그것을 저장하고 희석하는 방법과 환자들의 접종 후 부작용을 모니터링하는 방법을 알아야 했다.

2021년까지 화이자 백신을 먼저 예약 주문한 나라는 대부분 고소득 국가들이었다. 유럽, 미국, 일본, 영국이 대표적인 사례였다. 불행하게도 많은 나라, 특히 중·저소득 국가들은 mRNA 기술이 그 당시 검증되지 않았다는 이유나 다른 회사들이 현지 제조를 약속했기 때문에 타사 백신만을 접종하기로 결정했다. 현지 지사에서 열심히 설득했지만 해당 국가 지도자들의 마음을 되돌리는 데는 실패했다.

엑셀 스프레드시트를 살펴보면서 화이자 백신 보급이 고소득 국가 위주로 편중되는 상황이 우려스러웠다. 우리에게 주문하지 않은 중·저소득 국가들을 설득하기 위해 개인적인 노력을 기울였다. 국가 지도자들에게 편지를 써서 보냈고, 현지 팀들도 후속 조치를 취했지만, 역시 대부분 성공하지 못했다. 2020년 10월 화이자가 가장 먼저 환자들에게 신속하게 백신을 공급할 것이라는 게 분명해졌지만, 몇몇 국가만이 추가로 백신 주문 명단에 이름을 올렸을 뿐이었다. 불평등을 해소하기에는 여전히 중·저소득 국가로부터의 주문이 충분하지 않았다.

물밑에서 벌어진 백신 전쟁

백신의 효과가 공식적으로 확인되자 상황은 급변하기 시작했다. 먼저 1억 회분을 주문했던 미국 정부가 1억 회분의 추가 주문을 요청해왔다. 실은 몇 달 전 이미 생산물량이 완판되기 직전이라 OWS에 1억 회분의 추가 주문을 요청했지만 거절당했다. 그래서 내가 직접 OWS 지도부에 연락해서 유럽이 2억 회분을 주문했으니, 똑같이 대비하는 것이 현명할 것이라고 재차 이야기했다. 단지 주문량이 부족해서 미국 정부가 미국 회사로부터 백신을 공급받지 못한다는 건 황당한 일이라고 말했던 것으로 기억한다. 또 우리는 약속한 대로 확정된 주문에 따라 엄격하게 생산량을 배분하는 원칙을 고수할 생각임을 재확인했다. 다시 말해서 나중에 그들의 생각이 바뀌어도 이미 다른 나라에서 주문받은 백신을 미국 쪽으로 돌리지 않겠다는 의사를 전달한 것이다. 그런데도 OWS는 이번에도 우리 제안을 거절했다.

그런데 이제 그들은 1억 회분의 추가 접종분을, 그것도 당장 받기를 원했다. 처음 6개월 동안 예상했던 모든 공급량이 이미 다른 나라에 할당된 상태여서 6월 이전에 백신의 추가 공급은 어려운 상태였다. 연말에는 공급이 가능했지만, 다른 여러 이유로 인해 논의는 지연되었다. 바로 그때 트럼프 대통령의 사위이자 백악관 수석고

문인 재러드 쿠슈너Jared Kushner가 이 문제를 해결하기 위해 내게 연락해왔다.

미국에 1억 회분을 추가로 공급하는 건 복잡하지 않은 문제였지만, 기존 계약에 따라 백신을 추가 구매할 기회를 관료주의가 훼방놓고 있었다. 백신이 이제 막 승인되었기 때문에 그들은 백신이 승인 후보일 때 구입하기로 했던 이전 계약서를 파기하고 재협상하기를 원했다. 우리는 처음부터 다시 협상하고 싶지 않았다. 첫 번째 계약에도 몇 주가 걸렸기 때문에 재협상은 '판도라의 상자'였다. 이런 가운데 트럼프 행정부가 충분한 양의 백신을 확보해놓지 않았다는 비판 여론이 거세졌다. 재러드는 문제를 파악하기 위해 연락한 것이었다. 나는 재협상을 요청받은 상황을 설명했고, 재러드는 터무니없는 관료주의라며 적임자를 찾겠다고 약속했다.

재러드의 개입으로 우리는 합의점을 찾았고, 이후 며칠 동안 몇 차례의 전화 통화 끝에 변호사들이 상호 합의된 해결책을 내놓았다. 그런데 이번에는 배송 일정을 둘러싼 문제가 다시 불거졌다. 재러드는 1억 회분의 추가 접종분을 아주 최단 시간 내에 납품해달라고 요청했다. 2021년 2분기 중 전량을 납품하라는 것이었다. 그러려면 미국보다 먼저 발주한 캐나다, 일본, 중남미 국가로 갈 물량을 가져와야 했다. 이 나라들은 모두 2분기 중 백신을 공급받을 것으로 예상하고 있었다. 나는 재러드의 요청을 거절했고, 다시 열띤 논쟁이 벌어졌다. 나는 그에게 이미 OWS 책임자인 몬세프에게 미국을 위해 다른 나라와 계약한 백신을 빼내 오는 일은 없을 것임을 분명히 밝혔고, 첫 번째 계약 당시 OWS에 주문량을 늘리라고 간청하다시피 했으나 그들이 거듭 거절했다는 점을 다시 상기시켰다.

하지만 재러드는 꿈쩍도 하지 않았다. 그의 마음속에는 무슨 일이 있어도 미국이 우선이었다. 내 마음속에서는 공정싱이 우선이었고, 그는 우리가 캘러머주 공장에서 생산한 백신을 다른 국가에 보내기 전에 미국이 1억 회분의 추가 접종분을 받아야 한다고 주장했다. 그러면서 자신이 정부를 대표하며, 정부의 뜻을 관철하기 위한 '조치'를 취할 수 있다는 점을 강조했다.

내 대답은 이랬다. "그렇게 하세요, 재러드. 일본 총리가 저 말고 당신에게 올림픽 취소에 대해 불평하는 게 저한테는 더 좋습니다."

감사하게도 생산팀이 계속해서 기적을 일으켰다. 나는 4월부터 7월 사이에 다른 나라에 대한 공급을 중단하지 않고서도 미국에 추가 물량을 제공할 수 있다는 업데이트된 생산 일정표를 받았다. 이 정도면 합리적인 절충안이었고, 결국 계약이 체결되었다. 이틀 뒤 재러드가 트럼프 대통령의 별장이 있는 마라라고 리조트에서 전화를 걸어와 협력에 대해 감사를 표시했고, 우리는 좋은 분위기 속에 이번 일을 매듭지었다.

그런데 한 달 뒤 EU와도 같은 일이 되풀이되었다. 유럽연합 집행위원회European Commission(이하 EC)는 회원국들로부터 유럽에서 제조된 백신의 해외 수출을 금지하라는 압박을 강하게 받았다. 영국 제약사인 아스트라제네카AstraZeneca가 백신 공급에 실패하자 그들에게 큰 기대를 걸었던 유럽의 지도자들은 정치적 난국에 빠졌다.

유럽 국가들은 화이자가 피르스에서 생산한 백신을 EU 외 지역에 수출하려면 사전에 많은 자료를 제출하도록 하는 수출 통제 시스템을 가동했다. 수출 금지 조치는 아니었지만, 벨기에 생산 현장에 상당한 행정적 부담으로 작용해 불평불만이 계속 쏟아져 들어왔다. "보스, 뭔가 조치를 취해주세요. 백신을 생산하고 운송하기 위해 이렇게 애쓰고 있는 사람들이 추가 서류 작업까지 해야 하다니요. 모두 지쳤습니다. 그렇다고 다른 사람들을 지금 당장 훈련시킬 수도 없는 노릇이고요."

나는 우르줄라 폰 데어 라이엔Ursula von der Leyen EU 집행위원장에게 전화를 걸어 이러한 요구사항들을 완화해줄 것을 요청했다. 우리가 배송 일정을 맞추려면 수출 통제 완화 조치가 필요하다는 말도 덧붙였다. 하지만 우르줄라는 통제를 유지해야 한다고 반박하면서, 유럽에서 생산하는 백신의 절반은 EU 외 지역으로 수출되는 반면 미국에서 생산되는 백신은 미국 외 지역으로 전혀 수출되지 않는다는 점을 지적했다.

그녀의 주장은 옳았다. 미국 정부와 협약 시 따르기로 한 방위

비 조달법Defense Procurement Act(이하 DPA)에 따라 백신을 미국 외 지역으로 수출할 경우 민형사 소송을 모두 감수해야 했다. 따라서 미국 정부가 백신 수출 자체를 금지하지는 않았지만, DPA의 엄격한 지침에 따라 임의로 수출했다가는 큰 파장을 불러일으킬 수 있었다. 나는 우르줄라에게 이런 내용을 알고 있는지 물었다. 그러면서 특정 국가에 백신을 보낼 때마다 제출해야 하는 필수 정보만이라도 줄여달라고 요청했다. 그녀는 가능할지 문의해보겠다고 약속했다. 그녀는 항상 약속을 지키는 사람이었기에 나는 그녀가 그렇게 해줄 것이라고 믿었다.

우르줄라와는 코로나19 위기를 통해 인연을 맺게 되었는데, 2021년 1월 5일 백신 할당 문제로 처음 통화했다. 그녀는 앙겔라 메르켈 독일 총리 내각에서 국방장관을 역임하는 등 탁월한 관료로 일했다. 이후 몇 달 동안 나는 백신, 바이러스 변이, 제조에 관해 문자나 전화로 소통하면서 그녀와 친밀한 관계를 쌓아나갔다. 그녀는 모든 주제에 대해 잘 알고 있었고, 백신 공급 일정을 앞당겨달라고 요구할 기회가 생기면 놓치는 법이 없었다. 그녀에게는 원하는 것을 얻어내는 놀라운 능력이 있었다.

백신의 조달과 평등의 문제

코로나19 초창기에 WHO와 회원국들은 코로나19 대응 국제 협력 계획인 ACT-A Access to COVID-19 Tools Accelerator를 출범시켰다. 이 것은 파트너십이 아니라 서로 다른 부문에 걸친 협업 플랫폼이었 다. ACT-A는 네 가지 전략을 우선적으로 추진하기로 했는데, 그 중 하나가 코백스covax를 통한 백신의 조달과 평등한 분배였다. 코 백스의 목표는 백신 개발, 생산 및 백신에 대한 접근 속도를 평등하 게 높이는 것이다. 코백스는 WHO, 감염병혁신연합Coalition for Epidemic Preparedness Innovations(이하 CEPI), 세계백신면역연합Global Alliance for Vaccines and Immunization(이하 Gavi), 전달 파트너인 유니세프United Nations Children's Emergency Fund(이하 UNICEF) 등 여러 글로벌 보건기구들이 공동으로 이끌고 있다. 코백스의 목표는 소득 수준과 상관없이 모든 국가에 코로나19 백신을 얻을 공평한 기회를 주는 것이다. Gavi가 92개 중 하위 및 저소득 국가를 지원하기 위해 고안한 자금 조달 기구인 코 백스 AMC는 개발도상국이 나머지 국가들과 동일하게 백신을 구 할 수 있게 보장해주는 중요한 도구다.

역사적으로 공공 부문과 혁신 제약사 간의 관계는 순탄치 않 았다. 특히 WHO는 제약업계와 자주 논쟁을 벌였고, 업계와의 협 력 방안에 관한 엄격한 통제 규정을 운영해왔다. 그러다가 2017

년 아프리카 출신으로는 처음으로 테드로스 아드하놈 게브레예수스_{Tedros Adhanom Ghebreyesus} 박사가 5년 임기의 WHO 사무총장으로 새로 선출되면서 공공과 민간 파트너십에 대한 새로운 비전과 이해를 수용하기 시작했다. 아프리카 북동부에 있는 나라 에리트레아에서 태어난 테드로스 사무총장은 에티오피아 보건부 장관을 역임하며, 가장 외딴 지역에서조차 '보편적 의료보험'과 의료서비스를 제공받는 토대를 구축하며 국가 의료 시스템의 전반적인 개혁을 이끌었다.

그는 WHO 수장으로서 "우리의 비전은 일부를 위한 건강도, 대부분을 위한 건강도 아닌, 부자와 가난한 사람, 정상인과 장애인, 노인과 젊은이, 도시와 시골, 시민과 난민 모두를 위한 건강입니다. 장소와 사람을 구분하지 않는 모두의 건강입니다."라고 선언했다.

그의 선언을 들었을 때쯤 나는 CEO가 될 준비를 하고 있었다. '화이자에서 내가 꿈꾸는 비전이 바로 이것'이라는 생각이 들었다. 더 나은 선언은 존재할 수 없었다.

우리는 과거에 WHO와 일하기가 쉽지 않았지만, 테드로스 사무총장의 임무와 우리의 가치관은 아주 많은 부분에서 일치했다. 2020년 8월 팬데믹이 한창일 때 유럽 출장을 앞두고 나는 팀원들에게 그와 미팅을 잡아달라고 요청했다. 그러나 테드로스 사무총장이 바이오 제약회사 CEO와의 만남을 원치 않을 것 같다는 소식을 듣고 크게 실망했다. 그가 산업협회를 통해 일하는 것을 선호한다는 것이었다. 세상을 위해 함께 싸울 소중한 기회를 날려버린 것 같았다.

그러다가 선입견이 우리 대화를 막고 있었다는 사실을 깨달았다. 12월 13일 일요일 아침 왓츠앱 메신저로 다음과 같은 메시지를 받았다. "앨버트, 평안하길 바랍니다. WHO의 테드로스입니다. 코로나19 문제와 관련해 몇 분만 시간을 내주면 감사하겠습니다. 괜찮은 시간을 알려준다면 약속을 잡겠습니다. 테드로스."

우리 팀이 보고한 내용을 기억했기에 이 문자를 보고 무척 놀랐다. 나는 즉시 답장했고, 다음 날 그와 이야기를 나눌 수 있었다. 나는 우선 그가 먼저 연락해줘서 얼마나 기쁜지를 이야기했다. 트럼프 대통령에 의해 미국이 WHO에서 탈퇴했을 때 나는 매우 실망했다고 전했다. 나는 그에게 해결책을 찾고 백신과 치료에 대한 평등한 접근을 보장하기 위해 함께 일하기를 기대한다고 말했다.

논의는 아주 잘 진행되었다. 테드로스는 취약 계층에 깊은 관심이 있었다. 그러한 교감 때문에 4개월 전 제네바를 방문했을 때 편견으로 미팅을 성사시키지 못해 아쉬웠다는 말을 전하고 말았다. 그러자 그는 "제 사무실은 저를 만나고 싶어 하는 모든 분을 위해 열려 있습니다."라고 말했다. 나는 그의 말을 믿었다.

첫 만남을 계기로 우리는 지속적으로 매우 생산적이고 따뜻한 관계의 장을 이어갔다. 대체로는 왓츠앱으로 연락했다. 직원들도 마찬가지였다. 그의 팀은 우리가 코백스와 계약을 맺도록 지원해줬다. 화이자가 제약회사 중 최초로 코로나19 백신을 출시했을 때 전 세계의 안전을 기원하는 우리의 바람에 따라 다방면으로 협력했고, 결국 이러한 협력의 첫 결실을 맺게 되었다. 다만 그렇게 되기까지는 쉽지 않았다.

나는 코백스 지도부에 화이자가 저소득 국가에 백신을 원가에 제공하고 있다고 말했지만, 그들은 고소득과 중소득 국가들을 위한 가격에도 계속 신경을 썼다. 이런 상황을 보면서 나는 코백스 지도부가 저소득 국가에 대한 백신 공급을 우선적 해결 과제로 여기지 않는다는 것을 깨달았다. 그들은 WHO를 중심으로 한 글로벌 백신 허브를 만들기 원하는 것 같았다. 하지만 이것은 문제가 있는 생각이었다. 부유한 나라는 백신 제조업체와 직접 협상할 수 있다. 그런 나라들에게 백신 확보는 국가 안보와 직결되기 때문이다. 그러나 저소득 국가에는 코백스가 필요했다. 그런데 코백스가 추구하는 바는 전 세계 국가의 백신 확보 능력의 현실과는 동떨어졌다. 나는 코백스가 기계적 평등에 집중함으로써 더 많은 관심이 필요한 나라를 배제하게 되었다고 생각한다. 그들의 도움이 정말로 필요한 나라는 최저소득 국가들이었다.

1월 화이자와 바이오엔테크는 2021년 중에 최대 4000만 회 접종분의 코로나19 백신을 코백스 측에 공급한다는 사전 구매 계약을 체결했다. 솔직히 말해서, 고작 4000만 회 접종분의 백신은 코백스가 세운 야심 찬 목표를 달성하기에는 턱없이 부족했다. 나는 깜짝 놀라서 정말로 그 정도면 된다고 확신하는지, 코백스가 설정한 예상치를 충족시킬 방안이 있는지 물었다. 나는 코백스가 주요 전략 파트너로 아스트라제네카와 협력하기로 했다는 말을 들었다. 아스트라제네카는 게이츠 재단Gates Foundation의 자금을 사용하여 거대 백신 제조업체인 인도 혈청연구소Serum Institute of India(이하 SII)와 기술이전 계획을 세웠다. 하지만 그 계획은 좋은 효과를 내지 못했다. 아스트라제네카 백신이 인도에서 발생한 돌연변이를 막지 못하자 남아프리카공화국이 이 회사가 생산한 백신 접종을 보류하는 바람에 회사 측은 예정된 물량을 생산할 수 없게 되었다. 더 심각한 문제는 2021년 5월에 코로나바이러스가 인도에 퍼지면서 많은 나라가 국경을 봉쇄하기 시작했다는 점이다.

인도에서 시작된 두 번째 위기

2021년 봄, 세계 대부분의 지역에서 코로나19 신규 확진자가 감소하는 반가운 현상이 나타난 반면 인도 등 남아시아 국가들의 코로나19 확진자 수 그래프는 《이코노미스트》 말대로 '히말라야 경사'처럼 가파르게 상승했다. 4월 30일이 되자 인도의 일일 코로나19 신규 확진자 수는 40만 명을 돌파했고 인구의 4분의 1이 양성반응을 보였다. 사망자도 급증했다. 세계에서 두 번째로 인구가 많은 인도에서 공중보건 위기가 발생했다는 것은 모든 곳에 위기가 터졌음을 의미했다.

우리는 2020년 8월에 세계 다른 모든 나라에 제출한 것과 동일한 신청서를 인도 규제당국에 제출했지만 화이자 백신은 인도에서 승인되지 않았다. 인도는 자국의 복제약 산업을 철저히 보호하기 때문에 해외에서 제조되는 백신을 등록하기란 매우 까다로웠다. 우리는 인도 공공병원에 코로나19 백신 이외의 다른 의약품을 제공하는 등 우회해서 원조하기 위해 정부와 논의를 시작했다. 화이자의 1분기 실적 발표일 전날, 인도의 사망자 수가 폭증할 때 나는 인도 정부가 요청한 코로나19 치료용 화이자 의약품을 인도에 기부하겠다는 약속을 인도 동료들에게 전했다. 우리는 인도 전역의 공공병원에 입원한 코로나19 환자가 향후 90일 이내에 필요한 화이자 의약품을 무료로 지원받도록 충분한 양의 기부를 약속했다. 화이자는 인도뿐 아니라 전 세계에 코로나19로 고통받는 모두와 연대하여 가능한 모든 도움을 줄 것이라는 결론도 덧붙였다.

5월 3일 인도 동료들에게 보낸 편지에는 이렇게 적었다. "우리가 공중보건 지원을 확립하고 인도 정부와 함께 백신 보급에 필요한 길을 개척하기 위해 일하는 동안 여러분과 여러분이 사랑하는 사람들을 가장 중요하게 생각하고, 그들을 위해 기도한다는 사실을 알아주시기 바랍니다."

상황이 심각해지자 인도는 현지에서 생산한 아스트라제네카 코로나19 백신 수출을 전면 금지하기로 결정했다. 불행하게도 그때까지 코백스는 대부분의 계획을 이 백신을 기준으로 세워놓고 있었다. 이 계획이 수포로 돌아가자 이번에는 우리에게 상당량의 백신을 요구했다. 우리는 그 요구를 받아들였지만 한 가지 조건을 달았다. 모든 백신이 코백스 AMC 국가, 즉 전 세계 92개 최저소득 국가와 경제 취약 계층에게 가야 한다는 것이었다. 코백스가 모든 회원국에 백신을 공급하려는 계획을 고수했기에 이 같은 우리의 요구는 또다시 협상의 걸림돌이 되었다. 코백스는 화이자가 제공하는 백신을 빈부 차이와 상관없이 우리와 합의한 방식에 따라서 모든 나라에 나눠주길 원했다. 우리는 그런 생각을 받아들일 수 없었다. 결국 가장 필요한 곳에 백신을 공급하자는 공통된 목표에 따라 논의를 재개했다.

이런 가운데 캐서린 타이Katherine Tai 무역대표부Trade Representative (이하 USTR) 대표가 미국이 세계무역기구World Trade Organization(이하 WTO)에서 코로나19 백신에 대한 무역 관련 지식재산권Trade Related

Aspects of Intellectual Property Rights(TRIPs) 면제를 지지하겠다고 전격 발표했다. 지식재산권은 1994년 4월 체결되어 1995년 1월 1일부터 발효된 국제법적 협약이다. 이 협약으로 지식재산법이 처음으로 다자간 무역체계에 도입되었다. 인도와 남아프리카공화국이 2020년 10월 백신에 대한 지식재산권 적용 일시 면제를 WTO에 처음으로 제안했지만, 이후 1년 넘게 논의만 진행되고 있을 뿐 합의가 도출되지는 않았다. 흥미로운 사실은, 두 나라가 세계 최대 복제약 생산국이라는 것이며, 이러한 면에서 많은 사람에게 그들의 제안은 자국의 잇속만 챙기려는 제안으로 보였다.

발표 일주일 전 타이 대표는 코로나19 백신의 전 세계 공급에 대해 논의하자며 내게 연락했다. 그녀에게 지난 몇 달 동안 화이자가 제조 인프라에 10억 달러(한화 약 1조 2000억 원) 이상을 투자한 것을 포함해서 코로나19 백신 개발에 20억 달러(한화 약 2조 4000억 원) 이상을 투자했다는 점을 알릴 기회였다. 그런 투자 덕에 우리는 중하위 소득 국가에 전달될 최소 10억 회분을 비롯해 2021년 말까지 총 30억 회분의 코로나19 백신을 생산할 예정이며 소득에 따른 가격 모델에 따라 전 세계 중하위 소득과 저소득 국가들에 백신을 원가로 공급할 것임을 상기시켰다.

지식재산권은 백신 증산을 가로막는 걸림돌이 아니며, 백신을 더 빨리 생산할 수 없는 이유는 생산 인프라가 부족해서가 아니라 원재료가 부족하기 때문이었다. 지식재산권이 면제되면 공급망에 혼란이 가중돼 모두가 위험해질 뿐이다. 나는 또한 더 가난한 나라로 가는 백신의 양을 늘리는 좋은 방법은 미국 정부가 DPA에 따라서 생산된 백신 물량을 라틴아메리카와 아프리카로 수출할 수 있도록 허가해주는 것임을 재차 강조했다. 지금은 미국 정부의 수출 제한 조치를 따르기 때문이다. 우리는 유럽의 생산 현장에서 생산된 물량만 이들 국가에 수출하고 있었다.

이처럼 구체적인 요구를 몇 차례 반복했지만, 그녀는 답을 주지 않았다. 통화는 매우 정중한 분위기 속에서 진행됐지만, 전화를 끊었을 때 느낌은 그다지 좋지 않았다. 이번 팬데믹 중에 정부 관계자들과 했던 논의가 모두 유쾌했던 건 아니다. 그러나 대화 상대(이 경우에는 컴퓨터 화면 속에 있는 사람)가 내가 주는 정보를 받아들이지 않는다고 느낀 것은 이번이 처음이었다. 이미 마음을 굳힌 상태에서 형식적인 절차로서 나와 논의한 것 같았다. 그렇지만 일주일 뒤에 그녀가 인도와 남아프리카공화국이 한 제안에 대한 미국의 지지를 발표할 것이라고는 전혀 예상하지 못했다.

2021년 5월 5일 아침, 나는 타이 대표가 발표한 성명서를 읽었다. 미국이 지식재산권 보호를 약화시키는 지식재산권 면제를 지지할 것이라는 내용이었다. 화가 치밀어 올랐다. 미국 정부가 코로나19 백신 수출을 금지하는 동안 USTR은 미국 기업의 지식재산을 훔치려는 거대 복제약 산업을 둔 국가들의 제안을 지지하고 있다는 데 대해 울화가 터졌다. USTR은 미국 산업의 이익을 보호하기 위해 존재했다. 하지만 나는 그들이 우리를 곤경에 빠뜨렸다고 생각했다. 나는 화가 난 나머지 내 백악관 연락책에 "배신감을 느꼈다."는 문자 메시지를 보냈다. 이틀 뒤인 5월 7일 나는 화이자 동료들에게 글로벌 공급 상황을 설명하는 편지를 보냈다. 그 편지는 어떠한 사탕발림 없이 있는 그대로를 이야기하려는 내 노력이었다.

동료 여러분,

USTR이 일부 코로나19 백신에 대한 지식재산권을 면제하는 방안을 논의하겠다고 발표해 전 세계에 혼란을 초래했습니다. 화이자는 코로나19 백신을 공정하고 평등하게 분배하기 위해 충분히 노력한 걸까요? 지식재산권 면제가 해결책이 될까요, 아니면 더 많은 문제를 일으킬까요? 저는 오늘 이 질문들에 대해 논의하기 위해 이 글을 씁니다.

창립 이래 공정하고 평등한 분배는 우리에게 '북극성'과 같은 것이었습니다. 모든 국가가 우리의 코로나19 백신을 확보하려면 두 가지 조건이 충족되어야 합니다. 먼저 가격은 누구나 감당할 수 있는 수준이어야 하며, 다음으로 모두가 접종할 수 있는 충분한 양의 백신이 착오 없이 생산돼야 합니다.

첫 번째 조건은 초기에 충족되었습니다. 2020년 6월에 우리는 차등화한 가격책정 방식에 따라 백신을 제공하기로 했습니다. 고소득 국가들에 '한 끼 밥값' 범위 내에서 백신을 판매하면, 그들은 자국민에게 무료로 백신을 접종해야 합니다. 중소득 국가에는 그 가격의 절반, 저소득 국가에는 원가에 제공하기로 했습니다. 가장 가난한 지역사회 중 다수는 무상으로 백신을 기부받을 것입니다. 평등은 우리가 모두에게 똑같이 나눠준다는 뜻이 아닙니다. 그것은 더 필요한 사람에게 더 많이 줘야 한다는 뜻입니다.

두 번째 조건을 충족시키기가 훨씬 힘들었지만 우리는 놀라운 속도로 목표에 도달하고 있습니다. 우리 과학자, 엔지니어, 숙련된 근로자 들의 뛰어난 능력과 노고, 회사 차원의 수십억 달러 규모의 투자 덕분에 2021년 25억 회 접종분 이상을 전 세계에 공급하겠다고 발표할 수 있었습니다. 실제 내부 목표는 30억 회분입니다. 그래서 우리는 공급 계획을 무난히 달성할 수 있습니다. 올해 30억 회분을 생산한다면 2022년에는 40억 회분을 달성할 수 있을 것입니다. 이 백신은 부자나 빈자 또는 북쪽이나 남쪽에 사는 사람들만을 위한 것이 아닙니다. 모두를 위한 것입니다. 우리는 116개국과 백신 공급 계약을 체결했고, 2021년에 총 27억 회분에 가까운 양을 공급하기 위해 더 많은 국가와 사전 협상을 진행 중입니다. 모든 협상이 마무리되면 2021년에 그중 40퍼센트인 10억 회분 이상이 중·저소득 국가로 갈 것이라고 예상합니다.

이것은 분명히 또 다른 의문으로 이어집니다. 지금까지 우리는 대략 4억 5000만 회분을 출하했지만, 고소득 국가들이 공급을 받기에 더 유리한 상황입니다. 왜 그럴까요? 우리가 차등화한 가격정책을 만들었을 때 모든 국가에 연락해서 미리 할당량을 차지하도록 선주문을 요청했습니다. 하지만 실제로는 대부분의 고소득 국가만이 백신을 예약했습니다. 그래서 개인적으로 고민에 빠진 저는 편지와 전화, 심지어 문자로도 많은 중·저소득 국가 정상에게 연락해서 물량 확보를 위한 백신 예약을 촉구했습니다. 그러나 그들은 당시 mRNA 기술이 검증되지 않았거나 이미 현지 생산 옵션을 제안받았다는 이유로 다른 백신 제조사를 선택했습니다. 일부는 우리의 백신을 승인조차 하지 않았습니다. 그런데 불행하게도, 다른 백신 제조업체들은 다양한 기술적 이유로 공급 약속을 지킬 수 없었습니다. 처음에 우리를 선택하지 않았던 나라들 대부분이 우리를 찾았고, 경이로운 증산 덕에 그 요청에 맞게 공급 협정을 맺을 수 있었습니다. 2021년 하반기가 되면 공급 균형이 맞춰지고, 2022년에는 모든 국가에게 사실상 충분한 공급이 이뤄질 것으로 기대합니다.

지난주 저는 이러한 사실을 USTR 대표에게 알리고, 그들의 지식 재산권 면제 제안이 왜 혼란을 초래할 수밖에 없는지를 설명했습니다. 여기에서 두 번째 질문을 던지게 됩니다. USTR의 면제 제안은 공급 상황을 개선해줄까요, 아니면 더 많은 문제를 일으킬까요? 이 질문에 대한 제 대답은 단연 후자입니다.

우리가 백신을 만들었을 때 전 세계 어느 곳에서도 mRNA 백신이나 의약품을 제조하는 곳이 없었습니다. 우리가 생산 인프라를 처음부터 만들어야 했던 이유입니다. 화이자는 172년 동안 고품질의 의약품을 제조해온 전통, 대규모 자본, 그리고 무엇보다도 숙련된 과학자와 엔지니어, 제조 근로자의 헌신 덕분에 기록적인 시간 내에 전례 없이 가장 효율적으로 생명을 구하는 백신 생산 기계를 개발했습니다. 현재 생산 인프라는 우리가 더 빨리 백신을 생산하는 데 걸림돌이 되지 않습니다. 다만 한 가지 제약은 원료 부족입니다. 280가지의 서로 다른 재료나 구성 요소는 19개국에 있는 다수의 공급업체가 생산 중입니다. 그들 중 다수는 증산을 위해 우리로부터 기술적·재정적 지원을 받아야 했습니다. 모든 원자재는 생산 즉시 화이자의 시설로 출하된 뒤 백신으로 생산되며 곧장 전 세계(현재까지 91개국)로 운송됩니다. 코로나19 백신의 지식재산권 면제 제안은 원료의 흐름을 방해할 위험이 있습니다. 면제 조치가 내려지면 안전하고 효과적인 백신을 만드는 데 필요한 중요한 재료를 구하려는 쟁탈전이 치열해질 것입니다. 백신 제조 경험이 거의 혹은 아예 없는 기업들이 우리가 생산 규모를 늘리는 데 필요한 바로 그 원료를 구하려고 쫓아다닐 가능성이 커지면서 모두의 안전을 보장할 수 없는 위험에 빠뜨릴 것입니다.

마지막으로 나는 특허 보호 면제가 다른 사람들이 큰 위험을 감수하고자 하는 동기를 잃게 만들까봐 걱정됩니다. 우리는 백신 개발의 성공 여부를 알기 전에 20억 달러를 투자했습니다. 무엇이 걸린 일인지 알고 있었기 때문입니다. 최근에는 코로나19 R&D에 6억 달러를 추가로 지출하는 안을 승인함으로써 2021년 우리의 총 R&D 비용은 100억 달러를 넘어설 것입니다. 백신 개발 성공 후 온갖 미사여구를 듣는다고 해서 과학에 대한 투자를 중단하지 않을 것입니다. 하지만 지식재산권이 보호된다는 전제하에 모집되는 투자금에만 전적으로 의존해 연구하는 소규모 생명공학 과학자들의 사정도 우리와 같을 거라고 확신할 수는 없습니다.

전 세계에 백신을 접종하고 팬데믹을 종식시키는 것은 어렵지만 달성해야만 하는 중요한 과업입니다. 우리는 안전하고 효과적인 고품질 백신을 전 세계 환자들에게 가능한 한 빨리 제공함으로써 이 치명적인 팬데믹을 끝내기 위해 온전히 집중하고 있습니다. 다시 한번 강조합니다. 나는 정치가 우리의 일을 방해하지 못하게 만들 것이며, 계속해서 우리가 가장 잘하는, 환자들의 삶을 변화시키는 혁신을 찾아나갈 것입니다.

USTR의 결정이 발표된 직후 충격을 받은 것은 나만이 아니었다. 이후 여러 나라 대통령 및 총리 들과 통화하면서 모두 USTR의 제안에 대해 자신들이 얼마나 많이 놀랐는지 알려주었다. 그들 모두 비공식적 발언임을 전제로 USTR의 제안은 어불성설이라고 전했다. 한 걸음 더 나아가, 개인적으로 지식재산권이 보호되지 않는다면 세계는 지금 당장 코로나19 백신을 접종할 수 없을 것이라고 생각한다는 사람도 많았다. 어떤 사람은 내게 그런 결정을 한 배경을 아는지 물었다. 내가 보기에 그들은 지식재산권 면제가 어떤 성과를 거두리라고 기대하지 않으며, 제약산업에 날을 세우는 진보 진영에 아무런 권한도 없는 무언가라도 주고 싶어서 그런 것 같다고 말했다. 나는 아직도 한 EU 국가 지도자가 보여준 반응을 기억한다.

"너무 무책임한 결정이네요."

대화를 나눈 지도자 중 한 사람은 우르줄라 집행위원장이었다. 나는 그녀와 통화하면서 2021년에 적어도 10억 회분의 백신 접종분이 중·저소득 국가를 위해 할당되었다고 설명해주었다.

그녀는 화이자의 백신 제공 계획을 듣고 놀라워하면서 그것이 공공연하게 알려진 사실인지 궁금해했다. 그러면서 이 사실을 공론화하기 위해 로마에서 열리는 글로벌 보건 정상회의Global Health Summit 연사로 나를 초대했다. 물론 화이자가 2021년뿐만 아니라 2022년에도 백신 공급을 약속한다면 얼마나 좋을지도 덧붙였다.

나는 즉시 그 제안을 수락했다. 5월 말 로마에서 열린 글로벌 보건 정상회의에 화상으로 참석하여 2021년 중·저소득 국가에 화이자가 10억 회 접종분의 백신을 제공할 것이라는 계획을 공유했다. 그리고 2022년에 이 나라들에 10억 회분을 추가로 제공하겠다고 약속했다.

나는 "이번 공급 조치로 전 세계적으로 더 많은 생명을 구할 수 있는 우리의 능력을 더 빨리 키울 수 있을 것으로 기대한다."고 짧게 말했다.

백신 평등을 위한 우리의 약속

이후 몇 주 동안은 마음을 진정시키며 여러 가지 일을 다시 정리해봤다. 나는 USTR의 결정에 실망했고 행정부와의 관계에 그림자가 드리워진 것 때문에 기분이 좋지 않았다. 그리고 더 중요한 것은 정부와 함께 이룰 수 있는 유의미한 일을 더 이상 할 수 없게 된 것이었다. 나는 분노 같은 감정에 휘둘리지 않아야 했다. 백악관과 탄탄한 관계를 구축하는 가장 좋은 방법은 화이자의 정체성에 걸맞게 코로나19로 계속되는 보건 위기에 대한 해결책을 제안하는 것이었다. 미국은 자국에서 생산한 백신 수출을 제한하거나 백신으로 얻은 경제적 이득을 나누지 않는 데 부담을 느끼고 있었다. 우리가 분명 도움이 될 것이다.

생각을 실천에 옮기고 싶은 바람으로 백악관 코로나19 대응 코디네이터인 제프 제인츠Jeff Zeints와 통화 약속을 잡았다. 그와는 코로나19 대응책 이슈로 여러 차례 이야기를 나눠본 적이 있었다. 바이든 행정부의 일원으로서 코디네이터 역할을 맡은 1월 이후 그는 미국의 대응을 매우 성공적으로 이끌어왔다. 나는 정부와 기업에서 모두 유능하며 내가 신뢰하고 함께 일할 수 있는 사람으로서 그를 존경했다. 하지만 지식재산권 면제 발표 이후로는 연락이 없었다. 제프도 내가 분노했다는 이야기를 듣고 내게 연락하지 않았던 게 분명했다.

우리의 통화는 다소 조심스럽게 시작되었다. 그런데 놀랍게도, 제프가 먼저 화이자가 추구할 방향을 정하고 함께할 기회를 찾아야 한다고 말해주었다. 나는 이것을 기회로 생각하고 아이디어를 제안했다. "힘을 합쳐 수억 회분의 백신을 생산해서 미국 정부가 원가로 구입하는 건 어떨까요? 그러면 미국 정부는 백신이 가장 필요한 국가들에 신속히 기부할 수 있습니다."

제프는 내 생각을 마음에 들어 했고, 우리는 이와 관련해 브레인스토밍을 시작했다. 우리는 어떤 나라에 백신을 기부할지 논의한 끝에 Gavi 92개국과 아프리카 연합African Union 국가들이 적합한 수혜 집단이 될 수 있다는 데 동의했다. 또한 미국 정부가 많은 나라에 백신을 보낼 때 생길 수 있는 물류 문제에 대해서도 논의했다. 나는 화이자에서 인프라가 부족한 국가들에 백신을 보급하는 복잡한 물류 문제를 해결하겠다고 약속했다. 이 아이디어는 바이든 백신 마셜플랜Biden vaccine Marshall Plan이라는 거대한 활동으로 구체화되었다.

제프는 머뭇거리지 않았고 내 제안을 즉시 대통령에게 보고했다. 우리는 법률과 물류에 관한 논의에 착수했다. 미국 정부는 백신 배포를 위해 코백스를 주요 메커니즘으로 활용하기를 원했지만, 우리는 미국 정부가 코백스에 백신을 기부한다면 긴급 지원이 필요한 AMC 92개국과 아프리카 연합에만 제공돼야 한다는 조건을 굽히지 않았다. 미국은 이를 코백스 이용 기준으로 삼고, 추가 조달 옵션을 붙여 5억 회분을 구매하기로 했다. 그것은 백신 평등 구현을 위한 중대한 발걸음이었고, 나는 우리가 그런 발걸음을 이끌고 있다는 사실이 자랑스러웠다.

다만 책임 조항과 관련해 우선 해결해야 할 난제가 하나 있었다. 미국에서는 보통 줄여서 'PREP법'으로 불리는 공공준비 및 비상대비법Public Readiness and Emergency Preparedness Act은 공중보건 비상사태 동안 팬데믹 퇴치에 사용되는 의약품과 장비를 만드는 바이오 제약회사 등이 특정한 책임을 면제받도록 보호해준다. 또한 이 법은 개인이 이러한 필수품들로 인해 피해를 봤을 때도 대신 보상해준다. 하지만 AMC 92개국과 아프리카 연합 소속 국가 대부분은 이러한 보호 장치를 가지고 있지 않았다. 특히 중·저소득 국가 정부나 사법 시스템은 팬데믹 발발 시기에 제조업체를 상대로 제기된 배상 요구를 판단할 준비가 잘 되어 있지 않았다.

따라서 우리는 양측에 공정하면서 현재 직면한 전례 없는 상황을 고려할 때 회사에 적절한 면책 특권을 부여해주는 방안을 각국 정부와 논의해야 했다. 우리는 우리가 만든 백신이 안전하고 효과적이라고 확신했다. 하지만 백신을 접종하는 환자 수가 워낙 많다 보니 전 세계 여러 국가에서 백신과 전적으로 무관한 건강 상태를 거론하며 화이자 백신을 비난할 수 있고, 법정에서 우리에게 불리한 주장을 펼 수 있으며, 이로써 회사를 심각한 재정적 위험에 빠뜨릴 수 있었다.

나는 소송에 휘말릴 가능성을 우려하는 한편, 아무런 근거가 없어서 우리가 직접 외국의 법체계를 알아보게 되더라도 어떻게든 해결책을 찾아야 했고, 책임 보호 문제가 백신이 세계 최빈국에 도달하는 데 걸림돌이 되지 않게 해야 했다.

이해득실을 모두 따져본 뒤 선택지를 밀고 나가면서 평등에 대한 우리의 약속을 존중하기로 했다. 우리는 코백스를 이용해 5억 회분의 백신을 전달하기로 합의함으로써 PREP법이 보호해주는 정도까지는 아니더라도 우리 회사를 법적으로 보호할 수 있었다. 그리고 무엇보다 가장 중요한 사실은 코백스 덕분에 화이자가 백신이 절실히 필요한 국가들에 백신을 적절하게 제공해줬다는 점이다. 나는 이런 방식을 통해 백신을 전달하기로 합의함으로써 개인적인 위험을 감수했지만, 회사 입장에서는 이것이 합리적인 선택이라고 느꼈기에 편하게 밤잠을 잘 수 있었다.

세부 사항이 정리되자 제프는 바이든 대통령이 6월 둘째 주 영국 콘월에서 열릴 예정인 G7 정상회담에 참석하는 동안 이번 협정을 발표하기를 원한다고 알려왔다. 그 생각은 천재적이었다. 전 언론의 관심이 G7 정상회담으로 모아진 상황에서 이 발표는 미국이 세계를 위해 옳은 일을 하고 있으며, 세계 무대에서 관대한 외교 파트너라는 이미지를 회복하기 위해 다시 노력하고 있음을 보여줄 좋은 기회였다.

G7 회담이 며칠 남지 않은 상황에서 서둘러 출장을 준비했다. 유럽에서 코로나19 여행 제한이 지속되고 있었기에 영국 정부로부터 특별 입국 승인을 받아야 했다. 우리 팀은 말 그대로 24시간 일했고, 백악관의 도움으로 비행기 이륙 예정 몇 시간 전에 겨우 허가를 받을 수 있었다.

6월 9일 영국행 비행기 안에서 '바이든, 유럽에서 미국 동맹 강화 목표'라는 제목의 《뉴욕타임스》 기사를 읽었다.

기사 일부 내용을 발췌하자면 이랬다. "바이든 대통령은 성공적인 백신 접종 프로그램과 경기 회복에 힘입어 일련의 정상회담에 참석해 미국이 다시 서구 세계를 이끌 준비가 되었다고 발표할 예정이다. 그에게 가장 중요한 과제는 트럼프 대통령이 가까운 동맹국들과 장기간 이어진 우호적인 관계에 재를 뿌리고, 나토에서 탈퇴하겠다고 위협하고, 푸틴 대통령과 다른 독재자들을 포용하며 그들의 힘에 감탄했던 지난 4년 동안 정상회담의 분위기와 거리가 멀었던 외교적 평온함을 되찾는 것이다."

비행기 창밖을 응시하던 도중 내일이면 이번 중대 발표로 세계가 깜짝 놀랄 것이라는 생각에 얼굴에 미소가 번졌다. 우리는 전 세계에 일대 파장을 일으켰다. 《뉴욕타임스》를 시작으로 《워싱턴포스트》, 《월스트리트저널》 등의 머리기사로 뉴스 피드가 가득해지자 더 이상 여유를 즐길 시간이 없었다.

우리의 백신 개발에 대한 이야기는 기자회견을 열기 24시간 전에 유출되었다. 보리스 존슨 영국 총리실에서 더 자세한 내용을 알기 위해 연락해왔다. 우리는 뉴스의 엠바고를 지켜야 할 의무가 있었기에 더 많은 정보를 구하려면 바이든 대통령의 집무실에 연락해볼 것을 간곡히 부탁했다. 뉴스 유출로 바이든 팀이 행사를 취소할까봐 걱정했지만, 우리는 계획대로 움직였다. 나는 준비차 발표문을 한 번 더 읽어보았다.

그날 저녁에 우리는 콘월 뉴키공항에 도착해서 해안가에 있는 호텔까지 짧은 거리를 차량으로 이동했다. 샐리 서스먼과 보안 책임자 팀 콘웨이Tim Conway가 함께 있었다. 팀은 경영진의 안전을 책임질 뿐만 아니라 복잡한 물류 문제까지 해결할 만큼 집중력이 높고 세심한 사람이다. 24년간 미국 비밀경호국에서 근무한 뒤 화이자에 입사했고, 우리에게 필요한 접근 및 면제 권한, 자격 증명을 얻기 위해 백악관과 세계 보안 분야 인맥과 협력했다. 팀은 신중한 사람이었지만, 함께 있으면 즐거웠다. 그에게 비밀경호국 시절의 이야기를 들으면서 특별한 시간을 보내다 보니 기분이 좋아졌다.

다음 날 아침 영국의 전형적인 안개가 긴 날, 우리는 좁고 관목이 늘어선 시골길을 따라서 G7 회담이 열릴 약 8만 8000평, 즉 축구장 35개 크기의 트레게나 캐슬Tregenna Castle 호텔로 이동할 때까지 숙소에서 일했다. 샐리와 나는 여러 보안검문소를 통과해 장시간 걸어간 뒤에 바이든 대통령을 만나 간단한 대화를 나누면서 물류 문제를 검토했다. 푸른 잔디밭에 우람한 나무를 배경으로 대통령 연단이 서 있는 모습은 장관이었다.

대통령이 먼저 걸어 나왔고, 내가 바짝 뒤따랐다. 이어 나는 대통령이 발언하는 모습을 지켜봤다. 그가 화이자 백신이 'mRNA 백신'임을 특별히 강조했을 때는 깊은 자부심을 느꼈다. 그가 미국이 좋은 물건을 출하하고 있다는 사실을 전 세계에 알리겠다는 뜻으로 받아들였다.

내가 발언할 차례가 되자 먼저 바이든 대통령의 지도력을 호평한 뒤 이렇게 말했다. "지금 세계의 시선은 백신이 가장 필요한 국가를 돕기 위해 한자리에 모인 G7 지도자들에게 쏠려 있습니다. 많은 선진국이 큰 발전을 이뤄냈지만, 지금 세계는 G7 지도자들이 책임감을 갖고 모든 나라 국민이 백신을 접종받을 수 있게 도와달라고 요구하고 있습니다."

나는 말을 이어갔다. "대통령님, 저는 우리가 대화를 나누면서 경제 상황, 인종, 종교, 지리와 상관없이 지구상의 모든 사람이 생명을 구하는 코로나19 백신을 마땅히 접종해야 한다는 공감대를 모았다고 생각합니다. 그리고 이 순간 분명히 밝혔듯이 다시 한번 미국이 그러한 부름에 응답했습니다."

이렇게 연설을 끝낸 나와 대통령이 카메라 세례에서 벗어나려고 하는 순간 영부인인 질 바이든Jill Biden 여사가 깜짝 포옹으로 화답했다. 줌으로는 대화할 기회가 있었지만 영부인을 직접 만난 것은 처음이었다. 그녀는 매우 온화했고, 차분하면서 또렷이 집중하는 분위기를 풍겼다. 대통령과 영부인, 샐리, 제프, 토니 블링컨Tony Blinken 국무장관, 그리고 나는 목가적인 분위기에서 잠시 가벼운 대화를 나눴다. 혹자는 미국의 코로나19와의 싸움에 참가한 사람들

중 압도적 다수가 이민자 집안 출신이라는 점에 주목했다. 나도 그들 중 한 명이라는 생각에 어깨가 으쓱해졌다.

우리가 작별 인사를 나눌 때 대통령은 악수를 하면서 주머니에서 무언가를 꺼내 내게 건넸다. 그는 "전장 지휘관들이 특출한 용기를 보여준 사람에게 주는 것입니다. 당신은 충분히 받을 자격이 있습니다."라고 말했다.

한쪽 면에는 대통령 직인이, 다른 한쪽 면에는 조셉 R. 바이든 주니어라는 이름이 새겨진 기념주화였다. 눈에서 눈물이 흘렀다. 나는 그것을 안전하게 보관하기 위해서 지갑에 넣었다. 우리의 강력한 백신이 접종 대상자들의 건강을 지켜줄 것이라는 공통된 바람을 상징하는 진정한 증표로 이 동전을 소중히 간직할 것이다.

9장

정치적
지뢰밭을
헤쳐나가기

"사람은 본래 정치적 동물이다."

고대 그리스 철학자 아리스토텔레스

백신 확보를 위한 긴밀한 협상

백신 평등은 처음부터 우리가 고수한 원칙 중 하나였다. 백신 외교, 즉 백신을 협상카드로 사용한다는 생각은 과거에나 지금이나 해본 적이 없다. 하지만 내 사무실은 대사관처럼 세계의 지도자들이 단축 버튼 하나만 누르면 곧바로 연결되는 곳이 되었다.

백신 외교의 역사는 프랑스와 영국 사이의 초기 전쟁에 뿌리를 두고 있다. 영국의 의사 에드워드 제너Edward Jenner는 1800년대에 우두바이러스를 사용한 천연두 예방에 관한 연구를 발표했다. 그가 만든 천연두 백신은 바다를 건너 프랑스로 운송되었다. 나폴레옹은 외교 관계에서 백신의 중요성을 간파하고 제너를 프랑스 국립연구소National Institute of France로 초빙했다. 나폴레옹은 프랑스 전역에 백신 전담 부서를 만들겠다고 선언했다. 나폴레옹 전쟁(1797~1815년 프랑스혁명 당시 프랑스가 나폴레옹 1세의 지휘하에 유럽의 여러 나라와 싸운 전쟁—옮긴이) 당시 프랑스와 영국이 싸우는 동안 외교관들은 포로 교환을 비롯한 여러 조건을 두고 협상했다. 나폴레옹은 백신을 협상카드로 쓰길 원했다. 그러나 제너는 동의하지 않았고, 동료들에게 "과학은 결코 전쟁에 끼어들지 않는다."는 유명한 말을 남겼다.

코로나19 팬데믹 기간에 거의 모든 국가 정상이 내게 연락해 감사 인사를 하거나, 추가 공급을 요청하거나, 공급량에 불만을 표했다. 직원들은 종종 선의로 전화를 대신 받거나 회신해주겠다고 제안했다. 마음은 고마웠지만 국가 정상(대통령, 왕, 총리, 부족장)이나 보건 장관 들에게 걸려온 전화를 내가 직접 받아 응대하는 것은 중요한 일이었다. 그들은 국민을 대표하는 사람이고, 우리는 그들이 대표하는 국민을 환자로 섬기고 있기 때문이다. 지도자들은 누구나 백신에 신경을 곤두세웠고, 초기에 공급이 제한적이었던 백신을 구하기 위해 간절히 매달렸다.

팬데믹 기간 여느 사람이 그렇듯 나는 주로 가족과 저녁식사를 함께했다. 가끔 내가 식사 시간에 전화를 받으면 모이스는 통화 내용을 듣고 다음과 같이 해설하곤 했다. "현명하지 않은 결정 같네요." "대화 내용보다는 아버지와 통화했다는 사실이 중요한 것 같아요." "협상이 빨리 진행되기는 어렵겠어요."

정치적 협상을 할 때는 긴장감이 흘렀기에 나는 모이스와 같이 있는 게 너무나도 행복했다. 아들이 어렸을 때 우리는 인토 삼촌이 내 아버지(아버지의 이름도 모이스다)에 관해 녹음해놓은 이야기를 함께 들었다. 우리가 두 분의 삶과 이야기를 더 잘 이해하기를 원했기 때문이다. 나는 가끔 모이스에게 의견을 구하기도 했다. 그는 행복하게 자기 생각을 털어놔주었다.

딸 셀리스 역시 팬데믹 때문에 집에 머물렀지만 기숙사에 있는 친구들에게 돌아가고 싶어 했다. 셀리스는 나처럼 웃기고, 모든 일에 사사건건 참견한다. 야망과 추진력이 있다는 점도 우리 둘의 공통점이다. 또 모든 사람을 돕고 싶어 한다. 딸은 믿기 힘들 만큼 잘 베푸는 아이다.

팬데믹 기간에 집에서 머무는 동안 셀리스는 우리 집을 가득 채운 소란함과 긴장감을 느꼈다. 그녀는 분위기에 민감하게 반응해서 저녁식사 자리로 부르려면 회유해야 할 정도였다. 모이스는 "(당장 안 내려오면) 내가 감자튀김 몽땅 다 먹을 거야!"라고 소리치곤 했다. 그러면 셀리스가 내려와 저녁식사를 같이했다. 일단 자리에 앉으면 그녀는 어떤 대화가 오가건 재빨리 참여했다. 두 아이 모두 사회를 위한 중요한 변화를 이끄는 데 대해 고마워하고 있는 것 같았다. 나는 식사 중 전화를 받으러 자리를 비워야 하는 경우가 많았다. 아이들 말에 따르면 내가 '나쁜 농담'으로 알려진 일명 '아재 개그'라도 해줬으면 하는 경우도 상당히 많았다고 한다.

2020년 가을로 접어들어 백신의 효과를 발표하기 전후 즈음 내게 걸려오는 전화는 관료에서부터 대사와 국가 정상까지 확대되었다. 이제 전 세계 코로나19 확진 사례는 5000만 건에 달했다. 나는 정치 지도자들과 전화나 화상회의로 자주 이야기를 나눴다. 직접 만나고 싶다며 강력하게 요청한 지도자도 있었다. 다름 아닌 내 조국의 이웃 국가인 알바니아 총리였다. 그는 알바니아가 EU 회원국이 아니기 때문에 백신을 받지 못할까봐 걱정했다. 그는 내게 그리스와 알바니아 사이의 활발한 인적 교류를 상기시켰다. 나는 자국민을 돕겠다는 그의 굳은 의지에 큰 감명을 받았다. 그는 특히 일선 노동자들의 안전에 대해 걱정했다. 우리는 마스크를 착용하고 적절한 거리를 둔 채 뉴욕에서 만날 수 있었다. 귀국 후 그는 자신이 직접 그린 아름다운 그림을 보내주었다.

그로부터 며칠 후, 미국 최대 원주민 보호구역인 나바호 자치국의 조녀선 네즈Jonathan Nez 대통령이 자치국에서 일어나고 있는 코로나19 감염자의 2차 급증 문제에 대해 알려왔다. 그는 자치국의 생명윤리 위원회Institutional Review Board(이하 IRB)가 우리의 사전 동의informed consent(환자에게 의학적 치료를 가하기 전 의사가 의료상의 진실을 환자에게 알리고 동의를 구해야 하는 것—옮긴이) 방식을 높이 평가한다면서, 대통령 자문위원회가 화이자와 함께 일하고 싶어 한다고 알려왔다. 그는 백신이 자치국에 도착하기까지의 시간을 단축할 수 있는지 물었고 나는 미국 정부가 백신 유통을 통제하고 있다고 설명해줬다. 네즈 대통령은 원주민들이 백신의 안전성을 염려해 접종을 주저할까 걱정했다. 그는 백신 접종의 안전성을 설명하기 위해 원주민들과 화상회의를 열 예정이었는데, 내게 회의 참석을 부탁하면서도 내 일정이 너무 바쁜 건 아닌지 걱정했다. 나는 "대통령님께서 제 한 시간이 생명을 구할 수 있다고 생각하신다면, 기꺼이 참가하겠습니다."라고 말했다. 그리고 화상회의에 참석했다.

미국을 방문한 일본 총리도 연락을 취해왔다. 우리는 화이자 백신에 대해 전반적으로 이야기를 나눴다. 회의의 결론이 난 뒤 나는 그에게 더 많은 도움을 주고 싶다고 제안했고, 도쿄 올림픽에 대한 지원을 아끼지 않겠다고 전했다. 올림픽 참가 선수들과 각국 대표단은 서로 밀접 접촉할 수밖에 없었다. 따라서 이미 한 차례 연기되었던 도쿄 올림픽이 또다시 연기된다면 모두에게 끔찍한 손해라고 생각했다.

내게 올림픽 경기는 현대 민주주의의 가치를 훌륭히 입증해주는 행사다. 과거에는 올림픽이 열리는 동안 전쟁과 갈등을 잠시 멈추었다. 근대 올림픽은 1896년 프랑스의 피에르 드 쿠베르탱Pierre de Coubertin 남작이 올림픽 정신에 영감을 받아 국제 올림픽 위원회International Olympic Committee(이하 IOC)를 창설하면서 시작되었다. 오늘날 올림픽은 하나가 된 우리 인류를 축하하기 위해 전 세계 사람들을 한자리로 모은다. 나는 올림픽이 취소될 경우 바이러스가 인간 문명을 이겼다는 신호가 될까봐 심히 걱정스러웠다.

일본 총리와 대화를 마친 뒤 IOC에 전화를 걸어 후원의 뜻을 전했다. 토마스 바흐Thomas Bach IOC 위원장에게 우리가 모든 선수와 대표단의 백신 접종을 돕고 싶다고 설명했다. 필요한 접종량이 많지는 않았지만 물류가 중요했다. 2021년 5월에 화이자는 IOC에 2021년 늦여름에 열릴 도쿄 올림픽과 패럴림픽에 참가하는 선수와 대표단의 백신 접종을 위해 코로나19 백신을 기부하는 양해각서 Memorandum of Understanding(이하 MOU)를 체결했다고 발표했다. 바흐 위원장은 "이번 백신 기부는 2020 도쿄 올림픽과 패럴림픽의 모든 참가자가 안전하고 무사하게 경기를 치르고, 개최국 일본과의 연대를 보여주기 위해 우리가 준비한 여러 도구 중 하나"라고 말했다.

이것은 과학과 인류에게 중요하고 상징적인 승리를 의미했다. 이후 바흐 위원장은 나를 올림픽 개막식에 초청해주었을 뿐만 아니라 놀랍게도 성화 봉송 주자로도 선정했다. 영광스러우면서도 겸허한 마음이 들었다. 안타깝게도 코로나19 이동 제한이 강화되면서 성화 봉송을 할 수 없었지만, 개막식에는 참석했다. 내 인생에서 경험한 손꼽히게 중요한 순간이었다. 바흐 위원장이 친절하게도 내게 성화를 하나 주어서 자랑스럽게 집으로 가져왔다.

위기관리에 뛰어난 지도자들

때때로 똑똑한 지도자들은 현재의 위기 이후의 상황을 바라보며 과학에 관심을 표하기도 했다. 그들은 "다음 위기에 대비하기 위해 우리나라의 명석한 과학자들이 어떻게 하면 화이자의 유능한 과학자들과 협력할 수 있을까요?"라고 물었다. 보리스 존슨 영국 총리도 그중 한 명이었다. 다만 불행히도, 우리가 이 문제에 대해 논의하는 동안 우리는 전 세계의 이목을 끄는 사건을 일으킬 뻔했다.

존슨 총리와 나는 2021년 1월 14일 런던 시간으로 초저녁에 대화를 나누었다. 백신을 최초 승인한 나라인 영국에선 이미 250만 명이 백신 접종을 완료했고, 4000만 회분의 백신을 주문해놓은 상태였다. 존슨 총리는 추가 공급을 요청했다. 그는 우리에게 "노인들이 목숨을 잃고 있습니다."라고 말했다. 영국은 대규모 백신 접종 인력과 접종 시스템이 정비되어 300만 회분 접종 시기를 2021년 2월에서 1월로 앞당길 계획이었다. 화이자가 더 많은 백신을 공급해줄 수 있다면 시행이 가능했다.

당시 영국에서는 인도에서 발원해서 몇 달 만에 델타 변이로 알려진 새로운 코로나19 변이 확진자도 나타나면서 새로운 걱정거리가 생겼다. 미카엘은 존슨 총리에게 우리가 델타 변이를 조심스럽게 추적하고 있으며, 화이자 백신이 이 변이를 막는 데도 효과적일 것이라고 자신 있게 말했다. 나는 확인 결과 백신 공급을 늘려달라는 총리의 요청을 들어줄 수 있다고 약속했다. 통화가 끝날 무렵에는 총리가 나중에 링크드인에 올린 화상회의 사진이 찍혔고, 그는 저녁 모임이 열리면 영국인들에게 화이자의 노고를 칭송해달라고 부탁하겠다고 말했다. 나와 우리 팀은 자부심이 충만한 상태로 회의를 끝냈다.

그러나 그날 늦게 약속한 물량의 공급이 불확실하다는 사실을 알게 되었다. 한 팀원이 공급 가능한 백신을 중복으로 계산하는 큰 실수를 저지른 것이다. 우리가 불공정하거나 비윤리적인 방식으로 다른 예약 물량을 다시 가져오지 않는 한 300만 회분의 백신을 확보할 수는 없었다. 끔찍한 기분에 휩싸여 존슨 총리에게 다시 전화했다. 고맙게도 총리는 우리 사정을 이해해줬지만 아주 큰 충격을 받았다고 말했다. 접종 목표 달성을 위해선 추가 백신이 꼭 필요했기 때문이다. 우리는 예정대로 백신을 공급할 수 있도록 동원 가능한 모든 가능성을 모색해보겠다고 말했다. 존슨 총리가 나의 약속을 믿고 이미 자국민에게 발표했으므로 약속을 취소할 수는 없었다. 명예를 걸고 백신 생산량을 늘려야 했다.

우리 팀은 원점에서 다시 시작했다. 먼저 트럼프 행정부의 마지막 몇 주 동안인 1월에 미국 정부의 늑장 백신 보급으로 인해 남은 물량을 확인했지만 DPA로 인해 미국에서 제조된 백신은 수출할 수가 없었다. 다행히도 해당 잔여분은 유럽에 있는 시설에서 생산되어 미국으로 보내진 것들이었다. 미국에서 생산되지 않은 백신은 수출이 금지되지 않았다. 당시 영국은 수요가 공급을 앞지를 정도로 빠르게 백신을 접종하고 있는 유일한 국가였다. 그 결과, 우리는 영국의 수요를 충족시킬 계획을 수립하고, 세심하게 검토한 끝에 잔여 백신을 영국으로 보내는 것을 승인했다.

2021년 1월 18일 월요일 마틴 루터 킹 데이 오전에 존슨 총리와의 통화에서 그에게 희소식을 전달했다. 먼저 심려를 끼친 데 대해 사과하자 총리는 투명하게 모든 것을 공개하고 백신 추가 공급을 위해 노력한 데 대해 감사해 했다. 그는 우리 모두에게 감사를 표시하며, 자신도 mRNA에 대해 공부했다고 덧붙였다. 그는 내게 그것이 미래에 핵심적인 기술 중 하나라고 생각한다고 말했다. 그에게 이 기술은 새로운 변이가 생기면 상황을 확실히 빠르게 전환함으로써 미래에 자국민을 보호하기 위해 전반적으로 우리와 협력할 수 있는 중요한 기술이었다. 나는 "우리 팀이 화이자와 영국의 협력을 더 발전시킬 수 있기를 바랍니다."라고 답했다.

나는 당시 사건으로 우리 팀이 큰 의미 있는 가치관을 배우길 바랐다. 책임을 지고, 숨지 말라는 것이다. 그리고 문제가 생기면 해결할 방법을 알아보고, 직접 사과하며, 알아낸 결과를 설명하라는 것이다.

영국과 마찬가지로 캐나다도 백신 접종을 주저하지 않았기에 더 많은 양의 백신을 더 빨리 공급해달라고 요구했다. 쥐스탱 트뤼도Justin Trudeau 캐나다 총리는 캐나다의 접종 속도가 유럽 국가들에 비해 뒤처지고 있다고 걱정했다. 나는 그에게 캐나다로의 공급이 순조롭게 진행될 것이라고 약속했지만, 유럽과의 협상이 우리의 상호 이익에 중요하다는 사실 역시 인정할 수밖에 없었다. 백신 공급의 중추인 벨기에 피르스 생산 현장 때문에 유럽 당국의 기분이 상한다면 수출이 중단될 수도 있었다. 나는 이미 트럼프의 백악관으로부터 미국에서 생산된 모든 백신을 미국에서만 접종하기를 원한다는 말을 들었다. 캐나다는 결과적으로 기대했던 것보다 더 많은 백신을 얻겠지만 수주일 내로는 불가능했다.

그 후 며칠 동안 멕시코 대통령을 위시해서 라틴아메리카의 정상들과 생산적인 대화를 나눴다. 모두 보건 위기와 경제 위기란 이중고에 시달리고 있었다. 그들은 우선 국민 보건 위기부터 해결하길 원했다. 자이르 보우소나루Jair Bolsonaro 대통령을 비롯한 브라질 관계자들과 통화할 때는 마음이 아팠다. 브라질은 백신 주문이 늦었다. 처음에는 중국과 러시아에서 생산된 백신을 더 선호했기 때문이다. 이런 주문 지연과 오판은 브라질 내 정치적인 문제를 초래했고, 국민들은 죽어갔다.

2021년 1월 20일에 조 바이든 대통령은 취임식 연설 도중 코로나19 사망자들을 위해 연설을 잠시 멈추고 기도하는 시간을 가졌다. 그는 전 세계 청중을 향해 "우리는 정치에서 벗어나 마침내 하나의 국가로 이 팬데믹에 맞서야 합니다."라고 말했다.

모두가 안전해질 때까지 아무도 안전하지 않다

4월 백신 접종자 수가 늘어나자 우르줄라 EU 집행위원장과 알렉산더 드 크루Alexander De Croo 벨기에 총리와 함께 현장 점검차 벨기에 피르스에 있는 생산 현장을 방문했다. 내가 바이오엔테크의 공동 창업자인 외즐렘 튀레치Özlem Türeci를 직접 만난 것은 이때가 처음이었다. 즐거운 만남이었다. 뛰어난 과학자인 그녀는 남편 우구어와 회사를 공동 창업했다. 나는 그녀와 내가 성격이 매우 비슷하다는 것을 금방 알아차렸다. 우리는 그녀의 말솜씨뿐만 아니라 온화한 인성에도 감명을 받았다.

방문 기간 중 우리는 공동 작업 일정표 앞에 서 있는 동료들을 소개받았다. 일정표는 눈에 잘 띄도록 크게 작성되어 있었다. 정말 감동적인 순간이었기에 나는 진심으로 감사의 마음을 전했다. 외즐렘은 손발이 잘 맞고 자신들의 발견에 생명을 불어넣어줄 수 있는 우리와 협력한 데 대해 매우 고마워했다. 나는 화이자와 바이오엔

2021년 4월 23일 화이자의 벨기에 피르스 코로나19 백신 생산 현장을 순방 중인 루크 반 스틴윈켈 공장장, 앨버트 불라 화이자 CEO, 외즐렘 튀레치 바이오엔테크 공동 창업자, 우르줄라 폰 데어 라이엔 EU 집행위원장, 알렉산더 드 크루 벨기에 총리(왼쪽부터)

테크의 파트너십은 "과학이나 역량뿐만 아니라 환자들을 위해 봉사하자는 공통의 가치에 관한 것"이라고 말했다. 그날 오후 외즐렘과 나는 우르줄라 위원장과 알렉산더 총리에게 화이자의 백신 후보 선정 방법을 설명해주었다. 우리가 사용한 방법은 영국, 남아프리카공화국, 브라질 등지에서 발생하는 다양한 변이에 대응하며 그 가치가 입증되고 있었다. 메시지는 단순했다. 그것은 과학이 가진 힘, 활기찬 민간 부문의 필요성, 그리고 정부와의 협력을 포함한 포괄적인 협조의 중요성이었다.

피르스에 있는 생산시설을 본 우르줄라 위원장은 이곳이 EU의 공정성과 개방성을 상징하는 곳이라고 말했다. 그녀는 유럽이 유럽인뿐만 아니라 전 세계 시민을 위한 백신을 생산하고 있다는 점을 언급했다. EU는 2020년 12월 이후 전 세계 87개국에 1억 5500만 회분이 넘는 백신을 수출해왔다.

그녀는 큰 소리로 "우리는 세계의 약국 역할을 하고 있습니다. 그리고 유럽인들은 이 점에 자부심을 느끼고 있으며, 다른 사람들도 이에 공감하기를 바랍니다. 모두가 안전해질 때까지 아무도 안전하지 않을 것임을 우리 모두 알고 있기 때문입니다."라고 말했다. 그녀는 바이오엔테크와 화이자처럼 EU에 협력한 강력하면서도 믿을 수 있는 백신 공급업체들에 감사를 표했다. "사실 지금까지 EU에서 사용한 주요 백신은 이곳 벨기에에서 생산된 백신입니다. 벨기에는 진정한 백신 강국이 되었습니다. 그리고 바이오엔테크와 화이자의 노력과 신속한 백신 보급 덕에 우리는 7월에 EU 성인 인구의 70퍼센트가 백신 접종을 끝낼 수 있을 만큼 충분한 양의 백신을 확보하게 되었습니다. 그리고 이곳에서 볼 수 있는 이 선구적인 기술이 이러한 목표 달성에 도움을 줄 것입니다."

위원장은 연설에서 화이자와 바이오엔테크가 백신을 꾸준히 생산해온 덕분에 EU가 최대 18억 회분에 이르는 역대 세계 최대의 백신 공급 계약에 서명할 것이라고 밝혔다.

한편 이스라엘을 상대한 방식은 영국과는 매우 달랐다.

10장

희망의 등불

"모든 사람의 공통점은 무엇인가?
희망을 갖고 있다는 사실이다.
다른 건 아무것도 없는 자들도 여전히 희망을 갖고 살기 때문이다."

최초의 철학자 탈레스

집단 면역 실험의 시작

전 세계에 처음으로 백신을 공급하기 시작했을 때 느낀 흥분은 말로 표현하기 힘들 정도였다. 하지만 곧바로 현실을 자각해야 했다. 나는 누구에게나 2020년 10월 이전에 백신 개발을 완료하겠다고 장담했지만, 나 말고는 그것이 실제로 가능하다고 예상한 사람은 거의 없었다. 게다가 공급 시스템도 마련되지 않았다. 어느 나라라고 할 것 없이 보건당국의 백신 접종 역량은 탁월하지 않았다. 따라서 처음에는 시스템이 생산량을 감당하지 못해 접종 가능한 물량이 넘쳐났다. 백신 접종률이 올라가기 시작하자 이제는 생산량이 수요를 따라가지 못하는 현상이 일어났다. 우리가 측정 가능한 가시적인 데이터를 축적할 만큼 백신 접종률을 높이려면 오랜 시간이 필요했다.

일상생활에 아무런 변화가 생기지 않자 1차 백신 접종이 만들어낸 희망은 금세 사라졌다. 우리에게는 희망이 진짜라는 것을 세상에 보여줄 본보기가 필요했다. 그것은 지속적인 백신 공급이 가능하다면 집단 면역을 달성할 때까지 신속하게 접종을 완료하고 보건과 경제지표에 긍정적인 수치를 나타낼 수 있는 국가를 선정하는 것이었다. 이상적으로 봤을 때 그런 나라는 비교적 규모가 작고, 의료 시스템 수준은 높으며, 의료기록 전산화가 자리 잡은 곳이어야 했다.

당시 이스라엘 총리였던 베냐민 네타냐후는 내게 전화를 걸어 이스라엘이 백신을 조기 공급받아야 하는 당위성을 설명했다. 우리의 첫 대화는 아무런 격식을 차리지 않고 진행되었다. 총리는 키리아코스 미초타키스Kyriakos Mitsotakis 그리스 총리로부터 내가 그리스계 유대인이라는 사실을 들었다. 대화 도중에 나는 우리 회사 연구실장인 미카엘은 스웨덴계 유대인으로, 의대 재학 시절 이스라엘의 유명 연구소인 바이즈만 연구소Weizmann Institute에서 펠로우십을 취득했다는 사실을 알려주었다.

총리는 진심으로 기쁜 마음에 "지금 나는 우리 정보원들에게 정말 화가 나네요. 내게 그런 중요한 일을 알려주지 않다니요!"라고 말했다.

미카엘의 과거가 우리의 논의에 큰 영향을 미칠 거라고 여기지는 않았지만 총리가 이스라엘 비밀 정보기관인 모사드Mossad에 실망한 데 내가 원인을 제공한 것 같아 농담조로 이번 일은 그냥 넘어가달라고 부탁했다. 이 첫 번째 대화 이후 네타냐후 총리는 이스라엘로의 백신 조기 공급을 요구했다. 다른 모든 국가 정상을 상대할 때 그랬듯이 나는 공급 상황을 설명하고, 인내심을 갖고 기다려달라고 부탁하며, 최선을 다하겠다고 약속했다. 네타냐후 총리는 바이러스와 백신에 대한 기술적인 내용들을 잘 알고 있었다. 국가 지도자 중 집단 면역에 대해 처음으로 언급한 사람도 그였다. 그의 해박한 지식과 직설적인 스타일에 매료된 나는 이스라엘이 백신 접종에 따른 긍정적 지표를 도출할 시험대가 될 수 있지 않을까 궁금해졌다.

화이자 백신 최고의료책임자Chief Medical Officer(이하 CMO)인 루이스 조다르Luis Jodar 박사는 환자를 포기하지 않는 강한 의지로 정평이 나 있다. 나는 루이스에게 백신 지표국에 대해 이야기했고, 그는 아주 열정적인 관심을 보였다. 이스라엘은 국경이 엄격하게 통제된 작은 규모의 국가로 국민 98퍼센트 이상의 전자 의료기록을 확보한 훌륭한 의료 시스템을 갖추고 있고, 코로나19 감염으로 매우 힘든 상황을 겪고 있었다. 이스라엘의 모든 국민은 건강 유지 단체 형태로 운영되는 전국 의료보험 중 한 곳에 반드시 가입해야 한다. 보험료는 정부가 지원한다. 모든 이스라엘 국민에게는 국가 의료기록

데이터베이스와 데이터 연계가 가능한 고유 식별 번호가 부여된다. 나는 루이스에게 이스라엘을 후보국 명단에 포함하고, 집단 면역 달성에 필요한 백신 투여량을 계산해달라고 부탁했다.

이틀 뒤 휴대폰으로 네타냐후 총리에게서 또다시 전화가 걸려왔다. 통화 약속을 미리 잡지 않은 데다 마지막 통화 후 이틀밖에 지나지 않아 놀랐다. 그는 백신 공급에 필요한 계약과 관련된 몇 가지 법적 문제를 이야기했다. 내가 잘 모르는 내용이었으므로 확인 뒤 다시 전화하겠다고 약속하고 전화를 끊었다. 화이자의 고문변호사인 더그 랭클러가 내게 주안점을 설명해줬고, 나는 다시 총리에게 전화를 걸어 더그가 말한 내용을 전달했다. 그리고 몇 시간 뒤에 총리가 다시 연락을 취했다. 론 더머Ron Dermer 주미 이스라엘 대사와 이스라엘 국가안보보좌관은 이미 연결되어 있었다. 나는 내 시계로 이스라엘 현지 시간을 계산해보고 깜짝 놀랐다.

"총리님, 지금 새벽 2시 30분입니다!"

"걱정하지 마세요. 저는 잠이 별로 없는 편입니다. 계약을 변호사들에게만 맡긴다면 절대 체결할 수 없을 겁니다. 제가 지금 대표 변호사를 선임할 테니, 당신도 그렇게 할 수 있나요?" 네타냐후 총리가 물었다.

나는 마음이 약간 불편했지만, 그의 단호하고 긴박한 모습에 호기심이 발동했다. 나는 더그와 협의했고, 네타냐후 총리 역시 몇

몇 변호사와 협의했다. 아마도 이스라엘을 대리하는 미국 법률회사 변호사들이었던 것 같다. 이어진 논의에서는 몇 가지 기발한 해결책을 생각해낸 더머 대사에게 깊은 인상을 받았다. 이스라엘 시간으로 오전 3시에 대부분의 문제가 해결되었고, 몇 가지 문제만이 협상 테이블에 남아 있었다. 그 문제들에 대해서는 오전 중에 법률팀이 해결책을 모색하기로 합의했다. 며칠 뒤 첫 계약이 체결되었다. 비비Bibi(네타냐후 전 총리의 애칭—옮긴이)에 대한 소식은 그때가 마지막이었다.

그동안 루이스는 이스라엘이 집단 면역에 도달하는 데 필요한 백신 양을 계산했고, 나는 관찰 연구 기준에 맞는 국가 목록을 계속 살펴봤다. 어떤 나라가 더 빠르고 확실하게 집단 면역을 달성할 수 있을지 고민했다. 이스라엘이 가장 유력한 후보였지만 문제가 하나 있었다. 이스라엘이 선정된다면 다들 내가 유대인이라서 이스라엘을 선정했다고 오해할 여지가 있었다. 이스라엘의 접종 계획에 대한 궁금증을 이스라엘 현지 사무실에 문의해볼까 고민하던 중에 갑자기 전화가 다시 울렸다. 네타냐후 총리였다. 론 더머가 그와 같이 있었다.

네타냐후 총리는 이스라엘의 상황이 나빠졌기 때문에 더 많은 백신을 공급받아야 한다고 말했다. 나는 불행하게도 전 세계 어디나 사정이 마찬가지라고 설명하면서 이스라엘의 백신 접종 프로그램에 대해 질문하기 시작했다. 그리고 다시 한번 세부 사항에 대한 그의 지식에 깊은 인상을 받았다. 그는 이스라엘의 병원, 군 병력을 동원할 의사, '백신 패스'에 대한 자신의 생각, 그리고 백신 거부 문제를 해결할 계획 등을 알려주었다. 그는 확실히 돌아가는 모든 상황을 속속들이 파악하고 있었다. 갑자기 더머 대사가 이런 정보가 나에게 중요한 이유가 뭔지 궁금해하면서 이스라엘의 위기 대처 능력을 더 강력히 어필했다. "우리 사회는 끊임없는 위협을 거치면서 생존하는 법을 배웠습니다. 우리는 평화로운 시기에는 자유분방하지만 위기 시에는 가장 단련된 모습을 보입니다." 네타냐후 총리도 즉시 더머 대사의 말에 맞장구를 치면서 이스라엘이 가진 능력을 선전했다.

다음 날, 나는 미카엘, 루이스, 더그에게 화이자 백신이 할 수 있는 일을 세계에 보여줄 국가로 이스라엘을 선정할 가능성을 내비쳤다. 우리 모두 이스라엘이 이상적인 장소가 될 수 있다는 데 동의했다. 나는 미카엘에게 "사람들은 우리가 유대인이기 때문에 이스라엘을 선정했다고 생각할 수 있어요."라는 문자를 보내자, 미카엘은 "저도 압니다만 이스라엘은 옳은 선택입니다."라고 대답했다.

나는 총리에게 전화를 걸어 관찰 가능하고, 무작위적이지 않으며, 통제되지 않는 데이터를 확보할 수 있는 '실제 임상 근거Real-World Evidence' 연구 협력 가능성에 대해 논의할 계획이었다. 우리가 이전에 합의한 백신 공급 계약에 따라 백신을 전달하면 이스라엘은 그 대가로 아주 빠르게 움직이면서 실제 임상 효과를 보여주는 데이터를 발표하기로 했다. 다음 날, 그는 내게 먼저 전화를 걸었고 나는 그에게 연구 협력 방안을 제안했다. 그로부터 일주일 남짓 만에 우리는 이스라엘 보건부와 연구 협약을 체결하고 이스라엘, 화이자, 하버드 대학교 역학자들과 함께 운영위원회를 구성했다. 때가 되면 이스라엘 이야기는 세계에 영감을 주고 유용한 정보를 제공해줄 것이다.

이스라엘의 백신 접종 캠페인

2021년 3월 초 우리는 이스라엘에서 추진한 집단 면역 활동의 중간 결과를 발표할 준비를 하고 있었다. 나는 WHO가 코로나19를 팬데믹으로 선언한 지 1년이 되는 3월 11일에 그 자리에 있고 싶었다. 이스라엘을 포함한 중동 국가들을 방문할 계획이었으나 몇 가지 문제가 발생하면서 계획에 차질이 생겼다. 그중 하나는 다가오는 이스라엘 총선이었다. 국회의원 선거 경쟁의 열기가 뜨거운 가운데 투표를 앞두고 내가 방문할 가능성이 언론에 유출되면서 몇몇 지역 뉴스의 관련 보도가 이어졌다. 홀로코스트에서 가까스로 탈출한 우리 가족의 이야기와 화이자의 백신 개발 성공담으로 인해 이스라엘에서 내 인지도는 높았다. 많은 사람이 내게 조언했는데, 그들 중 절반은 선거에 방해가 될 수 있으니 이스라엘 방문을 재고하라고 했고, 나머지 절반은 방문을 권했다.

또 다른 장애물은 나의 백신 접종 여부였다. 백신 접종은 나에게 양심의 위기와도 같았다. 백신에 대한 신뢰감을 주기 위해 먼저 접종하는 것과 새치기하는 듯한 상황을 만드는 게 서로 부딪혔다. 백신 접종 초기에는 대기줄이 길었다. 가장 접종이 필요한 사람들 사이에서는 백신에 대한 거부감도 적었다. 수요는 높았고, 여러 국가에서 여전히 물류 상태를 파악하고 있었다. 결국 나는 내 차례를 기다리기로 했지만 이 결정이 옳은지 토론해야 했다. 우리는 국민들이 의사를 비롯한 보건의료 전문가들이 먼저 백신을 접종해서 백신의 안전성을 보증하기 바란다는 내용의 여론조사 결과를 살펴봤다. 그러나 내가 만약 백신을 접종받는다면, 팀원들은 물론이고 다른 경영진도 모두 접종받기를 원할 것이다. 결국 내가 백신을 접종함으로써 이후 안전성을 의심하는 사람들의 불안을 잠재워줄 시기가 올 때까지 기다리기로 결정했다.

그럼에도 네타냐후 총리는 우리가 연락하는 동안 내 접종 여부를 거듭 물었다. 이스라엘은 매우 빠르게 움직이고 있었고, 그는 유권자들이 내 접종 사실을 궁금해한다고 알려줬다. 그는 내게 많은 신경을 써줬다. 막대한 피해를 주는 팬데믹에 대한 해결책을 찾기 위해 긴밀하게 협력하고 있는 이 어려운 기간 동안 우리는 아주 가까워져 개인적인 이야기도 많이 나누었다. 주로 이스라엘 시간으로 늦은 저녁에 회의했기 때문에, 우리는 서로 감정을 나누는 대화를 할 때가 있었다.

총리는 "내가 지금 유대인 어머니처럼 굴고 있는 걸 알지만, 어쨌든 당신은 반드시 백신을 맞아야 합니다."라고 주장했다. 그때 영부인이 그에게 기대자 그는 "옆에 있는 아내가 당신이 언제 백신을 접종할 계획인지 묻네요. 내가 뭐라고 말하면 될까요?"라고 물었다. 그는 심지어 군대의 사례를 들기도 했다. 이스라엘군은 항상 지휘관부터 예방접종을 맞힌다는 것이다.

나는 결국 2월 중순에 1차 접종을 했고, 21일 뒤에 2차 접종까지 마쳤다. 그러나 이스라엘의 입국 요건을 충족하지 못할 것은 분명했다. 이스라엘의 백신 패스 규정에 따르면 여행객들은 2차 접종을 받은 지 일주일이 지나야 이스라엘을 방문할 수 있었다. 그 일정을 맞출 수 없었기에 입국 자격을 충족하지 못했다.

나는 결국 이스라엘을 방문하지 않았다. 내 결정에 아주 실망한 사람이 많았다. 아주 행복해한 사람도 마찬가지로 많았다. 그들은 선거의 우열을 점치기 힘든 상황에서 나의 이스라엘 방문은 정치적인 메시지를 줄 수 있다고 생각했다. 하지만 나는 그저 이스라엘을 방문함으로써 올바른 공중보건 결정이 팬데믹 종식을 앞당길 수 있다는 메시지를 전하고 싶었다. 하지만 이스라엘에 가지 않아도 우리는 이런 바람을 이룰 수 있었다.

이후 이스라엘에서 백신 접종이 시작된 지 몇 달 뒤 루이스는 세계적인 학술지 《란셋The Lancet》의 칼럼을 통해 다른 사람들과 결과를 공유했다. 우리는 전국 백신 접종 캠페인이 시작되고 첫 4개월 동안의 모니터링 데이터를 확보하고 실험실에서 확인된 코로나19의 감염 사례와 16세 이상 이스라엘 거주자의 백신 접종 결과를 비교·분석했다. 이스라엘 인구 920만 명 중 650만 명이 백신 접종 대상자였다. 전국적인 백신 접종 캠페인은 처음에 보건의료 종사자, 장기 요양시설 거주자, 면역 저하자, 노인 등을 대상으로 실시되었다. 이후 젊은층을 대상으로 접종이 확대되었고, 2021년 2월 4일부터는 16세 이상으로까지 대상자가 넓어졌다. 백신 접종자 수는 하루에 22만 명이 넘었는데, 이는 미국의 인구로 따지면 800만 명과 맞먹는 숫자였다.

3개월도 채 지나지 않은 2021년 3월 11일, WHO의 팬데믹 선언 1주년에 이스라엘 보건부는 각각 유증상자 97퍼센트, 무증상자 94퍼센트 이상의 효과를 보여주는 데이터를 발표했다. 이틀 뒤 영국의 《파이낸셜타임스》는 "봉쇄가 끝나자 이스라엘 국민들이 화이자를 위해 축배를 들고 있다."고 보도했다. 그들은 "화이자를 위하여!"라고 외쳤다. 이스라엘은 봉쇄를 풀었고, 세계는 코로나19로부터 벗어날 시기가 다가오고 있다는 희망을 되찾아갔다. 이스라엘에서는 4월 중순까지 1000만 회분이 넘는 백신이 투여되었다. 16세 이상 이스라엘 국민 약 70퍼센트가 2차 접종을 마쳤고, 65세 이상의 노년층은 90퍼센트의 2차 접종률을 기록했다. 그러자 환자 수가 급감했다.

그해 봄 유월절(기원전 13세기 이스라엘 조상이 이집트에서 탈출한 것을 기념하는 유대인의 축제일—옮긴이)과 부활절 관련 뉴스들은 예루살렘에서 예수가 십자가에 못 박혀 죽은 성금요일聖金曜日을 기념하기 위해 수많은 군중이 운집했다는 사실을 집중적으로 보도했다. 모인 사람 수가 워낙 많다 보니 팬데믹은 일어난 적이 없는 것처럼 보였다. 한 로마 가톨릭 신부는 기적과도 같은 일이라고 말한 것으로 전해졌다. 2021년 예루살렘의 부활절은 2020년 부활절보다 훨씬 분위기가 밝았다. 이스라엘 보건부는 전국적인 백신 접종 캠페인을 계속해서 이어갔다.

일화성 보도들은 마음을 따뜻하게 데워줬고, 역학 증거는 역사적으로 의미가 있었다. 《란셋》에는 다음과 같은 기사가 실렸다.

이스라엘에서는 백신 접종으로 면역력이 생성된 인구가 급증하면서 백신과 SARS-CoV-2 감염에 어떤 상관관계가 있는지에 대한

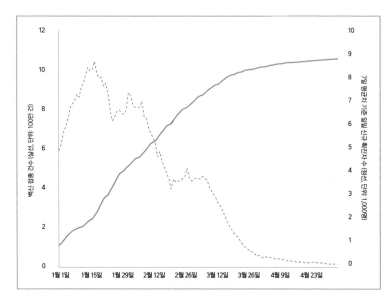

2021년 봄 이스라엘의 코로나19 백신 접종률 연구 데이터

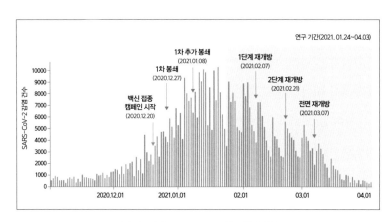

일일 이스라엘 SARS-CoV-2 신규 확진자 수
(2020년 11월 1일부터 2021년 4월 3일까지)

유의미한 결과가 관찰되고 있다. 면역력을 가진 인구의 비율이 집단 면역 기준인 60퍼센트를 초과할 때까지 SARS-CoV-2 감염은 계속될 가능성이 있다. 다만, 감염성이 더 강한 SARS-CoV-2의 변이가 출현하면 집단 면역 기준은 올라갈 수 있다. 그러나 16세 미만 청소년들에게 백신 접종을 하지 않으면 SARS-CoV-2 집단 면역 기준을 달성하기 어렵다. 또한 감염이나 백신 접종으로 생긴 SARS-CoV-2에 대한 면역력의 지속 기간은 아직 불확실하며, 현재 백신에 의한 면역반응에 덜 민감하면서 널리 확산되는 새로운 SARS-CoV-2 변이가 출현한다면 이스라엘의 집단 면역 달성은 차질을 빚을 수 있다. 집단 면역 달성 수준을 주시하고, 바이러스 감염에 따른 혼란을 파악하며, 새롭게 출현하는 SARS-CoV-2 변이의 영향을 감지하고 평가하기 위해선 더 많은 연구가 필요하다.

이와는 별도로 이스라엘 보건부는 《란셋》에 미국 대비 인구가 35분의 1인 이스라엘이 화이자-바이오엔테크의 백신을 접종하기 시작한 뒤 112일 동안 15만 8665명의 감염, 2만 4597명의 입원, 5,533명의 사망을 예방했다고 발표했다. 이는 미국 크기의 나라에서 112일 만에 19만 3000명이 넘는 사망자가 줄어든 것과 맞먹는 수치로 소도시 한 곳의 인구수에 해당한다. 나는 5월 중순 트위터에 "다른 나라에 이 같은 결과를 적용할 때는 신중해야 하지만, 이러한 관찰 결과는 우리가 인간의 고통을 줄이는 데 영향을 주고 있음을 입증한다."고 말했다.

한편, CDC는 이스라엘의 사례를 인용해 미국인들을 안심시켰다. CDC는 이스라엘에서 나온 자료를 보면 화이자-바이오엔테크가 공동 개발한 코로나19 백신을 접종한 사람들은 접종하지 않은 사람보다 바이러스 양이 4분의 1 수준으로 적다고 밝혔다. CDC는 이어 "바이러스 양이 감염의 주요 동인으로 확인된 이상 이러한 관찰 결과는 감염성이 감소했음을 의미할 수 있다."면서 "이스라엘에서 현재 유행하는 변이의 경우 화이자-바이오엔테크 백신의 감염 예방 효과가 92퍼센트인 것으로 관찰되었다."고 말했다.

돌파감염과 델타 변이의 출현

네타냐후 총리와 많은 대화를 나누던 도중 나왔던 한 가지 이야기가 떠오른다. 논의 초기에 그는 백신 개발 성공을 축하해주었다. 각국 지도자들이 축하할 때마다 나는 항상 나 혼자 한 일이 아님을 설명했다. 나는 총리에게 "사실 이처럼 불가능을 가능케 한 건 화이자에서 함께 일하는 훌륭한 사람들 덕분"이라고 말했다. 말 그대로 팀워크 덕분이었다. 그는 고마워하며 듣다가 나에게 한 가지 이야기를 해주었다.

네타냐후 총리는 이스라엘군 복무 초기에 모든 훈련을 마치고 나서 작은 연대의 지휘를 맡았다. 그와 경쟁하던 다른 장교는 키와 덩치가 크고 힘이 센 병사들을 맡은 반면 그는 상대적으로 약한 병사들을 맡게 되었다. 나중에 그는 선임이자 유능한 지휘관인 형 요나탄Yonatan과 이야기하면서 "형, 나한테 무슨 일이 일어났는지 봐요. 좋은 군인들을 주지 않았어요."라고 투덜댔다. 요나탄은 동생에게 "비비, 기억해라. 좋은 병사와 나쁜 병사 같은 건 없다. 좋은 지휘관과 나쁜 지휘관만 있을 뿐이다."라고 말해주었다.

특수부대 지휘관이었던 요나탄은 1976년 30세의 나이로 우간다 엔테베 공항에서 인질들을 구출하던 중 목숨을 잃었다.

네타냐후 총리는 치열한 선거전 끝에 2021년 6월 13일 자신의 비서실장을 지낸 나프탈리 베네트Naftali Bennett에게 총리 자리를 내주었다. 베네트 총리는 다양한 정치적 이슈로 인해 네타냐후 총리의 반대파 정당들로 이루어진 연립 정부를 구성했다. 그러나 바이러스 퇴치에 적극적으로 나서려는 면에서는 신구 정부 사이에 차이는 없었다. 나는 네타냐후 총리와 그랬듯이 베네트 총리와도 대화했다. 우리 과학자와 연구원 들은 선거 결과와 상관없이 이스라엘 과학자들과 공동 연구를 계속했다. 정권 교체로 인해 고위급 장관들이 교체됐으나 화이자와 이스라엘 프로젝트 팀 사이에는 놀라울 만큼 연속성이 있었다.

베네트는 총리로 부임한 지 약 2주 뒤인 6월 말에 우리와 개인적인 친분을 쌓기 시작했다. 이스라엘에는 유효기간이 다가오고 있는 소량의 백신이 남아 있었기에 그는 우리에게 이 백신을 즉시 접종이 필요한 다른 나라로 옮겨주길 바랐다. 우리는 팔레스타인 자치정부에 이 백신을 줄 계획이었지만 마지막 순간에 그들이 거부해 이 문제를 시급히 해결해야 했다. 극복해야 할 난제가 많았으나 나는 정치적인 문제로 백신 유효기간을 넘기는 건 끔찍한 일이라는 베네트 총리의 말에 공감했다. 이후 며칠 동안 우리는 매일 이 문제에 대해 문자와 전화로 의논했고, 결국 이스라엘과 한국 사이에 거래가 체결되었다. 화이자는 운송을 책임졌다. 베네트 총리는 이후에도 진행 상황을 직접 꼼꼼하게 챙겼다.

이스라엘과 우리의 연구 협력은 화이자 백신의 안전성과 효능, 그리고 백신 접종 프로그램이 한 국가의 건강과 사회경제 지표에 미치는 영향을 평가하기 위한 가장 신뢰도 높은 과학적 도구가 되었다. 매주 화요일마다 이스라엘 과학자들은 화이자 팀과 다양한 방법으로 분석한 주간 데이터를 공유했다. 이스라엘의 높은 백신 접종률과 뛰어난 전자 의료기록 시스템 및 광범위한 테스트 프로그램 덕분에 우리는 백신의 효과를 매우 정확하게 파악하면서 어떠한 잠재적 변화도 적시에 관찰할 수 있었다.

결과는 놀라웠고, 이스라엘은 특히 백신 미접종 국민의 감염률도 현저히 낮게 유지하면서 경제를 완전히 개방하고 대부분의 제한 조치를 해제했다. 그러면서도 우리가 연구 협력에 서명했을 때 동의했던 것처럼 계속해서 코로나19 검사를 실시했고, 자국민의 감염 상황을 주시했으며, 데이터도 계속해서 공유했다.

6월 말이 되자 이스라엘에서 전국적으로 확진 사례가 다시 급증했다. 이스라엘과 우리의 긴밀한 협력 및 추적 시스템 덕분에 이것이 미접종 감염 사례인지 돌파감염인지, 돌파감염일 경우 증상 및 무증상 감염자들의 특징이 무엇인지 등을 빠르게 확인했다. 이러한 검토는 매우 중요했다. 감염성이 더 강한 델타 변이의 출현으로 감염자가 늘어나고 있었다. 변이에 대한 백신 효과와 면역 효과 감소로 인한 감염 사례를 신속히 판단해야 했다. 만약 전자가 사실이라면 델타 변이를 즉시 예방할 수 있는 맞춤형 백신이 개발되어야 했기 때문에 이것은 이스라엘뿐만 아니라 전 세계에 중대한 영향을 미치는 문제였다. 분석 결과 백신의 효과는 시간이 지나면서 떨어졌는데, 특히 2020년 12월부터 대규모로 백신을 접종한 사람들 사이에서 그런 현상이 두드러졌다. 그러나 비교적 최근 접종자의 경우 델타 변이로 인한 감염과 그에 따른 심각한 질환을 예방하는 데 백신 효과가 높았다.

처음에는 백신 효과가 떨어져도 낮은 수준의 감염과 가벼운 증세만을 일으켰다. 그런데 안타깝게도 시간이 흐르면서 재감염자가 늘어나자 먼저 접종을 받은 가장 취약한 인구에서 입원율과 중증 질환 사례가 급증했고 부스터샷 논의가 시급해졌다. 우리는 부스터샷의 영향을 평가하는 연구를 진행 중이었고, 첫 번째 결과는 안전성과 효능 면에서 모두 매우 긍정적이었다.

복잡한 상황을 벗어나는 단순한 해결책

이스라엘에서 2차 접종 후 약 6개월 뒤부터 면역력 저하에 대한 데이터가 나오자 나는 이 정보를 더 널리 공유하는 것이 우리의 도덕적 의무라고 확신했다. 우리는 항상 투명하게 행동하겠다고 약속했고, 팬데믹 기간 내내 이 말을 지켰다. 그 덕분에 화이자는 대중에게 매우 높은 수준의 신뢰를 쌓았다. 이제 우리는 처음으로 백신 효과가 유지되는 기간에 대한 걱정스러운 정보를 얻게 됐다. 나는 정보를 공개적으로 공유하겠다는 원칙을 고수하면서 팀원들에게 이스라엘로부터 우리가 알아낸 결과를 상세히 담은 7월 8일자 보도자료를 준비해달라고 요청했다.

우리는 보도자료에 이렇게 적었다.

이스라엘 보건부가 발표한 실제 임상 자료Real-World Data에서 보듯이 백신 접종 시 코로나19 감염으로 인한 중증질환을 예방하는 효과는 여전히 높지만 백신 접종 후 6개월이 지나면 감염과 감염 증상을 예방하는 효과가 떨어졌습니다. 이 기간에 델타 변이는 이스라엘뿐만 아니라 다른 많은 나라에서도 지배종이 되고 있습니다. 이러한 결과는 화이자의 3상 연구에서 진행 중인 분석 결과와 일치합니다.

이와 동시에 우리는 부스터샷 연구에서 얻은 고무적인 데이터도 대중에게 알렸다. "연구에서 나온 1차 데이터는 2차 접종 후 6개월 뒤 부스터샷을 접종하면 야생형 코로나와 베타 변이를 막을 수 있는 중화항체 역가 수치neutralization antibody titer(중화항체란 몸에 바이러스나 병원체 등 감염성 입자가 침투했을 때 생물학적 영향을 줄여줌으로써 감염을 방어하는 항체로, 숫자가 높을수록 방어력이 높다는 뜻—옮긴이)가 1~2차 접종 뒤보다 5~10배나 올라가는 한편 내성 역시 일관적으로 나타났습니다."

우리는 보도자료를 다음과 같이 마무리했다. "지금까지 얻은 전체 데이터에 기초해볼 때 1~2차 접종 후 6개월에서 12개월 이내에 3차 접종이 필요할 수 있습니다. 접종 후 6개월 동안 중증질환 예방이 높은 수준을 유지했지만, 시간이 지날수록 예방 효과가 저하되고, 변이의 출현은 계속될 것으로 전망됩니다. 지금까지 이스라엘이 확보한 전체 데이터를 기반으로 판단해봤을 때 화이자와 바이오엔테크는 백신 효과 유지에 3차 접종이 도움된다고 결론 내렸습니다.”

과거에 정치인과 정부 들은 거북할 정도로 서둘러 우리의 데이터와 연구 결과를 공유하라고 압력을 가했다. 이번 사태의 경우 우리는 전 세계 정부가 중요한 공중보건 결정을 내리는 데 핵심적인 데이터를 적시에 공유했다. 그런데 놀랍게도 우리의 발표가 미국 보건당국 관계자들을 자극했다.

발표에 대응해 CDC와 FDA는 우리에게 자료를 요청하지도 않은 채 전례 없는 조치에 착수했다. 부스터샷이 필요하다는 결론을 반박하는 정부 성명을 발표하기 위해서였다. 당연한 말이지만, 공중보건과 정치와 과학이 복잡하게 얽히고설키면 상황은 엉망진창으로 돌아간다. 우리는 항상 단순하게 처신하기 위해 노력해왔다. 즉, 결과가 우리에게 어떤 영향을 주든 간에 과학을 따르고, 우리가 보고 있는 것을 대중에게 솔직히 알려주자는 것이다. 부스터샷 소식을 공개했을 때도 그랬다.

나는 관료들이 우리 발표로 인해 백신 접종을 망설이는 사람들이 늘어날까봐 걱정하게 됐다고 믿는다. 우리는 다르게 생각했다. 지금까지 화이자가 모은 증거는, 접종 후 수개월이 지난 후에도 백신은 여전히 치명률과 중증질환 예방에 효과적이긴 하나 감염 보호 효과는 줄어든다는 것을 시사했다. 무엇보다 우리가 감염 및 중증질환 예방 효과 감소에 대한 해결책을 가지고 있다고 발표하는 것이 중요했다.

돌이켜보면, 우리는 이 사실을 공개하기 전에 정부 관료들에게 먼저 언질을 주었어야 했다. 그러지 않은 건 실수였다. 앤서니 파우치 소장과 제프 제인츠 모두에게 전화해서 정부를 당황하게 만든 데 대해 사과했다. 하지만 나는 화이자 과학자들이 내린 결론이 타당하므로 미국 보건 관계자들에게 제대로 설명하기 위한 브리핑 일정을 잡자고 제안했다. 두 사람 모두 흔쾌히 수락했다. 회의는 이틀 후에 열렸고 매우 생산적으로 끝났다. 앤서니 파우치 소장, 프랜시스 콜린스Francis Collins 미국 국립보건원 원장, 로셸 월렌스키Rochelle Walensky CDC 국장, 재닛 우드콕Janet Woodcock OWS 치료 책임자, 피터 마크스 CBER 소장, 데이비드 케슬러David Kessler 보건복지부 코로나19 대응 수석과학담당자 등이 정부 측 대표로 참석하여 미카엘 돌스텐, 카트린 얀센, 루이스 조다르 등 화이자 과학자들과 우리 자료를 두고 상세히 논의했다. 유럽 보건당국과 다른 나라 보건당국과도 비슷한 회의를 열었다.

이후 몇 주 동안 이스라엘 보건당국은 돌파감염 사례 증가를 더욱 우려하게 되었고, 점점 더 많은 데이터를 분석했다. 베네트 총리는 우리의 부스터샷 연구에 대한 정보를 요청하고, 그들이 알아낸 결과를 알려주기 위해 자주 문자 혹은 전화로 연락했다. 전임자인 네타냐후 총리와 비슷하게 그는 매우 적극적이었고, 더할 나위 없이 박식했다. 또 결단력이 강했다. 7월 말이 되자 이스라엘 과학위원회는 60세 이상 노인들을 대상으로 3차 백신 접종을 권고했다. 실제 임상 근거는 그들이 실제 임상 반응을 기록적인 시간 내에 알릴 수 있게 해줬다. 이스라엘은 새로 나온 데이터를 연구한 뒤 우리의 기존 백신으로 부스터샷 접종을 시작했다.

8월 3일 베네트 총리는 이스라엘 최대 의료보험기관인 마카비 헬스케어 서비스Maccabi Healthcare Services의 데이터베이스를 활용하여 수행한 아주 중요한 연구 결과를 공유해줬다. 백신 접종과 돌파감염 발생 시기 사이의 상관관계를 평가한 이 연구는 우리의 의견을 뒷받침하는 증거였다. 초기 백신 접종자는 접종 시기가 늦은 사람에 비해 감염 위험이 몇 배나 높았다. 8월 중순이 되자 과학위원회는 부스터샷 접종 대상자 나이를 50세로 낮춰줄 것을 권고했다. 세계 최초로 일반인 대상 부스터샷 접종을 본격적으로 시작한 국가로 이스라엘은 우리가 3상 연구에서 관찰한 수준으로 백신 효과를 회복시키는 능력과 시간 경과에 따른 보호 효과의 지속가능성을 포함하여 부스터샷의 효과에 대한 귀중한 데이터를 전 세계에 다시 제공할 수 있었다. 8월 8일부터 8월 21일 사이 이스라엘에서 실시한 분석에 따르면 12일 전 3차 접종자의 감염과 중증질환 예방 효과는 각각 93퍼센트와 97퍼센트로 회복되었다. 델타 변이로 인해 코로나19에 감염될 상대적 위험은 부스터샷을 접종받은 사람이 2차 접종까지만 끝낸 사람에 비해 11.5분의 1만큼 낮았다.

8월이 되자 미국 행정부는 6개월에서 8개월 전에 접종받아 면역력이 떨어진 환자의 경우 부스터샷 접종 대상임을 발표했고, 9월 20일 제프 제인츠가 앤서니 파우치, 로셸 월렌스키, 재닛 우드콕 등 고위 인사들과 함께 부스터샷 접종을 광범위하게 확대하겠다는 의지를 드러냈다.

11장

신뢰의 과학

"어려움이 클수록 극복하는 영광도 커진다.
숙련된 조종사들은 폭풍우를 뚫고 명성을 얻는다."

그리스 철학자 에픽테토스

불신이라는 예상치 못한 장애물

대중의 인식에 대한 이야기를 빼놓는다면 우리의 연구, 개발, 생산, 유통에 관한 이야기는 불완전하다. 우리가 이러한 혁신을 이뤄놓고도 대중이 제약업계나 제약회사, 아니면 과학에 대한 불신으로 백신 접종을 거부한다면 어떻게 해야 할까?

신뢰는 환자가 의료시설에 들어가서 백신을 맞기로 결정하는 기반이다. 소비자는 구매한 옷이 잘 어울리고, 구매한 자동차가 앞으로 몇 년 동안 아무런 문제 없이 잘 굴러가기를 원한다. 하지만 우리의 몸과 목숨의 문제는 늘 예상을 벗어난다. 미국에서 가장 오래된 사전인 메리엄 웹스터Merriam-Webster에 따르면 신뢰란 '누군가 또는 무엇의 성격, 능력, 힘 혹은 진실에 대한 확실한 의존'이다. 과학을 신뢰하고, '과학은 승리할 것'이라는 화이자의 메시지는 우리가 내세우는 대중적 입장의 중심축이 되었고, 지켜야 할 신성한 의무였다. 그러나 신뢰를 훼손하는 위협은 현실로 다가왔다.

2020년 7월 화이자와 모더나 백신 모두 초기 임상시험에서 가능성을 보여줬다. 두 백신 모두 가을 중에 3상 연구를 거칠 예정이었다. 2020년 7월 31일 파우치 소장이 하원 '코로나바이러스 위기 감독·개혁 특별위원회'에 출석했다. 그는 "미국이 2020년 말까지 안전하고 효과적인 백신을 보유할 수 있을 것으로 신중하게 낙관하고 있다."고 증언했다. 그러나 그는 백신이 미국인들에게 단계적으로 보급될 것이라고 부연했다. 이와 비슷한 시기에 본격적으로 재선에 뛰어든 트럼프 대통령이 선거일 전 유권자들의 표심을 얻기 위해 코로나19 백신을 신속 승인할 수도 있다는 추측이 나돌았다. 영국의 《파이낸셜타임스》는 8월 30일 스티븐 한Stephen Hahn FDA 국장이 인터뷰에서 "'정상적인 승인 절차를 우회할 의사가 있다'고 말했다."고 보도했다. 설상가상으로 해킹, 선동, 잘못된 정보를 이용한 캠페인이 오해와 혼란을 부채질했다.

그해 여름, 화이자의 경영진은 정치보다 더 중요한 대중의 신뢰 회복에 대해 논의했다. 제약산업은 신뢰도 면에서 최하위 자리를 놓고 담배회사 또는 정부와 경쟁할 만큼 대중의 인식이 좋지 않았다. 실제로 과거에 많은 잘못을 저지르기도 했다. 그 결과 지금 화이자의 명성과 백신 자체의 신뢰 문제에 대해 걱정하지 않을 수 없었다. 무슨 일이 있더라도 대중의 신뢰를 얻고, 또 유지해야 했다. 호평은 얻기는 힘든 반면 잃기는 쉬웠다. 환자들의 기대에 부응하기 위해 우리는 매일 신뢰를 얻어야 했다.

코로나19 감염률이 치솟는 상황에서 백신 접종을 위해서는 소통과 대정부 작업이 필요했고 이 두 가지가 광속 프로젝트에서도 중요한 역할을 한 것으로 예상됐다.

우리는 즉시 백신은 3상 연구를 건너뛰거나 3상을 하더라도 규모를 줄여야 한다는 전략을 밀어붙였다. 다만 신속성을 중요시한 나머지 절차나 원칙 등을 무시하지는 않았다. 뜨거운 정치적 논쟁은 도움이 되지 않았다. 무엇보다 나를 가장 당황하고 화나게 만든 것은 도널드 트럼프 대통령의 FDA 관련 트윗이었다. 그는 나와 통화할 때마다 FDA의 뒤를 캐려는 듯 화이자와 FDA의 관계가 어떤지 물었다. 어떤 경우에나 내 대답은 아주 명확했다. FDA가 이번 프로젝트에 적극 협력하며 어느 때보다 더 뛰어난 역량을 보여주고 있다는 것이었다. 그러나 8월 22일 토요일, 트럼프 대통령은 다음과 같은 트윗을 올렸다.

"민주주의 제도 밖의 숨은 권력집단이나 FDA에 있는 누군가로 인해 제약회사들이 백신과 치료제 테스트에 참여할 사람들을 구하기 어려워졌다. 분명 그들은 11월 3일 (대통령 선거) 이후로 대답이 미뤄지기를 바라고 있다. 속도와 생명을 구하는 데 집중해야 한다!"

나는 이런 뜻밖의 사태에 대해 심각하게 고민하게 되었다. 만약 대중이 FDA의 진정성을 의심하기 시작한다면, FDA가 승인한 백신을 어떻게 믿는단 말인가? 백신이 투표일 이전에 승인된다면 혹자는 이것을 백악관의 정치적 압력의 결과로 생각할지도 모른다. 반면 투표가 끝나고 백신이 승인된다면 바이든 캠프의 정치적 압력 때문이라고 생각할 수도 있었다. 두 경우 모두 백신에 대한 대중의 신뢰를 얻는 데 도움이 되지 않았고, 공중보건에 추가적인 악재가 될 수 있었다. 우린 뭔가를 해야만 했다.

안전을 위한 공동 서약

위기 동안 나는 존슨앤드존슨Johnson & Johnson 회장이자 CEO인 알렉스 고르스키Alex Gorsky와 상당히 가까워졌다. 우리 둘은 주말에 정기적으로 통화하며 코로나19 상황과 우리가 직면한 어려움에 대해 논의했다. 나는 알렉스에게 전화를 걸어 정치권의 분위기와 정치적 압력에 대한 나의 걱정을 이야기했다. 우리는 제약업계의 목소리를 내야 한다는 데 공감하고 우리가 절대로 절차나 원칙 등을 무시하지 않는다는 사실을 세계에 확실히 알리는 '성명서'를 마련하기로 했다.

나는 샐리에게 연락해 한 주 동안 나를 비롯한 제약회사 리더들이 과학과 공공의 안전을 위해 규제 기관들과 연대하겠다는 공공 서약서 초안을 마련하겠다고 전했다. 정치인과 전문가 들은 과학적 접근을 약화시키는 걸 지지할지 모르지만, 우리는 그렇게 하지 않았다. 서약서에서 우리는 "FDA는 인허가를 받기 위한 과학적 입증자료의 경우 반드시 다양한 모집단에서 무작위로 선출한 피험자를 대상으로 적절하게 설계된 관찰자 맹검 방식의 고품질 임상시험으로 도출된 결과일 것을 요구하고 있다."고 썼다. 우리는 백신 접종을 받은 개인의 안전과 안녕을 항상 최우선시하고, 임상시험 수행과 백신 제조 과정의 엄밀함에 있어 수준 높은 과학적·윤리적 규범을 준수하며, FDA와 같은 전문 규제당국의 요구사항에 따라 설계되고 수행되는 3상 연구를 통해 안전성과 효능을 증명한 후에만 승인이나 긴급사용승인을 요청하고, 충분한 공급과 전 세계인의 사용에 적합한 광범위한 백신 옵션을 제공하겠다고 약속했다.

나는 서약서 초안을 고르스키에게 보냈고, 고르스키는 몇 시간 후에 몇 가지 수정 사항을 적은 초안을 다시 보내주었다. 준비는 끝났다. 우리는 서명을 요청할 CEO 명단을 작성해 나눠서 연락했고, 그들 모두 서명에 동의했다. 아스트라제네카, 바이오엔테크, 글락소스미스클라인, 존슨앤드존슨, 머크, 모더나, 노바백스Novavax, 화이자, 사노피Sanofi까지 총 아홉 개 회사 CEO가 서명했다. 9월 8일, 공동 성명을 발표하면서 미국의 대형 일간지 중 14곳에 성명서를 전면 광고 형태로 실었다. 그것은 바이러스가 적이며, 제약업계와 FDA는 무엇보다 공공 안전을 위해 협력하고 있다는 분명한 메시지였다. 이 서약서에서는 3상의 가치를 깎아내리는 논쟁을 잠재우고, 백신의 안전성과 효능이 중요하다는 사실을 계속해서 강조했다. 우리는 사용승인이 떨어지기 전에 백신 후보를 완전히 테스트하고 분석하는 데 전념했다.

그리고 거기서 멈추지 않았다. 매우 자세한 임상시험 절차를 발표하기로 결정한 것도 이런 노력의 결과물이다. 화이자의 과학자들이 비공개로 열띤 토론을 벌인 끝에 내린 결론이었다.

"이것은 전문가들만이 이해할 수 있는 고도로 과학적인 문서입니다. 그것을 공개해봤자 무슨 소용이 있겠습니까? 이제부터는 모든 연구 절차를 발표해야 할 의무가 생기는 겁니까?" 이런 불만도 나왔다.

이런 우려는 합리적이었지만 투명성이 백신에 대한 신뢰를 쌓는 데 도움이 된다고 판단했다.《영국의학저널The British Medical Journal》은 우리의 결정을 "이러한 핵심 시험에 대해 공개적인 정밀조사를 할 수 있는 흔치 않은 기회"라고 평가했다.

화이자에서 임상시험을 총괄하는 로드 맥켄지 CDO는 환자와 투명성을 고려해 강한 목소리를 냈다. 화이자의 대외 업무를 책임지는 CCAO인 샐리 서스먼은 대중이 매우 취약하다고 느끼는 상황에서 그들과의 대화를 이끌어나가기 위한 우리의 목표 달성을 위해서는 추가 조치를 취해야 한다는 점을 상기시켰다.

샐리와 그녀의 팀이 힘써준 덕분에 나는 대중적 인지도를 높여나갔다. 그러자 지방 정부, 주 정부, 부족 정부, 연방 정부는 불안해했다. 공무원들이 건 전화는 직원들에게 떠넘기지 않고 내가 직접 받았다. 지난 5월 여론조사 기관인 퓨리서치센터Pew Research Center는 코로나19 관련 뉴스 보도에 대해 미국인 사이에서 긍정 반응이 부정 반응보다 높다고 발표했다. 그들은 이번 위기에 대한 언론 보도가 자신들에게 도움을 줬다고 느꼈다. 이후 로버트우드 존슨재단Robert Wood Johnson Foundation과 하버드 보건대학원이 공동으로 실시한 여론조사에 따르면 미국인들은 공공의료기관보다 간호사, 의료계 종사자, 의사를 더 신뢰하는 것으로 나타났다.

이 정도로는 모자랐다. 나는 대부분의 언론 인터뷰를 거절하지 않고 흔쾌히 수락했다. 이것은 변화였다. 화이자는 사실상 몇 년 동안 벙커에 숨어 지내는 듯 살았다. 실제로 화이자 CEO 중 가장 최근에 긍정 평가를 받은 사람은 2001년 퇴직한 빌 스티어 주니어Bill Steere, Jr.였다. 신뢰를 쌓기 위해서 나는 눈에 더 많이 띄고, 기자와 정치인 들이 던지는 어려운 질문에 대답할 수 있어야 했다. 우리는 단순히 문의를 관리하는 차원에서 벗어나 뉴스에 적극적으로 등장하는 방향으로 전략을 전환했다. 팬데믹 초기에 나는 백신 개발 계획과 관련해 《포브스Forbes》와 전반적인 내용을 다룬 인터뷰를 진행하기로 합의했다. 기사에서 비평가들은 내 개발 일정이 비현실적이라고 주장했다. 커버스토리는 우리가 왜 다르게 생각하는지를 깊이 있게 보여줬다. 그 당시 갑자기 봉쇄가 심해져서 우리 집 차고를 임시 스튜디오로 사용했다. 어떤 사진에서는 결의에 찬 팔짱을 낀 채 창가에 서 있는 모습이 찍혔는데 창 밖으로 우리 집 나무가 보였다.

과학은 승리할 것

여름을 맞아 '그동안 임상시험에서 무시됐던 다양성을 되돌리자'는 공익 캠페인을 시작했다. 다양한 커뮤니티의 임상시험 참여와 반영을 독려하는 게 목적이었다. 4월 15일 팬데믹이 한창일 때 우리는 NBC의 〈투데이 쇼Today Show〉에 '과학은 승리할 것'이라는 60초짜리 광고를 내보냈다. 과학 및 백신과 치료법을 연구하는 과학자들의 외침이었다.

모든 것이 가장 불확실한 시기에 우리는 가장 확실한 것, 즉 과학으로 눈을 돌렸습니다. 과학은 질병을 극복하고, 치료제를 만들고, 네, 팬데믹을 물리칠 수 있습니다. 예전부터 그래왔고, 앞으로도 그럴 것입니다. 새로운 적과 마주쳤을 때 물러서지 않고, 다시 힘을 내서 원하는 것을 찾을 때까지 질문을 던지기 때문입니다. 그것이 과학의 힘입니다. 우리의 연구, 전문가, 자원 모두가 잠재적 치료법과 백신을 발전시키기 위해 노력하는 가운데 과학의 힘을 빌려 그것을 폭발적으로 키우고 있습니다. 다른 회사와 학회 들도 모두 똑같이 그렇게 하고 있습니다. 전 세계 과학계가 팬데믹 문제를 해결하기 위해 함께 노력하고 있습니다. 그리고 우리는 과학으로 그것을 이뤄내려고 합니다. 과학이 승리하면, 우리 모두가 승리하기 때문입니다.

마지막 장면에서는 연구실 직원 중 한 명이 등장해서 "우리가 사는 세계의 보건 위기를 끝내기 위해 화이자와 전 세계 연구실에서 끊임없이 연구하는 과학자들 모두에게 감사합니다."라고 말한다. 그해 가을 우리는 화이자의 연구진들이 진행 중인 연구를 직접 설명해주는 4분짜리 에피소드 〈코로나19와의 싸움에 전력을 다하다No Stone Left Unturned In the Fight Against COVID-19〉에서 시청자들에게 물밑에서 벌어지고 있는 일을 보여주었다.

대선을 불과 2주 앞둔 10월 16일 금요일, 나는 백신 소식을 애타게 기다리고 있던 전 세계 수십억 명의 사람과 수천 명의 지도자에게 보내는 공개서한을 썼다. 3상 연구에서 중요한 자료 판독이 임박했지만, 선거가 끝난 11월 셋째 주에 안전성 확인 단계를 끝낸 뒤에야 비로소 긴급사용승인을 신청하겠다는 뜻을 분명히 밝히고 싶었다. 이 편지는 화이자 웹사이트에서 가장 많이 읽힌 페이지가 되었다.

WHO가 팬데믹을 선언한 지 1주년이 되는 날, 우리는 대중에게 백신을 만든 사람들의 얼굴을 보여주고 목소리를 들려주기 위해 내셔널지오그래픽National Geographic과 함께 다큐멘터리 〈미션 파서블Mission Possible〉을 방송했다. 여러분이 읽고 있는 이 책도 그런 노력의 일환이다.

좀 더 개방적이고 투명하게 행동하기로 한 것은 옳은 결정이었다. 우리는 앞으로도 이런 정책을 고수할 것이다. 2021년 백신의 보급이 확대되자 악시오스Axios와 해리스폴Harris Poll이 발표하는 신뢰도 조사에서 제약산업 순위가 2019년 팬데믹 이전에 비해 두 배로 올라가서 현재는 기술과 제조 업계와 어깨를 나란히 하는 것으로 나타났다. 우리가 직접 조사해본 결과에서도 화이자에 대한 호감도가 크게 올라간 것으로 확인됐다. 심지어 동종 업계 다른 회사들과 비교하면 훨씬 더 좋아졌다. 시간이 지나면서 모두가 스파이크 단백질이 무엇인지 알게 되었다. 화이자는 NBC 코미디·버라이어티 쇼 프로그램인 〈새터데이 나이트 라이브Saturday Night Live〉에서 칭찬과 유머의 주제가 되면서 대중문화계에 진입했다.

세계 최고 권위의 광고 전문지 《애드에이지Ad Age》는 "화이자는 백신 브랜드 인기 면에서 단연코 최고의 승자"라고 썼다. 《애드에이지》는 경쟁이 치열한 시장에서 브랜드가 성공하기 위한 다섯 가지 전략을 소개하면서 우리의 대중 노출 전략과 투명성, 그리고 소비자를 제품에 참여시키려는 노력을 높이 평가했다.

화이자의 이름이 '최고' 명단에 오르면서 여러 상을 받게 된 것은 우리 모두에게 의미 있고 만족스러운 일이었다. 본래 인기란 덧없지만 대중의 신뢰를 얻기 위한 헌신적 노력은 영원히 지속될 것이다. 이러한 노력은 분명하고, 일관적이고, 타협할 수 없어야 한다. 공공과 민간 기관 모두가 여기에 동참해야 한다. 언론의 역할도 중요하다. 2020년 1월 나온 언론 보도와 제약업계 신뢰도 분석 결과를 보니, 인수·합병, 구조조정, 재무 보고서 등 과학적인 면보다 사업적 성과에 초점을 맞춘 내용이 많았다. 팬데믹은 과학에 대한 분석적인 다양한 보도가 시급하다는 것을 우리에게 보여주었다.

나는 2021년 3월 22일 '양심의 호소 재단'이 수여하는 '양심의 호소상'을 겸허한 마음으로 받았다. 양심의 호소 재단은 1965년에 설립된 종교계 지도자와 기업인 들로 구성된 단체로 매년 전 세계에 걸쳐 민주주의와 인권 신장, 종교의 자유 옹호, 국제 이해 증진에 기여한 지도자를 선정하고 있다. 수상식 개회사에서 나는 인류의 상호 존중에 대한 제도를 만든 재단 설립자 랍비 아서 슈나이어 Arthur Schneier에게 감사의 뜻을 전했다. 그는 사랑의 힘, 즉 우리가 사는 세상에서 선善이 가진 위력을 보여주는 산증인이다. 우리는 사랑으로 상호 이해를 함양하고, 모두가 보고 듣고 보살펴질 가치를 인정받는다. 그것은 신뢰가 뿌리내리고 성장하는 비옥한 기반이다.

백신은 우리에게 대중의 인식에 대해 가르쳐주었다. 그것은 우리의 목표인 삶을 바꾸는 과학적 혁신이 대중의 신뢰를 얻을 수 있는 유일한 통로라는 점이다. 그리고 우리는 그것을 조심스럽게 지켜나갈 것이다.

12장

친환자적이고
친혁신적인 제언

"사람이 죽어서 남기는 것은 비석에 새겨진 비문이 아니라,
다른 사람들의 삶에 깃든 무엇이다."

고대 그리스 정치인 페리클레스

1961년 5월 25일 케네디 대통령은 의회에서 "미국은 1960년대가 끝나기 전에 인간의 달 착륙과 지구 안전 귀환 목표를 달성하는 데 전념해야 한다."고 말했다. 8년 후인 1969년 7월 24일 이 임무는 완수되었다. 하지만 여러 가지 면에서 인류가 달 너머 우주를 탐사하는 문샷은 계속되고 있고, 바이든 대통령 역시 미국이 과학에 기반한 미래를 포용하길 원하고 있다.

우리의 문샷도 계속되고 있다. 백신 개발의 돌파구를 마련한 지 6개월 만인 2021년 5월 4일, 나는 분기 실적 보고 도중 동료와 주주 들에게 화이자가 이보다 더 자랑스러울 수 없다고 말했다. 연말까지 25억 회분의 코로나19 백신을 생산하고, 2022년에는 30억 회분의 백신을 생산하겠다는 계획은 순조롭게 진행되고 있었다. 우리는 또한 우리가 '한 가지 제품만으로 인기를 끈 기업'이 아니라는 사실을 입증했다. 코로나19 백신으로 올린 매출을 제외하고도

2021년 1분기에 화이자의 매출은 8퍼센트 성장했다. 게다가 임상, 인허가, 상업적 차원에서 몇 가지 중요한 이정표를 세웠다. 우리는 안전하고 효과적인 백신을 찾기 위해 엄청난 도박을 했지만 과학은 끝내 승리했다.

우리는 혁신을 추진하고 수많은 사람의 삶에 영향을 주기 위해 무엇이 필요한지를 두고 열정적이고 효과적으로 많은 것을 배웠다. 앞에서 엄청난 압박을 견디며 우리가 주도해나간 과학적·기술적·사업적 전략을 살펴보았다. 코로나19로 인해 모두가 위험에 처했기에 치료법을 찾는 데 다 함께 합심했다.

그러나 대부분의 질병은 일부에게만 영향을 미치기 때문에 의료 서비스에 접근이 제한되어 비효율과 불평등을 초래한다. 이 마지막 장에서는 다섯 가지 제언을 통해 우리가 팬데믹에서 배운 것을 미래의 혁신과 환자 발전에 어떻게 적용할 수 있을지 살펴볼 것이다.

1. 접근성과 보험급여 관행의 개선

우리는 환자 '본인 부담금'을 줄여주는 정책을 추진해야 한다. 의료비 부담이 증가했지만, 우리 사회는 환자에게 여전히 너무 많은 비용을 전가하고 있다. 예를 들어, 미국 노인의료보험제도인 메디케어의 '처방약 비용 적용Part D'의 경우 환자의 본인 부담금에 대한 상한선이 없어서 면역과 유전자 치료와 같은 맞춤형 치료가 필요한 환자가 상당한 치료비를 부담해 곤란해질 수 있다. 이러한 부담금은 환자가 있는 가족에게 막대한 고통이다. 바이오 제약사는 경우에 따라 특정 질환을 앓는 소수의 환자 집단에게만 필요한 혁신적인 의약품을 개발하는 연구에 투자한다. 그런데 이런 경우 환자 수가 적기 때문에 치료비가 높은 편이다. 그렇다면 어떻게 사회와 업계가 비용을 분담하여 환자가 부당한 부담을 받지 않게 만들 수 있을까?

또한 의료보험이 환자의 상태에 따라 적절한 가중치를 고려하도록 보장할 수 있는 방법은 무엇인가? 한 가지 해결 방식은 소위 '의료기술평가Health Technology Assessment(이하 HTA)'시 환자 옹호단체의 참여를 늘리는 것이다. HTA는 정부와 메디케어 같은 의료보험 제도를 활용해 특정 의약품이나 기술의 영향을 평가하는 메커니즘이다. 우리는 환자의 '의학적 근거'를 평가하기 위한 구체적 기준이나 과정을 갖춰놓은 HTA 기구 수를 늘려야 한다. 유럽의 HTA는 의약품의 실제적 가치를 공개하기 위해 면밀하게 조사해 비용과 혜택을 다방면으로 평가한다. 하지만 이 공식만으로는 환자인 부모가 아이를 계속 돌볼 수 있는지, 환자인 직장인이 출근함으로써 계속해서 자존감을 지킬 수 있는지 등 비가시적인 혜택을 설명해주지 못한다. 유럽의 HTA는 오로지 가장 엄격한 공식에 따라 의료 시스템이 부담해야 할 직접적인 비용만을 검토한다. 하지만 환자의 건강과 생산성은 분명 고려되어야 한다.

우리는 또한 가치 기반 가격책정 및 지급 모델을 개선할 필요가 있다. 즉, 가치에 기반한 정책의 채택을 가로막는 장벽을 줄여야 한다는 뜻이다. 우리는 정부와 협력하여 새로운 모델을 공동 개발함으로써 이 목표에 더 빠르게 도달할 수 있다. 우리는 특정 의약품이나 치료로 절약한 금액과 높아진 생산성을 정확한 수치로 입증할 수 있다. 환자의 수명은 연장되고, 입원 기간은 줄어든다. 이러한 실질적 결과를 어떻게 더 잘 설명할 수 있단 말인가?

부유한 국가의 의료 시스템은 환자에게 종종 비싼 의약품이 필요할 경우, 충분한 정부 지원금을 비효율적인 의료 부문, 즉 수요가 적은 질병에 할당하도록 하기도 한다. 그러나 많은 저소득과 중소득 국가에서는 의료비를 조달할 수 있는 기본 인프라가 충분하지 않기 때문에 환자들은 효과가 높은 신약에 접근할 수가 없다. 이러한 자금 격차를 해소하기 위해 정부와 민간이 협력하는 것이 매우 중요하다. 그것이 우리가 개발도상국 전체의 기본적인 의료 금융과 보험급여 지급 주체를 보완할 수 있는 민간 건강보험 시스템을 개발하기 위해 민관 협력 증진에 힘써온 이유다.

가령 우리는 최근 중국의 보험회사인 평안Ping An 및 중국의 난

통시와 제휴하여 그곳에 거주하는 100만 명의 시민들에게 민간 건강보험을 제공하는 시범 프로그램을 개발했다. 이 프로그램은 기저질환 유무와 상관없이 기본 의료보험을 보완하고 암 및 희귀병 치료제 같은 신약을 얻기 어려운 환자들에게 적절한 의약품을 제공할 것이다.

우리가 진출해 있는 모든 국가에서 우리는 환자들과 환자를 위한 단체들과 협력하여 의약품의 접근성과 보험급여 시스템을 개선하기 위한 창의적인 정책을 만들어나가고 있다.

2. 지식재산권 보호에 대한 지원 시스템 구축

앞에서 나는 지식재산권 보호와 관련해 느낀 좌절감을 일부 공유했다. 이 책을 쓰고 있는 지금도 코로나19 관련 특허 침해 위험이 실제 존재하며, 그런 위험은 계속해서 등장하고 있다.

앞으로 우리는 전 세계적으로 특허의 필요성에 대한 기본적인 이해를 쌓아야 한다. 나는 우리가 아직 이 중요한 사안을 공론화할 때 쓸 적절한 메시지를 찾지 못했고, 우리가 특허에 대해 말할 때 종종 제약 무역협회에서 나온 팸플릿처럼 하나마나한 소리를 하는 것처럼 비춰질까 걱정된다.

기본적인 사실은 확실하다. 지식재산권은 다양한 혁신적인 생각을 보호하는 핵심 요소다. 법적 틀 안에서 지식재산권, 특히 특허권은 발명가에게 제한된 기간 동안 지식재산권을 사용할 수 있도록 권한을 부여함으로써 그가 창작 활동으로부터 이익을 얻게 해준다. 정부는 주로 지식 집약적 분야의 혁신을 촉진하고 지식 기반 발명에서 비롯된 유용한 재화와 용역의 생산을 장려하기 위해 지식재산권 보호 시스템을 갖춰둔다. 지식재산권의 확립과 보호는 발명가와 사회의 이익을 고루 증진시키는 균형을 잡는 것이다. 이때의 논리는 간단하다. 동기부여 요소가 사라지면 혁신도 사라지게 된다.

과학자이자 기업의 리더로 살아오면서 나는 강력한 지식재산권 보호 시스템이 혁신적인 문화를 조성한다는 것을 알게 되었다. 그런 문화 속에서 혁신가는 자신의 발명품이 안전하게 보호받는다는 것을 알고 새로운 제품과 기술의 개발 및 안전한 공유에 더욱 박차를 가한다. 그것은 바이오 제약업계 과학자, 정부, 대학 및 기타 연구 파트너 간의 협업을 촉진함으로써 가장 시급하게 해결돼야 할 의료계 요구사항의 해결 속도를 높일 수 있다. 지식재산권은 전 세계가 미래의 글로벌 보건 위기와 그 외의 의료계 현안에 대한 혁신적인 해결책을 확실히 준비해놓을 수 있게 이번 팬데믹이 끝난 후에도 계속해서 중요한 역할을 할 것이다.

3. 기술과 인공지능의 미래 육성

기업과 산업에서 '신기술 도입 속도를 높이는 작업tech-celeration'
은 계속해서 중시될 것이다. 디지털 R&D는 혁신을 가로막는 장벽
을 낮추고 획기적인 의약품과 치료제 시장을 확대하는 잠재력을
가진 빠르게 진화하는 생태계다. 인공지능과 머신러닝 및 IoT 같은
연결된 장치와 센서는 디지털 R&D를 위해 가장 일반적으로 활용
되는 기술이다. 이러한 기술은 시험 설계, 실행, 관련 데이터 수집
등 전 분야에서 두루 필요한 임상시험 분야가 가장 유망하지만,
신약 개발 R&D 과정과 생산 및 인간의 수명 관리에도 활용되고
있다.

디지털 전환은 우리가 큰 생각을 하는 것은 물론, 큰 꿈을 꾸면
서 '만약의 경우'에 대해 자문해볼 수 있게 해준다. 데이터와 디지
털 도구가 질병 예방, 환자에게 필요한 권한 부여, R&D와 생산 속
도를 모두 완전히 새롭게 바꿔놓을 수 있다면 어떨까? 이러한 과학
과 기술의 융합이 더 건강한 삶을 위해 적절하게 활용된다면?

예를 들어, 우리는 환자들에게 맞춤형 치료법을 적용하여 치료
효과를 극대화하고 삶의 질을 향상시키는 모습을 상상할 수 있다.
이로써 환자들에게 치료법에 따른 적합한 효과가 나타나는지 장기
간 추적할 수 있으며, 이 과정에서 얻는 다양한 데이터는 새로운 발

견과 전망이 밝은 치료법의 개발로 이어질 수 있다. 획기적인 의약품이 가진 힘을 디지털 치료법과 결합하면 환자의 치료 효과를 개선하고, 의료 전문가에게는 치료의 연속성을 보장해줄 수 있다. 올바른 치료법은 만성질환이 의료 시스템에 미치는 전반적인 영향과 비용을 낮춰준다. 이는 의료인들이 환자를 치료하는 방식에도 반영될 수 있다. 이러한 치료법을 개발하고 마케팅하며 가격을 책정하려면 바이오 제약 분야가 새로운 데이터와 분석 역량을 수용해야 한다. 새로운 mRNA 기술은 질병의 예방과 조기 발견을 주도할 수 있다.

우리가 mRNA 백신 기술로 이뤄낸 혁신으로 하나의 백신이 여러 질병을 막아줌으로써 백신 접종 횟수를 줄여줄지 모른다. 게다가 암 연구 분야에서는 특정 암세포를 겨냥한 면역 체계를 작동시키기 위해 mRNA를 활용하는 방법을 연구하고 있다. 고급 데이터 분석과 고성능 컴퓨팅 기능을 활용하여 질병의 원인 및 초기 신호와 관련된 패턴을 파악하고 질병을 완전히 예방하기 위해 개입할 수 있다. 또한 이로 인해 의사들이 디지털 채널을 통해 적절한 정보에 빠르게 접근함으로써 전 세계적으로 더 평등한 의료 시스템이 구축된다.

4. 환자에게 권한 부여

환자들이 건강을 유지하고 더 나은 치료 효과를 얻기 위해 원하는 때에 원하는 방식의 의료 서비스를 선택할 수 있다면 어떨까? 소비자와 환자가 자신의 건강 정보를 쉽게 수집하고, 접근하고, 관리할 수 있는 플랫폼이 있다면 그들은 항상 자신의 건강 상태를 이해하고 평가할 수 있을 것이다. 환자는 맞춤형 코칭과 진단으로 건강을 극대화하고, 질병을 예방하며, 궁극적으로는 질병과 씨름할 때 치료 효과를 최대한도로 높이는 데 필요한 시간과 장소를 파악해 적절한 수준의 치료를 받을 수 있다. 디지털 솔루션은 마치 '엔진 점검등'처럼 위험 신호가 켜졌을 때(생화학적 지표의 비침습적 측정을 통해 실시간으로 끊임없이 환자의 생리학적 정보를 파악할 수 있는 바이오센서를 이용) 의사가 자신에게 연락할 수 있게 해주는 식으로 의료보험 제도와 정보를 공유하려는 환자를 도와줄 수 있다.

환자가 병원까지 갈 필요 없이 검체를 자기 집 대문 밖에 두면 병원에서 픽업해 이동 경로를 추적하고, 진단 결과가 준비되었을 때 알림을 받는다면 환자의 편의성은 개선되고, 진단 속도도 빨라져 조기 치료가 가능해진다. 제약업계에서도 급한 마음에 무턱대고 임상시험에 참가하는 환자 대신 임상시험에 알맞는 개별 환자를 찾을 수 있다면 시험의 다양성과 접근성을 끌어올릴 수 있다. 여행 일정표처럼 치료와 돌봄의 여정을 알려줄 수 있다면 환자는 각 구간마다 필요한 시간과 재정적 부담을 더 잘 이해할 수 있게 된다. 환자가 치료를 받는 동안 가족이나 지역 지원 서비스에 이러한 일정표를 쉽게 공유함으로써 치료에 더 집중하고 더 나은 효과를 기대할 수 있다. 또한 환자가 개인 기기를 이용해서 자신의 치료 여정을 관리하는 데 도움을 받는다면 건강 상태에 더 잘 대응할 수 있을 것이다.

환자가 사용하는 기기가 병원 방문이 필요한 시점은 물론이고 특정 검사 전 식단, 심신 안정법 등을 가르쳐줄 수 있다면 어떨까? 환자가 혼란스럽다는 신호를 보냈더니 기계나 전문가(예: 약사)로부터 언제든지 도움을 받을 수 있다면 어떨까? 어떤 알약이 무슨 효과를 내는지, 먹거나 마셔도 되거나 되지 않는 게 무엇인지, 테스트 결과의 해석 등을 알려준다면 어떨까? 치료를 받는 환자가 공유한 정보가 의료 생태계 구성원의 보상 방식에 영향을 미친다면 어떨까? 즉, 환자의 삶에 의미 있는 변화를 가져다준 치료제와 전달 모델(예를 들어, 가치 기반 의료 서비스 전달용 '전자적 환자 보고 결과electronic patient-reported outcomes(이하 ePRO))에 보상하고, 아직까지 관심을 덜 받는 미충족 의료 수요unmet needs에 관심 있는 의료계 종사자를 위해서 미래의 R&D 기회가 생겼다는 사실을 부각한다면 어떨까?

또한 환자들은 임상시험용 데이터를 제공해주는 조건으로 시민 과학자가 될 수 있다. 환자는 자신이 가장 신경 쓰는 데이터를 기부함으로써 연구를 발전시키는 데 더 적극적으로 참여할 수 있으며, 추가로 다른 데이터를 제공해도 되는지 적극적으로 문의할 수 있다. 소비자와 환자가 제공하는 데이터 덕분에 새롭게 창출되는 가치에 맞게 보상(새로운 발견에 대한 지분 공유)해주면 그들의 참여를 촉진하고 보다 많은 과학적인 혁신을 이끌어낼 수 있다. 인간이 이러한 가능성에 미치는 영향을 생각하면 나는 정말 마음이 설렌다.

5. 혁신을 멈추지 마라

화이자 CDO인 로드 맥켄지는 '어떨까?'란 질문에서 더 나아가 "왜 코로나19 때만 이런가?"라는 질문을 던졌다. 로드는 스코틀랜드 서부 출신의 열정적인 과학자다. 그의 말투는 그런 열정을 증명해준다. 그는 영국에 있는 글래스고 대학교를 졸업하고 임페리얼 칼리지와 미국 컬럼비아 대학교에서 유기화학을 공부했다. 화이자의 다른 실무 경영진과 마찬가지로 로드도 팬데믹 와중에 특별한 목표를 갖게 됐다. 나는 그에게 인허가 혁신을 이끌라는 목표를 부여했다.

백신 접종자 수가 수백만에서 수십억 명까지 늘어나자 그는

• 왜 코로나19 때만 이런가?

코로나19 백신 vs. 기본 의약품 개발 소요 시간

코로나19	심혈관 질환	암	호흡기 질환	당뇨

대략 1년 vs. **평균 7~10년***

개발 소요 시간을 10퍼센트 단축할 수 있다면?

 =

1년 단축

10년 동안
환자 1000만~2000만 명의
추가 치료 가능**

환자들을 위한 네 가지 획기적 변화 약속

약속 1
임상시험 참가자가
소속된 국가의
인종적·민족적
인구분포를 완전히
반영한다.

약속 2
임상시험에 대한 인식과
접근성을 확대하고
환자들의 경험을
개선한다.

약속 3
의학 발전의
속도 향상을 위해
과학적 지식을
더욱 폭넓게 공유한다.

약속 4
디지털 도구를
전적으로 사용함으로써
효율성과 혁신을
도모한다.

───── 화이자는 2020년 9월 코로나19 백신 개발 프로젝트에서 얻은 경험과 임상 개발 과정 개선사항을 반영하여 모든 환자가 가능한 빨리 과학적 발전의 혜택을 누릴 수 있도록 네 가지 약속을 공표했다.

* CMR International Clarivate-R&D Program Metrics 2015-2019; 첫 번째 승인 기준

** Decision Resources Group disease landscape and forecast, decisionresourcesgroup.com (2018-2020). 화이자 분석

"왜 코로나19 때만 이런가?"라는 질문을 거듭 던졌다. 팬데믹에서 배운 것을 암과 다른 질병들에 적용할 수 없을까? 왜 규제당국과 회의하는 데만 두 달의 일정을 잡을까? 더 많은 연구·개발·제조 공정을 동시에 처리할 수는 없을까? 머지않은 미래에 예방과 치료가 가능해야 하는 수많은 질병으로 매일 사람들이 죽어가고 있다.

임상시험을 개선하고 모든 환자에게 더 나은 서비스를 제공하기 위한 즉각적인 조치가 필요한 시점이다. 우리가 현재의 팬데믹 이후를 본다면, 지금까지 코로나19 환자들을 위해서 취했던 특별한 조치들을 어떻게 하면 암 환자나 시한부 희귀 질환자나 그 밖의 수많은 특별한 치료가 필요한 환자에게도 적용할 수 있을지를 묻는 불편한 질문을 던질 수밖에 없다.

이 글을 쓰고 있는 현재 코로나19로 인한 전 세계 누적 사망자 수는 무려 500만 명을 넘어섰다. 끔찍한 결과다. 사망자 수는 계속 증가할 것이다. 그러나 매년 약 1700만 명이 심혈관 질환으로, 약 1000만 명이 암으로 사망한다. 이 환자들은 관심을 받을 자격이 부족한 것일까?

당연히 그렇지 않다. 그러나 전 세계를 휩쓴 팬데믹의 의학적·경제적·사회적 영향을 계기로 후원자, 임상 연구자, 규제 기관이 속도, 품질, 규모 향상을 위해 총력을 기울이게 됐다.

팬데믹에 대한 대응이 현재진행형이지만 우리의 이런 모습을 되돌아봤을 때 앞으로 생명과학업계가 이 순간을 시작으로 모든 환자들을 위해 달라지겠다고 약속해야 한다. 글로벌 보건 위기에 대처하는 과정에서 기존 관습이 무너지면서 우리에게는 특별한 기회가 생겼다. 가능성을 상상해보자. 우리가 코로나19 백신과 치료제 개발에 애쓴 속도의 극히 일부, 불과 10퍼센트만 유지하더라도 생명과학 기업은 향후 10년 안에 1000만에서 2000만 명이 넘는 환자에게 도움이 되는 획기적인 발전을 이뤄낼 것이다.

지금까지 논의한 제언들을 한꺼번에 시행하려는 의도도 없고, 아직은 그들 중 어떤 것도 시도한 적이 없다. 다만 이러한 논의들이 더욱 빠르게 종합적인 조치를 취하게 할 도발적인 자극제가 되어주길 바랄 뿐이다.

나는 포스트 코로나 시대에 우리가 미래의 인류 건강에 대해 새로운 대화를 시작하고, 이러한 생각들을 통합하고 그 위에 살을 붙일 수 있기를 바란다.

변화를 만드는
화이자의
목적 지향 문화

2021년 8월 23일, 월요일 아침 경영진 회의를 주관하고 있었다. 우리가 모여 자리를 잡고 있던 오전 8시 59분, 펜실베이니아주 컬리지빌에 있는 글로벌 백신 인허가 담당 부서의 엘리사 하킨스Elisa Harkins 이사로부터 '코머나티 품목허가신청 승인COMIRNATY BLA APPROVED'이라는 제목의 이메일을 받았다. 코머나티는 코로나19 mRNA 백신의 제품명이고, BLA는 생활의약품 허가 신청Biologics License Applications의 약자다. 편지 내용은 다음과 같았다.

친애하는 여러분,

화이자와 바이오엔테크 인허가팀을 대표해 16세 이상 개인을 대상으로 한 코머나티(코로나19 mRNA 백신) BLA가 승인되었음을 알려드립니다!! 이것은 우리의 코로나19 백신에 대한 첫 전면 사용허가 승인입니다. 첨부한 승인서를 확인해주세요.

우리는 정말 놀라운 속도로 승인을 받아냈습니다. 백신 BLA에 필요한 자료 제출 부담이 줄었거나 검토 절차가 생략된 것은 아닙니다. 화이자, 바이오엔테크, 그리고 미국 FDA 동료들의 헌신, 결의, 그리고 엄청난 시간적 수고 덕에 얻어진 속도입니다.

- BLA의 첫 신청서는 5월 6일에 제출했습니다.
- BLA의 최종 신청서는 5월 18일에 제출했습니다. 이때부터 검토가 시작되었습니다.
- BLA는 2022년 1월 18일 우선심사지정대상Priority Review Designation 이 되었습니다.
- 그리고 마침내 오늘 BLA가 승인되었습니다!

또한 코머나티를 12세부터 15세 사이의 개인과 특정 종류의 면역 결핍증immunocompromise을 앓는 12세 이상 개인에게도 3차 접종으로 사용할 수 있습니다. 코머나티라는 라벨이 붙은 제품이 시장에 출시되면 청소년들의 접종이 가능하다는 것이 승인 이유입니다.

이번 일에 기여한 모든 동료분께 여러분이 정말 기념비적인 일을 해냈다는 이야기를 드리고 싶습니다!

모두 축하드립니다!!!

엘리사의 편지는 회사 내 431명에게 전달되었다. 그해 초 업무 단순화 프로젝트의 일환으로 불필요한 메일을 줄이기 위해 나는 '전체 회신'을 금지하는 새로운 규범을 마련했다. 하지만 이 믿을 수 없는 일에는 많은 사람이 내 지시를 어기고 모두에게 긍지와 기쁨이 깃든 메시지로 화답했다. 나는 이 일을 문제 삼을 수가 없었다.

물론 처음부터 완전한 승인을 예상했있기에 놀랄 만한 일은 아니었다. 그렇지만 그것이 얼마나 역사적으로 의미 있고, 또 얼마나 많은 감동을 안겨줄지는 전혀 예상하지 못했다. 나는 곧바로 화이자 동료들과 광속 프로젝트 팀에게 감사의 편지를 보냈다. 또 기대 이상의 능력을 보여준 몇몇 사람들과 남다른 활약을 펼쳤던 실무 경영진에게도 메일을 보냈다.

경영진 여러분,

정말 놀라운 여행이 아닐 수 없습니다! 2020년 3월 코로나19 백신 개발을 추진하기로 했을 때 1년도 채 안 되는 짧은 시간 동안 백신을 개발하고, 18개월 안에 FDA의 완전한 승인을 얻으리라고 믿었던 사람은 극소수에 불과했습니다. 하지만 여러분이 해냈습니다. 여러분은 우리의 과학을 믿었습니다. 우리 사람들을 믿었습니다. 우리의 목적을 믿었습니다. 그리고 서로를 믿었습니다.

여러분의 리더십과 뛰어난 능력과 동료애에 감사드립니다. 여러분의 전문성과 용기와 희생이 없었다면 이렇게 빨리 많은 것을 이룰 수 없었을 것입니다. 여행이 끝나려면 아직 멀었지만, 경영진의 지도하에 과학은 승리할 것이라고 확신합니다!

감사합니다.

동료들과 마찬가지로 나 역시 하루 종일 많은 전화와 이메일, 감사 편지를 받았다. 아이들이 마침내 백신을 접종할 수 있게 되어 안심이 된다는 말을 전하려 편지를 보낸 아버지이건, 거대한 제약 회사가 과학의 최첨단에 서서 그토록 긴박하게 움직일 수 있었다는 데 대해 경외심을 표시한 기업인이건, 모든 소통 하나하나가 나를 감동시켰다. 오후에는 지난 몇 달 동안 여러 차례 이야기를 나눴던 NBC 뉴스의 앵커 레스터 홀트Lester Holt와의 인터뷰를 포함해 여러 언론사와 인터뷰했다.

그리고 그날 저녁 퇴근 후에는 조용한 시간을 가졌다. 돌이켜보니 두 가지 진실은 영원히 내 곁에 남아 있을 것이었다.

첫 번째 진실은 화이자의 혁신적인 백신은 민간에 의해 추진된 훌륭한 최첨단 과학과 정부와의 협력적 관계라는 보기 드문 조합의 결과라는 것이다. 2020년에 'mRNA'란 단어가 일상적으로 쓰였다는 사실이 흥미로웠다. 일반인들은 과학에 스포츠처럼 열광했다. 우리 사회는 반드시 과학을 계속 존중하고 존경할 필요가 있다. 몇 년(때로는 수십 년)이고 과학과 인간의 건강을 공부하며 종종 주목받지 못한 채로 새로운 발견을 탐구하기 위해 음지에서 자료를 찾는 데 일생을 바쳐온 사람들이 내게는 영웅이다. 우리는 계속 그들을 그 노력에 걸맞게 대우해줘야 한다. 나는 학생들이 셀러브리티나 스포츠 스타 들만큼 우리의 일류 과학자들의 이름과 얼굴에도 친숙해지는 날이 오기를 기대해본다.

나는 과학자의 진정한 신봉자로서 화이자 이사회에 다섯 명의 뛰어난 과학계 리더들이 앉아 있어 영광이다. 그들 중 세 명은 내가 CEO가 된 후 영입했다. 그들이 이사 역할을 해준 덕분에 우리 회사는 더 나아졌다. 의대 지원자가 늘어나고 있다는 좋은 소식을 들으니 기쁘다. 미국 의과대학협회에 따르면 근래 24개 의대의 지원자 수가 최소 25퍼센트 늘어났다. 9·11 사태 직후 국가를 위해 헌신하기로 한 미국 젊은이들이 늘어났듯이 오늘날의 대학 졸업생들은 팬데믹에 맞설 수 있는 과학과 의학 분야의 진로를 택하고 있다. 나는 그들의 숭고한 이상에 박수를 보내며, 그들이 이뤄낼 성과를 빨리 보고 싶은 마음이 간절하다.

지난 18개월 동안 화이자 어디서나 '과학은 승리할 것'이라는 글귀가 보였다. 우리는 이 문구를 티셔츠와 마스크에 새겼고, 본사

외벽에 도배하다시피 했고, 회의를 끝내면서 외치기도 했다. 나는 그것을 계속해서 우리의 단합 구호로 삼겠다고 우길 것이다.

기업은 긍정적인 변화를 만들어낼 힘이 있다. 기업은 창의성의 엔진이자 기회를 여는 길로서 중요한 역할을 한다. 상업적 압박으로 인해 기업인들은 신기술을 신속하게 개발하고 적용하며 효율성과 생산성을 높인다. 기업가 정신과 혁신은 서로 긴밀하게 연관되어 있기 때문이다.

나는 가끔 젊은이들이 기업의 세계를 '흑막'이라고 칭하는 것을 듣는다. 나도 한때는 젊었기 때문에 이런 통속적인 오해가 어디서 비롯됐는지 이해한다. 비즈니스 업계에서 보낸 30년은 내게 풍부한 자원을 바탕으로 해결책을 찾는 데 주력하며 건전하게 경영되는 회사가 가질 수 있는 놀라운 힘과 위력을 보여주었다. 내가 학계를 떠나 화이자로 왔을 때 다시 뒤돌아보지 않았던 이유도 이 때문이다. 화이자에서 강력한 레버를 당겨 빠르고 독립적으로 움직일 수 있었던 것이 우리가 이뤄낸 성공의 결정적인 요인이었다.

나는 비즈니스 라운드테이블Business Roundtable 같은 조직과 동료 비즈니스 리더들을 만날 수 있는 포럼에서 계속 활동할 예정이다. 그들 중 누구도 자신이 머무는 구석진 CEO 사무실을 영구 임대해 놓지는 않았다. 우리는 어떻게 하면 더 큰 선善에 기여할 수 있는지 항상 생각을 확장해야 한다. 특히 최고의 인재를 유치하려면 회사에 맞는 주요 공약을 준비하고, 자신을 희생해야 한다.

그리고 우리는 세계 각국 정부와도 협력해야 한다. 극단적 당파심과 원한 때문에 현실 도피를 해서는 안 된다. 나는 전 세계의 지도자들을 만날 기회를 가진 것을 큰 특권으로 여겨왔다. 정치인이나 보건당국으로부터 엉뚱한 시간에 전화를 받아 백신을 구해달라는 요청을 받아도 짜증을 내본 적이 없다. 이 책의 서두에 기술했듯이 이들 중 몇은 이제 나와 친구가 되었다. 나는 정치와 역사의 애호가다. 인정하건대, 나는 그런 상황을 좋아했다.

과학, 민간, 정부 출신의 이런 모든 스타 사이를 조율하는 것이 코로나19의 성공 공식이자 미래의 다른 위기를 해결하기 위한 필수 과제였다.

두 번째 진실은 2021년 8월 23일에 이루어진 기념비적인 백신의 승인이 우리가 팬데믹에 맞서기 전부터 백신 개발에 이르기까지 몇 년 동안 화이자의 문화를 탄탄하게 구축한 덕분에 얻은 성과라는 것이다. 이는 단지 우리가 혁신에 초점을 맞추거나 디지털 기술과 연구에 필요한 자원을 늘리기 위한 투자 덕분만은 아니다. 그런 투자는 물론 중요했지만 가장 영향력 있는 변화는 '목적 지향 문화'의 배양이었다.

모든 사업에서 목적에 충실한 기업은 그렇지 않은 기업보다 훨씬 더 좋은 성과를 낸다. 목적을 중심으로 업무를 조율했을 때 여러 계층의 조직에 아주 명확한 지침을 보낼 수 있다. 이로써 모든 사람이 해야 할 일을 훨씬 더 잘 파악하여 생산성을 향상시키게 된다. 자, 생명을 구하는 것이 목적인 우리 회사와 같은 상황을 예로 들어보자. 우리의 목적은 고귀하다. 그것은 사람들이 결집의 구심점으로 삼는 열정을 더욱 북돋워준다. 우리가 만든 이러한 문화는 우리에게 적절한 사고방식을 선사함으로써 화이자가 소규모 생명공학 회사만큼이나 민첩하게 움직이면서 수많은 사람의 삶을 극적으로 바꿔놓은 혁신적 백신을 세상에 선보일 수 있게 해주었다. 리더든 팀원이든, 여행의 모든 단계에서 다음과 같은 세 가지 질문을 자문해보길 적극 권장한다.

- 나는 내 목적에 충실하고 있는가?
- 나는 충분히 높은 목표를 잡고 있는가?
- 나는 올바른 사고방식을 가지고 있는가?

우리 팀의 구성원 모두는 불가능한 것을 가능하게 만들기 위한 탐구를 이어가는 동안 이 세 가지 질문에 긍정적으로 대답했다. 이제 회사 내 모든 임직원은 그들이 맡은 인류 건강 분야에서 문샷을 추구하고 싶어 한다. 우리는 머지않은 미래에 많은 질병이 예방이나 치료가 가능한 세상을 꿈꾼다. 우리 모두 조바심이 난다. 무엇이 가능한지 알게 된 이상 특히 더 그렇다.

　나 역시 계속 노력할 것이다. 그리고 화이자에 있는 모든 사람처럼 이 이야기들을 평생 되풀이할 것이다. 이처럼 힘든 시기에 그토록 많은 고통을 감내하며 이렇게 같은 목적을 갖고 일할 수 있게 되어 정말로 영광이다.

　나는 우리가 시작했던 곳, 즉 올해 97세의 지미 카터 전 대통령이 이 책에 써준 웅변적인 서문으로 이 책을 끝마치고자 한다. 그는 서른 권이 넘는 책을 저술하는 등 많은 업적을 남겼다. 고작 이 책 한 권을 쓴 나로서는 상상하기 힘든 필력이다. 카터 대통령은 해군에서 복무한 뒤 성공한 사업가가 되었다. 그는 대통령이라는 미국의 최고위직에 오른 정치인이자 화이자가 가장 취약한 사람들에게 의료 서비스를 제공하기 위해 협력하는 카터센터를 설립한 진정한 인도주의자이자 자선가다. 그는 해비타트운동 Habitat for Humanity(무주택 서민의 주거 해결을 위한 집짓기 운동—옮긴이)에서 직접 집을 지었고 수십 년 동안 교회학교에서 가르쳤다. 나는 그를 존경하고, 그가 한 다음과 같은 말에서 영감을 얻는다. "내겐 무언가 중요한 일을 할 수 있는 단 한 번의 인생과 단 한 번의 기회가 있다. (중략) 내 신념은 내게 변화를 만들려고 노력하기 위해 내가 가진 모든 것으로 할 수 있는 한, 내가 어디에 있고 어디서 할 수 있건 간에 내가 할 수 있는 모든 일을 하라고 요구한다." 전적으로 이 말에 동의한다.

이 책에 소개된 여러 사건과 경험은 내가 기억하는 대로 최대한 충실히 서술했다. 당시의 생생함과 의미가 떠오르도록 대화를 다시 구성하려고 애썼지만, 어디까지나 대화는 내 기억에 근거한 것이며, 단어 그대로 기록해두려고 의도하지는 않았다. 언급된 분들도 원고를 읽고 나서, 알고 있는 범위 내에서 원고의 내용이 정확하다는 사실을 확인해주었다.

내가 이 책을 쓴 2021년 여름, 세계는 여전히 코로나19 및 그 변이들과 싸우고 있었다. 화이자의 경영진은 백신을 생산하고 전 세계에서의 사용승인을 지원하기 위한 노력의 선두에 서 있었다. 내 이야기는 계속 진행 중인, 빠르게 진화하는 팬데믹의 한순간만을 제때 잡아내고 있을 뿐이다.

감사의 글

내가 책을 쓰게 될 줄은 상상하지 못했다. 코로나19 백신을 출시하기 위한 화이자의 노력은 예상치 못한 많은 기회와 책임을 만들어냈다. 그중 하나는 미래의 지도자들을 위해 우리의 여정을 기록하고, 9만 명에 이르는 화이자 동료들이 이뤄낸 승리를 문서화하는 작업이었다. 이 책에는 그들의 인내와 창의성과 희생에 얽힌 이야기가 실려 있다. 내가《문샷》을 쓴 건 그들의 유산을 길이 남기기 위해서다.

무엇보다도 광속 프로젝트 팀원들에게 진심으로 감사하고 싶다. 불가능한 것을 가능하게 만들기 위한 이 대담한 노력 속에서 여러분들은 높은 목표를 세워 달성했다.

바이오엔테크의 코로나19 백신 파트너들, 특히 우구어 자힌과 외즐렘 튀레치에게 진심으로 감사한다. 그들과 함께 이 길을 여행하게 된 것은 영광이었다.

매일 전 세계에 '환자들의 삶을 변화시키는 혁신'이란 우리의 목표를 추구하며 백신 개발에 기여한 화이자 경영진에도 진심으로 감사한다. 그들보다 나은 팀은 상상할 수 없으며, 여러분들의 협력에 감사한다.

팬데믹 기간 내내 시간이 흘러도 일관되게 지혜를 공유하고 지원을 아끼지 않은 화이자 이사회에도 진심으로 감사한다. 그들은 우리의 비전을 결연히 지켜주었다.

이 책 집필에 시간을 내준 화이자 팀원들, 에릭 아론슨, 프랭크 브리아몬테, 안드레아 크리스텐슨, 다나 갠즈먼, 에드 하나가, 더그 랭클러, 데브라 망고네, 안네카 노그렌, 샐리 서스먼, 티파니 트렁코에게 감사를 전하며 이번 프로젝트 내내 내 파트너로 나를 자극해준 샐리에게 특별히 감사한다.

이 책의 구상을 포함해서 CEO의 업무를 지원하기 위해 매일 불가능한 일을 해낸 헌신적인 전문가들에게도 진심으로 감사한다. 욜란다 라일, 스티브 파시아넬라, 릴리 하킴, 미셸 밴더, 다나 도티, 소니아 하이델, 도로시 오마라가 그들이다.

후대에 설명해줄 수 있게 인터뷰에 응해주신 모든 분에게도 진심으로 감사한다. 야스민 아고스티, 타냐 알콘, 파얄 베커 사니, 킴 벤커, 도나 보이스, 모이스 불라, 셀리스 불라, 프랭크 다멜리오, 미카엘 돌스텐, 린제이 디에치, 필립 도미처, 리디아 폰세카, 빌 그루버, 에드 하나가, 수잔 혹필드, 앤절라 황, 카트린 얀센, 루이스 조다르, 존 루드비히, 로드 맥켄지, 마이크 맥더모트, 케빈 네프보, 다라 리처드슨 헤론, 캐롤라인 로안, 마르티나 라이얼, 수잔 슈만, 존 셀리브, 존 영이 그들이다.

자신의 전문지식을 아낌없이 나눠준 외부 자문위원들에게도 감사한다. 클라이드힐 출판사Clyde Hill Publsihing의 그레그 쇼, 하퍼콜린스HarperCollins의 홀리스 하임보치와 편집팀, CAA의 몰리 글릭과 팀, 로렐스트래티지Laurel Strategies의 앨런 플라이슈만과 그의 동료들이 그들이다.

모든 독자 여러분에게 당부하고 싶은 말은, 이 책이 엄청난 압박감을 받는 시간 중 일어난 사건들에 대한 나의 기억을 토대로 썼다는 점이다. 나는 최대한 정확하게 쓰려고 노력했다. 그런 면에서 이 책에 실수가 나온다면 모두 나의 탓이다.

우리는 과학의 편에 서 있다

동료 여러분,

지난 수세기 동안 백신은 수백만 명의 목숨을 구하고 역사의 흐름을 바꾸어놓았습니다. 예방접종은 깨끗한 물 다음으로 인간이 이뤄낸 무엇보다도 중요한 건강에 대한 투자입니다.

화이자는 백신 연구와 개발에 유구한 역사가 있습니다. 우리는 130년 넘게 천연두나 소아마비 같은 치명적인 감염성 질환을 소멸하는 데 중추적인 역할을 해왔습니다. 우리는 박테리아 감염 예방에 도움을 준 혁신적인 생산 시스템과 기술을 기반으로 새로운 백신을 설계했습니다. 그리고 오늘날 다른 바이오 제약사들과 함께 안전하고 효과적인 코로나19 백신을 성공적으로 개발함으로써 다시 역사를 만들기 일보 직전에 와 있습니다.

우리는 좋은 과학이란 엄밀함을 요구한다는 인식, 환자의 안전을 위한 우리의 헌신, 그리고 우리 못지않게 과학적 윤리의식에 집중하는 규제당국과의 긴밀한 파트너십 덕분에 백신 분야를 개척해 올 수 있었습니다. 이러한 원칙들이 마치 북극성처럼 우리에게 코로나19 mRNA 백신과 치료제 연구에서 길잡이 역할을 해주고 있습니다. 우리는 이런 원칙들을 철저히 지키고 추구해나가겠습니다.

화이자는 이러한 정신을 바탕으로 많은 백신 연구자 및 개발자와 함께 환자의 미충족 의료 수요를 충족시키고자 의약품과 백신의 안전한 전달을 보장해온 오랜 시간 검증된 과학적 절차와 규제를 준수하겠다는 공개 서약에 서명했습니다. 이러한 연대감의 표시는 화이자가 3월 중순 제약업계가 코로나19 퇴치를 위해 전례 없는 협력체계를 가동할 것을 촉구하며 발표한 5개안을 보완하는 것으로, 나는 우리 업계가 더할 나위 없이 자랑스럽습니다. 화이자 역시 이보다 더 자랑스러울 수가 없습니다. 이런 약속의 개념을 잡고, 업계 동료 리더들에게 동참해달라고 요청한 것이 우리였기 때문입니다.

언제나 그렇듯 오늘도 화이자는 정치적 논리가 아닌 과학적 원칙에 따라 효과적인 코로나19 백신을 개발하고 시험하기 위한 노력을 기울이면서 과학의 편에 서 있을 것입니다. 여러분을 포함한 모든 분이 이 일에 동참해주시기를 간곡히 부탁드립니다.

2020년 9월 8일

그림 출처

034쪽 Pfizer, Inc.

050쪽 BioNTech SE/Stefan Albrecht

080쪽 Pfizer, Inc.

118쪽 Pfizer, Inc.

166쪽 Albert Bourla

167쪽 (상단) Wendy Barrows, (하단) Pfizer, Inc.

168쪽 (상단) Pfizer, (하단) United Airlines

169쪽 Pfizer, Inc.

170쪽 (상단) Artists Rights Society(ARS), New York, ⓒ 2021. (하단) Pfizer, Inc.

171쪽 Pfizer, Inc.

172쪽 (상단) Pippa Fowles/No 10 Dowing Street, 2021, CC BY 2.0
       (하단) Cartoon by Eran Wolkowski, Haaretz

173쪽 Brendan Smialowski / AFP via Getty Images

226쪽 Pfizer, Inc.

242쪽 (상단) Adapted from Hannah Ritchie, Esteban Ortiz-Ospina, Diana Beltekian,
       Edouard Mathieu, Joe Hasell, Bobbie Macdonald, Charlie Giattino, Cameron Appel,
       Lucas Rodés-Guirao and Max Roser (2020), "Coronavirus Pandemic (COVID-19)."
       Published online at OurWorldInData.org. Retrieved from: 'https://ourworldindata.
       org/coronavirus' [Online Resource]; licensed under CC BY 4.0.
       (하단) Reprinted from Haas, E. et al., The Lancet 397. Impact and effectiveness of
       mRNA BNT162b2 vaccine against SARS-CoV-2 infections and COVID-19 cases,
       hospitalisations, and deaths following a nationwide vaccination campaign in Israel: an
       observational study using national surveillance data, Page. No. 1819, copyright ⓒ 2021,
       with permission from Elsevier.ⓒ 2021, with permission from Elsevier.

282쪽 Pfizer, Inc.

참고 문헌

프롤로그 | 기회는 준비된 자에게 찾아온다

Centers for Disease Control and Prevention. "Polio Vaccination." Vaccines and Preventable Diseases. Updated May 4, 2018. https://www.cdc.gov/vaccines/vpd/polio/index.html.

Dun & Bradstreet. "Array Biopharma Inc." D&B Business Directory. Updated January 1, 2019. https://www.dnb.com/business-directory/company-profiles.array_biopharma_inc.478438 3beada038eadb66c2232df9ddd.html.

Hopkins, Jared S. "Mylan Deal Furthers Pfizer CEO's Bet on Patent-Protected Drugs." *The Wall Street Journal*. Updated July 29, 2019. https://www.wsj.com/articles/pfizer-to-merge-off-patent-drug-business-with-mylan-11564398516.

Kennedy, John F. "John F. Kennedy Moon Speech-Rice Stadium." Johnson Space Center. September 12, 1962. https://er.jsc.nasa.gov/seh/ricetalk.htm.

Kuchar, E., M. Karlikowska-Skwarnik, S. Han and A. Nitsch-Osuch. "Pertussis: History of the Disease and Current Prevention Failure." In *Pulmonary Dysfunction and Disease*, edited by Mieczyslaw Pokorski, 77–82. Advances in Experimental Medicine and Biology. Cham, Switzerland: Springer International Publishing, 2016.

Mazzucato, Mariana. *Mission Economy: A Moonshot Guide to Changing Capitalism*. New York: Harper Business, 2021.

Merriam-Webster. "Moon shot." https://www.merriam-webster.com/dictionary/moon%20shot.

Murray, Jessica. "Covid vaccine: UK woman becomes first in world to receive Pfizer jab." *The Guardian*. December 8, 2020. https://www.theguardian.com/world/2020/dec/08/coventry-woman-90-first-patient-to-receive-covid-vaccine-in-nhs-campaign.

Pfizer. "Pfizer Reports Second-Quarter 2020 Results." Press release. Business Wire. July 28, 2020. https://www.businesswire.com/news/home/20200728005358/en/Pfizer-Reports-Second-Quarter-2020-Results.

World Health Organization. *Novel Coronavirus (2019-nCoV) Situation Report-1*. January 21, 2020. https://apps.who.int/iris/bitstream/handle/10665/330760/nCoV sitrep21Jan2020-eng.pdf?sequence=3&isAllowed=y.

World Health Organization. *Origin of SARS-CoV-2*. March 26, 2020. https://apps.who.int/iris/bitstream/handle/10665/332197/WHO-2019-nCoV-FAQ-Virus_origin-2020.1-eng.pdf.

1장 | 평소와는 다른 비즈니스

Acevedo, Nicole, and Minyvonne Burke. "Washington state man becomes first U.S. death from coronavirus." NBC News. February 29, 2020. https://www.nbcnews.com/news/us-news/1st-coronavirus-death-u-s-officials-say-n1145931.

Centers for Disease Control and Prevention. "In the Absence of SARS-CoV Transmission Worldwide: Guidance for Surveillance, Clinical and Laboratory Evaluation, and Reporting." SARS Home. Updated May 3, 2005. https://www.cdc.gov/sars/surveillance/absence.html.

C-SPAN. "President Trump Meeting with Pharmaceutical Executives on Coronavirus." March 2, 2020. https://www.c-span.org/video/?469926-1/president-trump-meeting-pharmaceutical-executives-coronavirus.

Greenwood, Brian. "The contribution of vaccination to global health: past, present and future." *Philosophical Transactions of the Royal Society B* 369, no. 1645 (June 2014). https://doi.org/10.1098/rstb.2013.0433.

Herper, Matthew. "In the race for a Covid-19 vaccine, Pfizer turns to a scientist with a history of defying skeptics—and getting results." *Stat.* August 24, 2020. https://www.statnews.com/2020/08/24/pfizer-edge-in-the-race-for-a-covid-19-vaccine-could-be-a-scientist-with-two-best-sellers-to-her-credit/.

Kathimerini. "Delphi Economic Forum postponed because of coronavirus fears." February 29, 2020. https://www.ekathimerini.com/news/250087/delphi-economic-forum-postponed-because-of-coronavirus-fears/.

LeDuc, James W., and M. Anita Barry. "SARS, the First Pandemic of the 21st Century." *Emerging Infectious Diseases* 10, no. 26 (November 2004). https://doi .org/10.3201/eid1011.040797_02.

Li, Shan, and Joyu Wang. "Wuhan Coronavirus Hospitals Turn Away All but Most Severe Cases." *The Wall Street Journal.* Updated February 5, 2020. https:// www.wsj.com/articles/united-american-airlines-suspend-hong-kong-service-as-coronavirus-saps-demand-11580897463.

Office of Disease Prevention and Health Promotion. "Immunization and Infectious Diseases." Healthy People 2020. Updated June 23, 2021. https://www.healthypeople .gov/node/3527/

data-details.% C2%A0Accessed.

Okwo-Bele, Jean-Marie. "Together we can close the immunization gap." World Health Organization Media Centre. April 22, 2015. https://apps.who.int/mediacentre/ commentaries/vaccine-preventable-diseases/ en/index.html.

Pfizer. "Kathrin U. Jansen, Ph.D." https://www.pfizer.com/people/medical-experts/ vaccinations/kathrin_jansen-phd.

Pfizer. "Mikael Dolsten, M.D./Ph.D." https://www.pfizer.com/people/leadership/executives/ mikael_dolsten-md-phd.

UNICEF. "UNICEF reaches almost half of the world's children with life-saving vaccines." Press release. April 26, 2017. https://www.unicef.org/press-releases/ unicef-reaches-almost-half worlds-children-life-saving-vaccines.

Vaccines Europe. *Improving Access and Convenience to Vaccination*. June 2018. https:// www. vaccineseurope.eu/wp-content/ uploads/2018/06/VE-Flu-Vaccination-Access-Pharmacies-0506018-FIN-FIN. pdf.

World Health Organization. "Middle East respiratory syndrome coronavirus (MERS-CoV)." Newsroom. March 11, 2019. https://www.who.int/news-room/fact-sheets/ detail/middle-east-respiratory-syndrome-coronavirus-(mers-cov).

World Health Organization. "Vaccines and immunization." https://www.who.int/health-topics/ vaccines-and-immunization.

2장 | 분명한 것이 항상 옳은 것은 아니다

BioNTech. "BioNTech Signs Collaboration Agreement with Pfizer to Develop mRNA–based Vaccines for Prevention of Influenza." News release. August 16, 2018. https://investors. biontech.de/news-releases/ news-release-details/ biontech-signs-collaboration-agreement-pfizer-develop-mrna-based.

BioNTech. "Our Vision." https://biontech.de/our-dna/ vision.

Cohen, Jon. "Chinese researchers reveal draft genome of virus implicated in Wuhan pneumonia outbreak." *Science*. Updated January 11, 2020. https://www .sciencemag. org/news/2020/01/chinese-researchers-reveal-draft-genome-virus-implicated-wuhan-pneumonia-outbreak.

Dormitzer, Philip. "Rapid production of synthetic influenza vaccines." *Current Topics in Microbiology and Immunology* (2015): 386:237–73. DOI: 10.1007/82_2014_399.

Geall, Andrew, Ayush Verma, Gillis R. Otten, Christine A. Shaw, Armin Hekele, Kaustuv

Banerjee, Yen Cu, et al. "Nonviral Delivery of Self-Amplifying RNA Vaccines." *Proceedings of the National Academy of Sciences* 109, no. 36 (September 4, 2012): 14604–9. https://doi.org/10.1073/pnas.1209367109.

Marshall, Heather D., and Vito Iacoviello. "mRNA Vaccines for COVID-19— How Do They Work?" EBSCO Health Notes. Updated March 16, 2021. https:// www.ebsco.com/blogs/health-notes/ mrna-vaccines-covid-19-how-do-they-work.

Pardi, Norbert, Michael J. Hogan, Frederick W. Porter and Drew Weissman. "mRNA Vaccines—A New Era in Vaccinology." *Nature Reviews Drug Discovery* 17, 261–279 (2018). https://doi.org/10.1038/nrd.2017.243.

Pfizer. "Pfizer and BioNTech Announce Further Details on Collaboration to Accelerate Global COVID-19 Vaccine Development." Press release. April 9, 2020. https://www.pfizer.com/news/press-release/ press-release-detail/ pfizer-and-biontech-announce-further-details-collaboration.

Pfizer. "Pfizer and BioNTech Reach Agreement with Covax for Advance Purchase of Vaccine to Help Combat COVID-19." Press release. January 22, 2021. https:// www.pfizer.com/news/press-release/ press-release-detail/ pfizer-and-biontech-reach-agreement-covax-advance-purchase.

Pfizer. "William C. Gruber, M.D., FAAP, FIDSA." https://www.pfizer.com/people/medical-experts/ vaccinations/william_gruber-md-faap-fidsa-0.

3장 | 불가능을 가능으로 만드는 대담한 전략

Centers for Disease Control and Prevention. "1918 Pandemic Influenza: Three Waves." Updated May 11, 2018. https://www.cdc.gov/flu/pandemic-resources/ 1918-commemoration/three-waves. htm.

The College of Physicians of Philadelphia. "Vaccine Development, Testing, and Regulation." The History of Vaccines. Updated January 17, 2018. https://ftp.history ofvaccines.org/content/articles/vaccine-development-testing-and-regulation.

David, Sharoon, and Paras B. Khandhar. "Double-Blind Study." In *StatPearls*. Treasure Island (FL): StatPearls Publishing, 2021. https://www.ncbi.nlm.nih.gov/books/NBK546641/.

US Department of Health and Human Services, Food and Drug Administration, Center for Biologics Evaluation and Research. *Development and Licensure of Vaccines to Prevent COVID-19: Guidance for Industry*. June 2020. https://www.fda.gov/media/139638/download.

US Department of Health and Human Services, Food and Drug Administration, Center for Biologics Evaluation and Research. *Emergency Use Authorization for Vaccines to Prevent COVID-19: Guidance for Industry.* May 25, 2021. https://www .fda.gov/media/142749/download.

US Food and Drug Administration. "Coronavirus (COVID-19) Update: FDA Takes Action to Help Facilitate Timely Development of Safe, Effective COVID-19 Vaccines." Press release. June 30, 2020. https://www.fda.gov/news-events/ press-announcements/ coronavirus-covid-19-update-fda-takes-action-help-facilitate-timely-development-safe-effective-covid.

4장 | 광속 프로젝트

Hopkins, Jared S. "How Pfizer Delivered a Covid Vaccine in Record Time: Crazy Deadlines, a Pushy CEO." *The Wall Street Journal.* December 11, 2020. https:// www.wsj.com/ articles/how-pfizer-delivered-a-covid-vaccine-in-record-time-crazy-deadlines-a-pushy-ceo-11607740483.

Johnson, Carolyn Y. "Large U.S. covid-19 vaccine trials are halfway enrolled, but lag on participant diversity." *The Washington Post.* August 27, 2020. https://www .washingtonpost.com/health/2020/08/27/large-us-covid-19-vaccine-trials-are-halfway-enrolled-lag-participant-diversity/.

Pfizer. "Commitment to Diversity." Coronavirus COVID-19 Vaccine Updates. 2021. https:// www.pfizer.com/science/coronavirus/vaccine/rapid-progress.

Pfizer. "About our Landmark Trial." 2021. https://www.pfizer.com/science/coronavirus/ vaccine/about-our-landmark-trial.

Pfizer. "BioNTech and Pfizer announce regulatory approval from German authority Paul-Ehrlich-Institut to commence first clinical trial of COVID-19 vaccine candidates." Press release. April 22, 2020. https://www.pfizer.com/news/press-release/press-release-detail/ biontech_and_pfizer_announce_regulatory_approval _from_german_authority_paul_ ehrlich_institut_to_commence_first_clinical_trial _of_covid_19_vaccine_candidates.

Pfizer. "Our Values and Culture." 2019. https://www.pfizer.com/sites/default/files/investors/ financial_reports/annual_reports/2019/our-purpose/ our-values-and-culture/ index.html.

Pfizer. 2016 Annual Review. February 2017. https://www.pfizer.com/sites/default/files/ investors/financial_reports/annual_reports/2016/assets/pdfs/pfi2016ar-full-report. pdf.

Redd, Nola Taylor. "How Fast Does Light Travel? | The Speed of Light." Space.com. March 6, 2018. https://www.space.com/15830-light-speed. html.

Rottas, Melinda, Peter Thadeio, Rachel Simons, Raven Houck, David Gruben, David Keller, David Scholfield, et al. "Demographic diversity of participants in Pfizer sponsored clinical trials in the United States." *Contemporary Clinical Trials* 106 (July 2021): 106421. https://doi.org/10.1016/j.cct.2021.106421.

Treisman, Rachel. "Outpacing The U.S., Hard-Hit Navajo Nation Has Vaccinated More Than Half Of Adults." NPR. April 26, 2021. https://www.npr.org/sections/coronavirus-live-updates/ 2021/04/26/990884991/outpacing-the-u-s-hard-hit-navajo-nation-has-vaccinated-more-than-half-of-adults.

US Census Bureau. "QuickFacts." 2019. https://www.census.gov/quickfacts/fact/table/US/RHI725219.

5장 | 궁극의 기쁨

Bosman, Julie, Audra D. S. Burch, and Sarah Mervosh. "One Day in America: More Than 121,000 Coronavirus Cases." *The New York Times*. November 5, 2020. https://www.nytimes.com/2020/11/05/us/covid-one-day-in-america.html.

Dreisbach, Tom. "Pfizer CEO Sold Millions In Stock After Coronavirus Vaccine News, Raising Questions." NPR. November 11, 2020. https://www.npr.org/2020/11/11/933957580/pfizer-ceo-sold-millions-in-stock-after-coronavirus-vaccine-news-raising-questio.

Mueller, Benjamin. "U.K. Approves Pfizer Coronavirus Vaccine, a First in the West." *The New York Times*. December 2, 2020. https://www.nytimes.com/2020/12/02/world/europe/pfizer-coronavirus-vaccine-approved-uk.html.

6장 | 과거, 현재, 그리고 미래

Pfizer. "Pfizer and BioNTech Announce Vaccine Candidate Against COVID-19 Achieved Success in First Interim Analysis from Phase 3 Study." Press release. November 9, 2020. https://www.pfizer.com/news/press-release/ press-release-detail/pfizer-and-biontech-announce-vaccine-candidate-against.

Pfizer. "Pfizer and BioNTech Receive Authorization in the European Union for COVID-19 Vaccine." Press release. December 21, 2020. https://www.pfizer.com/news/press-release/press-release-detail/ pfizer-and-biontech-receive-authorization-european-union.

Rosen, Bruce, Ruth Waitzberg and Avi Israeli. "Israel's rapid rollout of vaccinations for

COVID-19." *Israel Journal of Health Policy Research* 10, no. 6 (January 6, 2021). https:// doi.org/10.1186/s13584-021-00440-6.

Sweet, Jesse, dir. "Mission Possible: The Race for a Vaccine." National Geographic CreativeWorks: Washington, DC, 2021. Aired March 11, 2021, on National Geographic. https://www.youtube.com/watch?v=jbZUZ9JYNBE.

US Food and Drug Administration. "Pfizer-BioNTech COVID-19 Vaccine." https://www. fda.gov/emergency-preparedness-and-response/ coronavirus-disease-2019-covid-19/pfizer-biontech-covid-19-vaccine.

World Health Organization. "WHO issues its first emergency use validation for a COVID-19 vaccine and emphasizes need for equitable global access." Press release. December 31, 2020. https://www.who.int/news/item/31-12-2020-who-issues-its-first-emergency-use-validation-for-a-covid-19-vaccine-and-emphasizes-need-for-equitable-global-access.

World Health Organization. COVID-19 Weekly Epidemiological Update. November 17, 2020. https://www.who.int/docs/default-source/ coronaviruse/situation-reports/weekly-epi-update-14.pdf.

7장 | 생산, 그 두 번째 기적

BBC News. "Covid-19: First man to get jab William Shakespeare dies of unrelated illness." May 25, 2021. https://www.bbc.com/news/uk-england-coventry-warwickshire-57234741.

Boucher, Dave, Kristen Jordan Shamus and Todd Spangler. "Biden postpones visit to Pfizer facility in Portage until Friday." *Detroit Free Press*. February 17, 2021. https://www.freep. com/story/news/politics/2021/02/17/joe-biden-pfizer-facility-portage/ 6785063002/.

Burger, Ludwig. "BioNTech-Pfizer raise 2021 vaccine output goal to 2.5 billion doses." Reuters. March 30, 2021. https://www.reuters.com/article/us-health-coronavirus-biontech-target/ biontech-pfizer-raise-2021-vaccine-output-goal-to-2–5-billion-doses-idUSKBN2BM1BW.

Bush, Evan, and Sandi Doughton. "Front-line medical workers get first doses of coronavirus vaccine in Seattle." *The Seattle Times*. Updated December 16, 2020. https://www. seattletimes.com/seattle-news/ health/front-line-medical-workers-get-first-doses-of-coronavirus-vaccine-in-seattle/.

Cha, Ariana Eunjung, Brittany Shammas, Ben Guarino and Jacqueline Dupree. "Record numbers of covid-19 patients push hospitals and staffs to the limit." *The Seattle Times*. December 16, 2020. https://www.seattletimes.com/nation-world/ nation/record-numbers-of-covid-19-patients-push-hospitals-and-staffs-to-the-limit/.

Choi, Candace and Michelle R. Smith. "States ramp up for biggest vaccination effort in US history." The Seattle Times. Updated November 13, 2020. https://www .seattletimes.com/ seattle-news/ health/states-ramp-up-for-biggest-vaccination-effort-in-us-history/.

Cott, Emma, Elliot deBruyn and Jonathan Corum. "How Pfizer Makes Its Covid-19 Vaccine." *The New York Times*. April 28, 2021. https://www.nytimes.com/interactive/2021/health/ pfizer-coronavirus-vaccine. html.

CVS. "CVS Health surpasses 10 million COVID-19 vaccine doses administered." Press release. April 1, 2021. https://cvshealth.com/news-and-insights/ press-releases/cvs-health-surpasses-10-million-covid-19-vaccine-doses.

Griffin, Riley. "Pfizer to Deliver U.S. Vaccine Doses Faster Than Expected." *Bloomberg*. January 26, 2021. https://news.bloomberglaw.com/health-law-and-business/ pfizer-to-deliver-u-s-vaccine-doses-faster-than-expected-ceo.

Hess, Corrinne. "Pfizer's Pleasant Prairie Facility Could Supply Western US With Coronavirus Vaccine." Wisconsin Public Radio. December 9, 2020. https://www .wpr.org/pfizers-pleasant-prairie-facility-could-supply-western-us-coronavirus-vaccine.

Johnson, Carolyn Y. "A vial, a vaccine and hopes for slowing a pandemic—how a shot comes to be." *The Washington Post*. November 17, 2020. https://www.washington post.com/ health/2020/11/17/coronavirus-vaccine-manufacturing/.

Lowe, Derek. "RNA Vaccines And Their Lipids." In the Pipeline (blog). *Science Translational Medicine*. January 11, 2021. https://blogs.sciencemag.org/pipeline/archives/2021/01/11/ rna-vaccines-and-their-lipids.

Lupkin, Sydney. "Pfizer's Coronavirus Vaccine Supply Contract Excludes Many Taxpayer Protections." NPR. November 24, 2020. https://www.npr.org/sections/health-shots/ 2020/11/24/938591815/pfizers-coronavirus-vaccine-supply-contract-excludes-many-taxpayer-protections.

Madani, Doha. "First trucks with Covid-19 vaccine roll out of Pfizer plant in Michigan." NBC News. December 13, 2020. https://www.nbcnews.com/news/us-news/ first-trucks-covid-19-vaccine-roll-out-pfizer-plant-michigan-n1251037.

Mahase, Elisabeth. "Vaccinating the UK: How the Covid Vaccine Was Approved, and Other Questions Answered." BMJ 371 (December 9, 2020): m4759. https:// doi.org/10.1136/ bmj.m4759.

Mehta, Chavi. "Lyft, CVS Health partner to increase access to COVID-19 vaccines." Reuters. February 19, 2021. https://www.reuters.com/business/healthcare-pharmaceuticals/ lyft-cvs-health-partner-increase-access-covid-19-vaccines-2021-02-19/.

Moutinho, Sofia. "Syringe size and supply issues continue to waste COVID-19 vaccine doses in United States." *Science*. March 26, 2021. https://www.sciencemag .org/news/2021/03/ syringe-size-and-supply-issues-continue-waste-covid-19-vaccine-doses-united-states.

O'Donnell, Carl. "Why Pfizer's ultra-cold COVID-19 vaccine will not be at the local pharmacy any time soon." Reuters. November 9, 2020. https://www .reuters.com/article/health-coronavirus-vaccines-distribution/ why-pfizers-ultra-cold-covid-19-vaccine-will-not-be-at-the-local-pharmacy-any-time-soon-idUSKBN27P2VP.

Park, Alice. "The First Authorized COVID-19 Vaccine in the U.S. Has Arrived." *Time*. December 11, 2020. https://time.com/5920134/first-authorized-covid-19-vaccine-us/.

Pfizer. "COVID-19 Vaccine U.S. Distribution Fact Sheet." November 2020. https://www.pfizer. com/news/hot-topics/ covid_19_vaccine_u_s_distribution _fact_sheet.

Pfizer. "Pfizer and BioNTech to Supply the U.S. with 100 Million Additional Doses of COVID-19 Vaccine." Press release. December 3, 2020. https://www.pfizer .com/news/ press-release/ press-release-detail/ pfizer-and-biontech-supply-us-100-million-additional-doses.

Pfizer. "Pfizer Announces Agreement with Gilead to Manufacture Remdesivir for Treatment of COVID-19." Press release. August 7, 2020. https://www.pfizer .com/news/press-release/ press-release-detail/ pfizer-announces-agreement-gilead-manufacture-remdesivir.

Romo, Vanessa. "Some Vials Of COVID-19 Vaccine Contain Extra Doses, Expanding Supply, FDA Says." NPR. December 16, 2020. https://www.npr.org/sections/coronavirus-live-updates/ 2020/12/16/947386411/some-vials-of-covid-19-vaccine-contain-extra-doses-expanding-supply.

Routledge. "John D Ludwig." https://www.routledge.com/authors/i3183-john-ludwig#.

Rowland, Christopher. "Biden wants to squeeze an extra shot of vaccine out of every Pfizer vial. It won't be easy." *The Washington Post*. January 22, 2021. https://www .washingtonpost. com/business/2021/01/22/pfizer-vaccine-doses-syringes/.

Rowland, Christopher. "Inside Pfizer's race to produce the world's biggest supply of covid vaccine." *The Washington Post*. June 16, 2021. https://www.washingtonpost .com/ business/2021/06/16/pfizer-vaccine-engineers-supply/.

Rowland, Christopher. "Pfizer spent months working to extract sixth dose from vials as vaccine production shortfalls loomed." *The Washington Post*. February 3, 2021. https:// www. washingtonpost.com/business/2021/02/03/pfizer-vaccine-syringes-doses/.

Rubicon Science. "Knauer develops Impingement Jet Mixing Technology for the production of mRNA-filled nanoparticles." April 20, 2021. https://rubiconscience .com.au/2021/04/20/ knauer-develops-impingement-jets-mixing-technology-for-the-production-of-mrna-filled-nanoparticles/.

Shadburne, Sarah. "UPS ships out first round of Covid-19 vaccines from Louisville." *Louisville Business First*. December 14, 2020. https://www.bizjournals.com/louisville/ news/2020/12/14/ups-ships-out-first-round-of-covid-vaccines-from .html.

Stares, Justin. "The beer and beauty fame of the Belgian town that is about to save the world." *Daily Mail*. November 14, 2020. https://www.dailymail.co.uk/news/article-8950061/The-beer-beauty-fame-Belgian-town-save-world. html.

Taliaferro, Lanning. "Rockland Coronavirus: Restrictions Imposed In 4 New Hot Spots." *Patch*. November 19, 2020. https://patch.com/new-york/ pearlriver/rockland-coronavirus-restrictions-imposed-4-new-hot-spots.

Thomas, Katie, Sharon LaFraniere, Noah Weiland, Abby Goodnough and Maggie Haberman. "F.D.A. Clears Pfizer Vaccine, and Millions of Doses Will Be Shipped Right Away." *The New York Times*. December 11, 2020. https://www.nytimes .com/2020/12/11/health/ pfizer-vaccine-authorized. html. Excerpt from *The New York Times*. © 2020 The New York Times Company. All rights reserved. Used under license.

Weintraub, Karen, and Elizabeth Weise. "The sprint to create a COVID-19 vaccine started in January. The finish line awaits." *USA Today*. Updated September 12, 2020. https://www. usatoday.com/in-depth/ news/health/2020/09/11/covid-vaccine-trials-update-timeline-companies-progress-phases/ 3399557001/.

World Health Organization. "Tozinameran COVID-19 mRNA Vaccine (nucleoside modified)—COMIRNATY ® (Pfizer–BioNTech) Training." January 27, 2021. https://cdn. who.int/media/docs/default-source/ immunization/covid-19/pfizer-specific-training_ full-deck_ 27-january-final. pdf.

8장 | 백신 평등을 위한 발걸음

Bourla, Albert. "An Open Letter from Pfizer Chairman and CEO to Colleagues." Pfizer. May 7, 2021. https://www.pfizer.com/news/hot-topics/ why_pfizer_opposes _the_trips_ intellectual_property_waiver_for_covid_19_vaccines.

Britannica. "Ursula von der Leyen." https://www.britannica.com/biography/Ursula-von-der-Leyen. Centers for Disease Control and Prevention. "CDC Vaccine Price List." Updated July 1, 2021. https://www.cdc.gov/vaccines/programs/vfc/awardees/vaccine-management/ price-list/ index.html#adult.

Centers for Disease Control and Prevention. "Vaccine Effectiveness: How Well Do the Flu Vaccines Work?" Updated May 6, 2021. https://www.cdc.gov/flu/vaccines-work/

vaccineeffect.htm.

Cooper, Ryan. "Trump's jaw-dropping vaccine screwup." *The Week*. December 9, 2020. https:// theweek.com/articles/953941/trumps-jawdropping-vaccine-screwup.

Das, Krishna. "India delays big exports of AstraZeneca shot, as infections surge." Reuters. March 24, 2021. https://www.reuters.com/article/health-coronavirus-india-vaccine-exclusi- idINKBN2BG27D.

The Economist. "India's Covid-19 Crisis Has Spiralled out of Control." May 3, 2021. https:// www.economist.com/graphic-detail/ 2021/05/03/indias-covid-19-crisis-has-spiralled-out- of-control.

Gaurav, Kunal. "Covid-19 travel ban: These countries have restricted flights to and from India." *Hindustan Times*. May 4, 2021. https://www.hindustantimes.com/world-news/ covid19- travel-ban-these-countries-have-restricted-flights-to-and-from-india-101620125693859. html.

LaFraniere, Sharon, and Zach Montague. "Pfizer Seals Deal With U.S. for 100 Million More Vaccine Doses." *The New York Times*. December 23, 2020. https://www.nytimes. com/2020/12/23/us/politics/pfizer-vaccine-doses-virus .html.

Lupkin, Sydney. "Defense Production Act Speeds Up Vaccine Production." NPR, March 13, 2020. https://www.npr.org/sections/health-shots/ 2021/03/13/976531488/defense- production-act-speeds-up-vaccine-production.

Lupkin, Sydney. "U.S. Government May Find It Hard To Get More Doses Of Pfizer's COVID-19 Vaccine." NPR, December 10, 2020. https://www.npr.org/sections/health- shots/ 2020/12/10/944857395/us-government-may-find-it-hard-to-get-more-doses-of- pfizers-covid-19-vaccine.

Office of the United States Trade Representative. "Statement from Ambassador Katherine Tai on the Covid-19 Trips Waiver." Press release, May 5, 2021. https:// ustr.gov/about-us/ policy-offices/ press-office/ press-releases/ 2021/may/statement-ambassador-katherine-tai- covid-19-trips-waiver.

Pfizer. "Angela Hwang." https://www.pfizer.com/people/leadership/executives/angela _hwang.

Pfizer. "Pfizer and BioNTech Celebrate Historic First Authorization in the US of Vaccine to Prevent Covid-19." Press release. December 11, 2020. https://www .pfizer.com/news/press- release/ press-release-detail/ pfizer-and-biontech-celebrate-historic-first-authorization.

Pfizer. "Pfizer and BioNTech Reach Agreement With Covax For Advance Purchase of Vaccine to Help Combat COVID-19." Press release. January 22, 2021. https:// www.pfizer.com/ news/press-release/ press-release-detail/ pfizer-and-biontech-reach-agreement-covax- advance-purchase.

Phartiyal, Sankalp, and Alasdair Pal "India's daily COVID-19 cases pass 400,000 for first time as second wave worsens." Reuters. Updated April 30, 2021. https:// www.reuters.com/world/ asia-pacific/ india-posts-record-daily-rise-covid-19-cases-401993–2021–05–01/.

Reuters. "African Union drops AstraZeneca vaccine, which COVAX will supply." April 8, 2020. https://www.reuters.com/article/uk-health-coronavirus-africa/ african-union-drops-astrazeneca-vaccine-which-covax-will-supply-idUSKBN2BV19H.

Reuters. "Pfizer-BioNTech to provide 1 bln vaccines to poorer nations this year." May 21, 2021. https://www.reuters.com/article/health-coronavirus-pfizer-vaccine/rpt-pfizer-biontech-to-provide-1-bln-vaccines-to-poorer-nations-this-year-idUSL5N2N83AQ.

Shear, Michael D., and David E Sanger. "Biden Aims to Bolster U.S. Alliances in Europe, but Challenges Loom." *The New York Times*. Updated June 11, 2021. https://www.nytimes. com/2021/06/09/us/politics/biden-europe-g7. html. Excerpt from *The New York Times*. © 2020 The New York Times Company. All rights reserved. Used under license.

Stacey, Kiran. "Jeff Zients: the 'Mr Fix It' in charge of tackling the US Covid crisis." *Financial Times*, January 20, 2021. https://www.ft.com/content/b52ca23e-d244-498b-8199-5f7bd3f64177.

Stearns, Jonathan, Alberto Nardelli, and Nikos Chrysoloras. "Faced With Vaccine Shortages, EU Set to Impose Export Controls." Bloomberg. January 28, 2021. https://www.bloomberg. com/news/articles/2021–01–28/europe-opens-door-to-vaccine-export-ban-risking-global-backlash.

US Department of Health and Human Services. "Fact Sheet: Explaining Operation Warp Speed." December 21, 2020. https://public3.pagefreezer.com/content/HHS.gov/31-12-2020T08:51/https:/www.hhs.gov/about/news/2020/06/16/fact-sheet-explaining-operation-warp-speed. html.

US Embassy & Consulates in the United Kingdom. "COVID-19 Information." https:// uk.usembassy.gov/covid-19-coronavirus-information/.

Twohey, Megan, Ketin Collins and Katie Thomas. "With First Dibs on Vaccines, Rich Countries Have 'Cleared the Shelves.' " *The New York Times*. Updated December 18, 2020. https://www.nytimes.com/2020/12/15/us/coronavirus-vaccine-doses-reserved. html.

The Week. "Tregenna Castle: inside the Cornwall resort hosting G7 summit leaders." June 10, 2021. https://www.theweek.co.uk/news/uk-news/ 953111/inside-tregenna-castle-resort-where-world-leaders-will-stay-for-g7.

Weixel, Nathaniel. "US comes under pressure to share vaccines with rest of world." *The Hill*. March 14, 2021. https://thehill.com/policy/healthcare/543004-us-comes-under-pressure-to-share-vaccines-with-rest-of-world.

World Bank. "The World Bank Atlas method—detailed methodology." https:// datahelpdesk. worldbank.org/knowledgebase/articles/378832-what-is-the-world-bank-atlas-method.

World Bank. "The World by Income and Region." World Development Indicators. 2020. https://datatopics.worldbank.org/world-development-indicators/ the-world-by-income-and-region. html.

World Health Organization. "Biography: Dr Tedros Adhanom Ghebreyesus." https://www. who.int/director-general/ biography.

World Health Organization. "Dr Tedros takes office as WHO Director-General." Press release. July 1, 2017. https://www.who.int/news/item/01–07–2017-dr-tedros-takes-office-as-who-director-general.

World Health Organization. "What is the ACT-Accelerator." https://www.who.int/initiatives/ act-accelerator/ about.

World Health Summit. "Albert Bourla." https://www.worldhealthsummit.org/speaker-view. html?tx_glossary2_glossary%5Bglossary%5D=497&tx_glossary2_glossary %5Baction%5D=show&tx_glossary2_glossary%5Bcontroller%5D=Glossary &cHash=4c5 aa69f2ebf2b540822f6a2d525bfd8.

World Trade Organization. "Overview: the TRIPS Agreement." https://www.wto.org/english/ tratop_e/trips_e/intel2_e.htm.

World Trade Organization. "Export Controls and Export Bans over the Course of the Covid-19 Pandemic." Press release. April 29, 2020. https://www.wto.org/english/tratop_e/covid19_ e/bdi_covid19_e.pdf.

9장 | 정치적 지뢰밭을 헤쳐나가기

Aljazeera. "As Olympics begin, Japan rolls out red carpet for Pfizer CEO." July 23, 2021. https:// www.aljazeera.com/economy/2021/7/23/japan-rolls-out-red-carpet-for-pfizer-ceo-to-ensure-jab-delivery.

Baron, John. "The Life of Edward Jenner, M.D., LL.D., F.R.S., Physician Extraordinary to His Majesty George IV., Foreign Associate of the National Institute of France, With Illustrations of His Doctrines, and Selections from His Correspondence." *Edinburgh Medical and Surgical Journal* 51, no. 139 (April 1, 1839): 500–527.

Biden, Joseph R. "Inaugural Address by President Joseph R. Biden, Jr." Speech. Washington, DC. January 20, 2021. https://www.whitehouse.gov/briefing-room/speeches-remarks/ 2021/01/20/inaugural-address-by-president-joseph-r-biden-jr/.

Department of Health and Social Care. "UK COVID-19 vaccines delivery plan." Gov.uk. Updated January 13, 2021. https://www.gov.uk/government/publications/uk-covid-19-vaccines-delivery-plan/ uk-covid-19-vaccines-delivery-plan.

Guarascio, Francesco. "EU to shortly sign world's largest vaccine deal with Pfizer." Reuters. April 23, 2021. https://www.reuters.com/business/healthcare-pharmaceuticals/ eu-seals-deal-with-pfizer-biontech-up-18-bln-doses-vaccine-eu-official-2021-04-23/.

International Olympic Committee. "Who was Pierre de Coubertin?" April 28, 2021. https:// olympics.com/ioc/faq/history-and-origin-of-the-games/ who-was-pierre-de-coubertin.

Jenner Institute. "About Edward Jenner." https://www.jenner.ac.uk/about/edward-jenner.

Johnson, Boris. "Excellent conversation with Albert Bourla yesterday." LinkedIn. January 14, 2021. https://www.linkedin.com/posts/boris-johnson_ excellent-conversation-with-albert-bourla-activity-6755790234409021440-BfMU/.

Lentz, Thierry. "Talking Point with Thierry Lentz: Vaccination: When Napoleon Declared War on Smallpox." Napoleon.org. https://www.napoleon.org/en/history-of-the-two-empires/ articles/talking-point-with-thierry-lentz-vaccination-when-napoleon-declared-war-on-smallpox/.

Maan, Anurag, Shaina Ahluwalia and Kavya B. "Global coronavirus cases exceed 50 million after 30-day spike." Reuters. November 8, 2020. https://www.reuters .com/article/health-coronavirus-global-cases/ global-coronavirus-cases-exceed-50-million-after-30-day-spike-idUSKBN27O0IO.

Navajo Nation OPVP Communications. "Live Town Hall Meeting with Dr. Albert Bourla 12.24.20." YouTube. Streamed live December 24, 2020. https://www.youtube .com/ watch?v=wjscKbMSuUk.

Obrador, Andrés Manuel López. "Presidente afianza con Pfizer compromiso de entrega de vacunas." Press release. January 19, 2021. https://lopezobrador .mx/2021/01/19/ presidente-afianza-con-pfizer-compromiso-de-entrega-de-vacunas/.

Pfizer. "Pfizer and BioNTech to Provide COVID-19 Vaccine Doses for Olympic Athletes at the 2020 Tokyo Games." Press release. May 6, 2021. https://www .pfizer.com/news/press-release/ press-release-detail/ pfizer-and-biontech-provide-covid-19-vaccine-doses-olympic.

Rickert, Levi. "Navajo Nation President Spoke with Pfizer CEO about Vaccine on Wednesday." Native News Online. December 9, 2020. https://nativenewsonline .net/currents/navajo-nation-president-spoke-with-pfizer-ceo-about-vaccine-on-wednesday.

Shea, Sandra L. "How Can Scientists Promote Peace?" *Temperature* 5, no. 1 (February 22, 2018): 7–8. https://doi.org/10.1080/23328940.2017.1397086.

von der Leyen, Ursula. "Statement by President von der Leyen, Prime Minister of Belgium

De Croo, CEO of Pfizer Bourla, and co-founder and Chief Medical Officer of BioNTech Türeci, following the visit to the Pfizer manufacturing plant in Puurs, Belgium." Speech. Puurs, Belgium. April 23, 2021. https://ec.europa.eu/commission/presscorner/detail/en/statement_21_1929.

Zeidler, Maryse. "Canadians' hesitancy about COVID-19 vaccine dropping, new poll suggests." CBC News. March 8, 2021. https://www.cbc.ca/news/canada/british-columbia/ vaccine-poll-hesitancy-dropping-1.5940400.

10장 | 희망의 등불

Arlosoroff, Meirav. "Israel's Population Is Growing at a Dizzying Rate. Is It Up for the Challenge?" *Haaretz*. January 4, 2021. https://www.haaretz.com/israel-news/.premium. MAGAZINE-israel-s-population-is-growing-at-a-dizzying-rate-is-it-up-for-the-challenge-1.9410043.

Benmeleh, Yaacov. "World-Leading Vaccine Push Augurs Return to Normal in Israel." Bloomberg. February 16, 2021. https://www.bloomberg.com/news/articles/2021-02-16/world-s-fastest-vaccine-push-augurs-return-to-normal-in-israel.

Bourla, Albert. "While Caution Should Be Used in Extrapolating to Other Countries, These Observational Findings Are Demonstrating the Impact We Have in Reducing Human Pain and Makes All of Us at Pfizer so Proud: https://Bit .Ly/3wcS6qx (2/2)." Tweet. @AlbertBourla, May 17, 2021. https://twitter.com/AlbertBourla/status/1394281683009089544.

Centers for Disease Control and Prevention. "Joint CDC and FDA Statement on Vaccine Boosters." Press statement. July 8, 2021. https://www.cdc.gov/media/releases/2021/s-07082021.html.

Centers for Disease Control and Prevention. "Media Statement from CDC Director Rochelle P. Walensky, MD, MPH, on Signing the Advisory Committee on Immunization Practices' Recommendation for an Additional Dose of an mRNA COVID-19 Vaccine in Moderately to Severely Immunocompromised People." Press statement. August 13, 2021. https://www.cdc.gov/media/releases/2021/s0813-additional-mRNA-mrna-dose. html.

Centers for Disease Control and Prevention. "Joint Statement from HHS Public Health and Medical Experts on COVID-19 Booster Shots." Press statement. August 18, 2021. https://www.cdc.gov/media/releases/2021/s0818-covid-19-booster-shots. html.

Centers for Disease Control and Prevention. "Science Brief: Background Rationale and

Evidence for Public Health Recommendations for Fully Vaccinated People." Updated April 2, 2021. https://stacks.cdc.gov/view/cdc/104739.

Centers for Disease Control and Prevention. "Science Brief: COVID-19 Vaccines and Vaccination." Updated July 27, 2021. https://www.cdc.gov/coronavirus/2019-ncov/science/science-briefs/fully-vaccinated-people.html.

Dimolfetta, David. "Netanyahu visits grave of Yoni, killed during Operation Entebbe 43 years ago." *Jerusalem Post*. July 10, 2019. https://www.jpost.com/israel-news/netanyahu-visits-grave-of-murdered-brother-commemorating-43-years-595197.

Erman, Michael, and Maayan Lubell. "Pfizer/BioNTech say data suggests vaccine 94% effective in preventing asymptomatic infection." Reuters. March 11, 2021. https://www.reuters.com/article/us-health-coronavirus-pfizer-israel-idUSKBN2B31IJ.

Friedman, Gabe. "Meet Mikael Dolsten, the Jewish immigrant leading Pfizer's vaccine charge." *Baltimore Jewish Times*. December 30, 2020. https://www.jewishtimes.com/meet-mikael-dolsten-the-jewish-immigrant-leading-pfizers-vaccine-charge/.

Haas, Eric J., Frederick J. Angulo, John M. McLaughlin, Emilia Anis, Shepherd R. Singer, Farid Khan, Nati Brooks, et al. "Impact and Effectiveness of MRNA BNT162b2 Vaccine against SARS-CoV-2 Infections and COVID-19 Cases, Hospitalisations, and Deaths Following a Nationwide Vaccination Campaign in

Israel: An Observational Study Using National Surveillance Data." *The Lancet* 397, no. 10287 (May 15, 2021): 1819–29. https://www.thelancet.com/journals/lancet/article/PIIS0140-6736(21)00947-8/fulltext. Excerpt Reprinted from The Lancet, copyright © 2021, with permission from Elsevier.

Jaffe-Hoffman, Maayan. "Israel signs agreement with Pfizer, Moderna for millions more COVID-19 vaccines." *Jerusalem Post*. April 20, 2021. https://www.jpost.com/health-science/israel-to-sign-agreement-for-millions-more-pfizer-vaccines-665621.

Lardieri, Alexa. "All Israelis Over 16 Are Eligible for Coronavirus Vaccine." *U.S. News & World Report*. February 4, 2021. https://www.usnews.com/news/health-news/articles/2021-02-04/all-israelis-over-16-are-eligible-for-coronavirus-vaccine.

Pfizer. "Pfizer and BioNTech Provide Update on Booster Program in Light of the Delta-Variant." Press release. July 8, 2021. https://cdn.pfizer.com/pfizercom/2021-07/Delta_Variant_Study_Press_Statement_Final_7.8.21.pdf.

Ritchie, Hannah, Esteban Ortiz-Ospina, Diana Beltekian, Edouard Mathieu, Joe Hasell, Bobbie MacDonald, Charlie Giattino, Cameron Appel, Lucas Rodes-Guirao and Max Roser. "Coronavirus Pandemic (COVID-19)." OurWorldInData.org. 2020. https://ourworldindata.org/coronavirus. Licensed under CC BY 4.0.

Srivastava, Mehul. "Israelis raise glass to Pfizer as lockdown ends." *Financial Times*. March 12, 2021. https://www.ft.com/content/4cf1b235-ed07-4ffe-bab4-95846a0ecf36. State of Israel Ministry of Health. "MoH Pfizer Collaboration Agreement." January 6, 2021. https://govextra.gov.il/media/30806/11221-moh-pfizer-collaboration-agreement-redacted. pdf.

Tikkanen, Roosa, Robin Osborn, Elias Mossialos, Ana Djordjevic and George A. Wharton. "Israel." The Commonwealth Fund: International Health Care System Profiles. June 5, 2020. https://www.commonwealthfund.org/international-health-policy-center/ countries/ israel.

Times of Israel. "Pfizer CEO hails 'obsessive' Netanyahu for calling 30 times to seal vaccine deal." March 11, 2021. https://www.timesofisrael.com/pfizer-ceo-obsessive-netanyahu-called-30-times-in-effort-to-seal-vaccine-deal/.

Times of Israel. "Pfizer CEO to Visit Israel in March—Report." February 21, 2021. https://www.timesofisrael.com/liveblog_entry/pfizer-ceo-to-visit-israel-in-march-report/.

VOA News. "World Marks One-Year Anniversary of WHO's Official Declaration of COVID-19 Pandemic." March 11, 2021. https://www.voanews.com/covid-19-pandemic/world-marks-one-year-anniversary-whos-official-declaration-covid-19-pandemic.

11장 | 신뢰의 과학

Appeal of Conscience Foundation. "Dr. Albert Bourla acceptance remarks upon receiving the 2021 Appeal of Conscience Award." May 26, 2021. https://appeal ofconscience.org/dr-albert-bourla-acceptance-remarks-upon-receiving-the-2021-appeal-of-conscience-award/.

Bourla, Albert. "An Open Letter from Pfizer Chairman and CEO Albert Bourla." Pfizer. October 16, 2020. https://www.pfizer.com/news/hot-topics/ an_open_letter _from_pfizer_chairman_and_ceo_albert_bourla.

Doshi, Peter. "Covid-19 Vaccine Trial Protocols Released." *BMJ* 371 (October 21, 2020): m4058. https://doi.org/10.1136/bmj.m4058.

Gottfried, Jeffrey, Mason Walker and Amy Mitchell. "Americans' Views of the News Media During the COVID-19 Outbreak." Pew Research Center. May 8, 2020. https://www.journalism.org/2020/05/08/americans-views-of-the-news-media-during-the-covid-19-outbreak/.

Lee, Bruce Y. "Trump Suggests 'Deep State' At FDA Is Delaying Covid-19 Coronavirus Vaccine Testing." *Forbes*. August 22, 2020. https://www.forbes.com/sites/brucelee/2020/08/22/trump-says-deep-state-or-whoever-at-fda-delaying-covid-19-coronavirus-vaccine-testing/?

sh=632e53b0f48d.

Merriam-Webster. "Trust." https://www.merriam-webster. com/dictionary/trust.

Pfizer. "Biopharma Leaders Unite To Stand With Science." Press release. September 8, 2020. https://www.pfizer.com/news/press-release/ press-release-detail/biopharma-leaders-unite-stand-science.

Pfizer. "Let's Undo Underrepresented Diversity in Clinical Trials." https://www .pfizer.com/ science/clinical-trials/ diversity-clinical-trials.

Pfizer. "No Stone Left Unturned In The Fight Against COVID-19." YouTube. September 2, 2020. https://www.youtube.com/watch?v=_PBLoSN7OUo.

Pfizer. "Science Will Win-Ask Science." YouTube. April 15, 2020. https://www .youtube.com/ watch?v=Xl0tEfLve1U.

Robert Wood Johnson Foundation and the Harvard T.H. Chan School of Public Health. "The Public's Perspective on the United States Public Health System." May 13, 2021. https:// www.rwjf.org/en/library/research/2021/05/the-publics-perspective-on-the-united-states-public-health-system. html.

Snyder Bulik, Beth. "Pharma's reputation rehab: A whopping two-thirds of Americans now offer a thumbs-up, Harris Poll finds." Fierce Pharma. February 19, 2021. https://www. fiercepharma.com/marketing/pharma-reputation-hits-high-americans-two-thirds-now-give-positive-rating-harris-poll.

Stacey, Kiran. "FDA head says he is willing to fast-track Covid-19 vaccine." *Financial Times*. August 30, 2020. https://www.ft.com/content/f8ecf7b5-f8d2-4726-ba3f-233b8497b91a.

Sweet, Jesse, dir. "Mission Possible: The Race for a Vaccine." National Geographic CreativeWorks: Washington, DC, 2021. Aired March 11, 2021, on National Geographic. https://www.youtube.com/watch?v=jbZUZ9JYNBE.

Vardi, Nathan. "The Race Is On: Why Pfizer May Be the Best Bet to Deliver a Vaccine by the Fall." *Forbes*. May 20, 2020. https://www.forbes.com/sites/nathan vardi/2020/05/20/the-man-betting-1-billion-that-pfizer-can-deliver-a-vaccine-by-this-fall/? sh=385a522382e9.

VOA News. "Fauci 'Cautiously Optimistic' About Coronavirus Vaccine." July 31, 2020. https:// www.voanews.com/covid-19-pandemic/fauci-cautiously-optimistic-about-coronavirus-vaccine.

Wagner, Meg, and Melissa Macaya. "Fauci testifies on coronavirus response." CNN. July 31, 2020. https://www.cnn.com/politics/live-news/ fauci-coronavirus-testimony-07–31–20/ h_d880e3e2e3cedbfdce59805138f3477b.

Westall, Mark. "Pfizer's Vaccine Branding Victory Delivers Lessons for Marketers Everywhere." *AdAge*. July 19, 2021. https://adage.com/article/opinion/pfizers-vaccine-branding-victory-delivers-lessons-marketers-everywhere-opinion/ 2351431.

Cubanski, Juliette, Tricia Neuman, Kendal Orgera and Anthony Damico. *No Limit: Medicare Part D Enrollees Exposed to High Out-of-Pocket Drug Costs Without a Hard Cap on Spending.* The Henry J. Kaiser Family Foundation. November 2017. https://files.kff.org/attachment/Issue-Brief-No-Limit-Medicare-Part-D-Enrollees-Exposed-to-High-Out-of-Pocket-Drug-Costs-Without-a-Hard-Cap-on-Spending.

European Commission. "Health technology assessment." https://ec.europa.eu/health/technology_assessment/overview_en.

Miao, Lei, Yu Zhang and Leaf Huang. "mRNA vaccine for cancer immunotherapy." *Molecular Cancer* 20, no. 41 (February 25, 2021). https://molecular-cancer. biomed central.com/articles/10.1186/s12943-021-01335-5.

Pfizer. "Pfizer Reports Strong First-Quarter 2021 Results." Press release. May 4, 2021. https://investors.pfizer.com/investor-news/ press-release-details/ 2021/PFIZER-REPORTS-STRONG-FIRST-QUARTER-2021-RESULTS/default.aspx.

Pfizer. "Rod MacKenzie, PH.D." https://www.pfizer.com/people/leadership/executives/rod_mackenzie-phd.

Smithsonian National Air and Space Museum. "The Journey Home." Apollo to the Moon. https://airandspace.si.edu/exhibitions/apollo-to-the-moon/ online/apollo-11/journey-home. cfm.

The White House. "Fact Sheet: President Biden Takes Executive Actions to Tackle the Climate Crisis at Home and Abroad, Create Jobs, and Restore Scientific Integrity Across Federal Government." Press release. January 7, 2021. https://www.whitehouse.gov/briefing-room/ statements-releases/ 2021/01/27/fact-sheet-president-biden-takes-executive-actions-to-tackle-the-climate-crisis-at-home-and-abroad-create-jobs-and-restore-scientific-integrity-across-federal-government/.

World Health Organization. "Cancer." March 3, 2021. https://www.who.int/news-room/fact-sheets/ detail/cancer.

에필로그 | 변화를 만드는 화이자의 목적 지향 문화

The Carter Center. "Corporate, Government, and Foundation Giving." https://www.cartercenter.org/donate/corporate-government-foundation-partners/ index.html.

The Carter Center. "Jimmy Carter (biography)." November 6, 2019. https://www

.cartercenter.org/about/experts/jimmy_carter.html.

Pfizer. "Board Members." https://www.pfizer.com/people/leadership/board-of-directors.

Weiner, Stacy. "Applications to medical school are at an all-time high. What does this mean for applicants and schools?" American Association of Medical Colleges (AAMC). October 22, 2020. https://www.aamc.org/news-insights/ applications-medical-school-are-all-time-high-what-does-mean-applicants-and-schools.

찾아보기

옮긴이 **이진원**

경제경영 및 자기계발 분야 전문번역가. 코리아헤럴드 기자로 언론계에 첫발을 내딛은 후 IMF 시절 재정경제부(현 기획재정부)에서 일하면서 한국 경제 대외 신인도 제고에 기여한 점을 인정받아 장관상을 수상했다. 이후 로이터통신, 자본시장 전문 매체인 더벨의 제휴사인 캐피탈커넥트에서 일했다. 현재는 외신과 출판번역 전문업체인 에디터JW(editorjw.kr)의 대표로 외신과 출판 번역·기획 작업을 하면서 《MIT 테크놀로지 리뷰》의 수석 에디터 겸 ESG 경제의 객원 기자로 활동하고 있다. 《투자의 배신》, 《머니》, 《결단》, 《필립 코틀러의 마켓 5.0》, 《구글노믹스》, 《혁신 기업의 딜레마》 등 지금까지 약 100권의 책을 번역했다.

문샷

불가능을 가능으로 만든 화이자의 대담한 전략

초판 1쇄   2022년 3월 15일

지은이 | 앨버트 불라
옮긴이 | 이진원

발행인 | 문태진
본부장 | 서금선
책임편집 | 임은선   편집 2팀 | 임은선 이보람 정희경   교정 | 조유진

기획편집팀 | 한성수 박은영 허문선 송현경 박지영   저작권팀 | 정선주   디자인팀 | 김현철
마케팅팀 | 김동준 이재성 문무현 김혜민 김은지 이선호 조용환 박수현
경영지원팀 | 노강희 윤현성 정헌준 조샘 최지은 조희연 김기현 이하늘
강연팀 | 장진항 조은빛 강유정 신유리 김수연

펴낸곳 | ㈜인플루엔셜
출판신고 | 2012년 5월 18일 제300-2012-1043호
주소 | (06619) 서울특별시 서초구 서초대로 398 BNK디지털타워 11층
전화 | 02)720-1034(기획편집) 02)720-1027(마케팅) 02)720-1042(강연섭외)
팩스 | 02)720-1043   전자우편 | books@influential.co.kr
홈페이지 | www.influential.co.kr

한국어판 출판권 ⓒ ㈜인플루엔셜, 2022

ISBN 979-11-6834-016-9 (03320)